열세 살 여공의 삶

한 여성 노동자의 자기 역사 쓰기

# 열세 살 여공의 삶

신순애 지음

아름다운 전태일

# 오늘 읽어야 할 어제 이야기

**김수행** 성공회대학교 석좌교수

제가 신순애 씨를 처음 만난 것은 그가 성공회대 사회과학부 4학년일 때였습니다. '정치경제학'을 강의하면서 중간시험 대신에 "한국의 노동자에 관해 아는 것을 쓰라"는 과제를 주었는데, 놀랍게도 그는 1970년대에 열세 살 어린 나이로 동대문 의류 공장에서 여공으로 일한 자기의 '자서전'을 간략하게 써 온 것입니다. 그렇게 그를 알게 된 뒤 보니까, 나이도 한참 많이 먹었고 글쓰기도 많이 부족했습니다. 농촌에서 서울로 올라와서 집안의 살림살이에 도움을 주려고 어린 나이에 중랑교에서 동대문까지 통근하며 새벽부터 늦은 밤까지 일했으니까 학교를 다니지 못한 것은 당연했고, 병들어 죽지 않고 살아남은 것만이라도 하늘에 감사해야 할 일이 아니었겠습니까? 이 시기가 바로 전태일 열사가 자기 몸에 불을 지르고 "노동자들을 살려 내라"고 외치면서 자결한 직후입니다. 따라서 공장 안의 상황은 매우 나빴습니다. 좁고 낮은 공간에 너무 많은 여공들이 재봉틀에 매달려 끊임없이 하루 분량의 작업을 마쳐야 하기 때문에 숨도 제대로 쉬지 못하고 어깨도 펴지 못하면서 하루 12시간 이상을 일하지 않을 수 없었고, 불량품이 생기면 남자 감독에게 야단도 맞고 임금도 깎이는 것이 보통이었습니다. 영어로 쓴 XL, L, M 등이 무슨 뜻인지 몰라 한없이 당황한 적도 있었지만, 의류 작업의 모든 용어가 한글이 아니라 일본말이어서 좀처럼 이해하기도 어려웠습니다. 그런데 "모든 주권은 국민에게 있다"는 자유민주주의를 헌법에 규정하고 있는 터에, 박정희 군사독재 정권은 국민들의 입과 귀와 눈을 막아 여공들의 어려운 처지가 조금도 알려지지 않았습니다. 박정희는 미국 정부의 지지를 받아 종신 집권의 유신체제를 유지하면서, 자본가들에게 노동자들을 무한정 착취하여 수출을 증가시킬 것을 요구했습니다. 여공의 상황이 전혀 개선되지 않으니까 그들의 불만이 끝없이 증가했습니다. 이 과정에서 전태일의 정신을 이어받자는, 수출산업 부문의 여성 노동운동이 조금씩 일어나기 시작했습니다. 이 힘없는 여성 노동운동이 가장 작은 요구인 법정 퇴직금 받아 내기 운동에 성공하면서 갑자기 큰 태풍으로 성장하게 된 것입니다. 여공들이 '뭉치면 큰일을 해낼 수 있다'는 자신감을 가지게 되었고, 이것이 사실상 1970년대 한국 노동운동의 시작이었습니다. 노동조합을 만들고, 여공들에게 글자와 숫자를 가르치는 교육을 실시하면서 여공들은 자신감과 자긍심을 가지게 되었습니다. 이제 여공도 수동적, 소극적인 태도를 버리고 능동적, 적극적으로 자기 자신의 문제와 모든 노동자의 문제를 해결하면서, 하나의 인간으로서 자본가의 억압과 착취로부터 해방되고 남성과 함께 평등하고 자유롭게 한국 사회에서 살 수 있다는 확신을 가지게 된 것입니다.

이것이 신순애 씨가 쓴 중간시험 과제의 대강의 내용입니다. 저도 1961년 서울대학교에 입학한 뒤 박정희 독재 정권의 숨 막히는 공포정치를 경험한 바 있기 때문에, 신순애 씨의 글은 한국의 현대사를 이해하는 데 크게 기여할 수 있으므로 하나의 역사적 기록으로 남길 필요가 있다는 것을 느꼈습니다. 때마침 성공회대학교 대학원에 '정치경제학' 전공 학과가 생겼으므로 신순애 씨에게 "대학원에 들어와서 당신의 자서전을 석사 논문으로 완성시키면 어떻겠냐?"고 권고했고, 그리하여 이와 같은 훌륭한 작품이 탄생하게 된 것입니다.

물론 신순애 씨는 중학교나 고등학교의 수업을 정상적으로 받을 수 없었기 때문에, 이른바 영어·수학·국어 실력이 모자랍니다. 그러나 이는 누구보다도 우리 사회의 빈부 격차, 노동자가 견뎌야 할 억압과 착취, 여성 인권의 유린, 노동운동의 중요성, 정치권력과 경제권력의 야합 등에 관해서는 산 경험을 통해 자세하게 터득하고 있습니다. 영어·수학·국어는 앞으로 더욱 수준 높은 연구를 하기 위해 필요한 도구에 불과합니다. 그런데 신순



열세 살 여공의 삶

애 씨는 이미 스스로 현실을 경험하면서 현실이 어떻다는 것을 판단했으므로, 대학에서 보충해야 할 것은 영어·수학·국어가 아니라 자기가 경험한 현실을 과학적으로 해명하는 분석적 도구이었던 것입니다. 그의 이런 상황을 파악한 성공회대학교에서는 '특별 전형'을 통해 그를 학부에 입학시켰고, 그는 대학에서 여러 가지 사회과학의 개념과 원리를 파악하게 되었습니다. 대학원 정치경제학과에서도 그는 자본주의의 구조와 발전, 자본과 노동 사이의 계급 관계, 이윤을 증가시키는 방법, 노동운동의 역사, 경제변동의 원인과 형태, 한국 경제의 발전 등에서 큰 연구 성과를 내었습니다. 그리고 그의 자서전을 석사 논문으로 발전시키는 과정에서는 교수들과 그의 동료들이 많이 수고했습니다. 논문 전체의 내용에서 강조해야 할 항목들, 각 장에 넣어야 할 항목들, 의복을 만드는 생산과정이나 노동과정에서 부닥치는 문제들, 공장 안의 서열 관계와 인간관계, 보수 체계, 노동조합의 기능, 한국 노동운동을 개시한 여성 노동운동이 점차 쇠퇴하는 이유, 공장 안의 남녀 관계 등등에 관해 수많은 토론이 있었습니다. 물론 논문의 오자와 탈자 등의 교정도 교수들과 동료들이 도왔습니다. 저도 런던대학교에서 '마르크스의 공황이론'으로 박사 논문을 쓸 때 지도교수는 논문 내용에 관해 토론했을 뿐 아니라 저의 영어를 교정하는 일을 도맡아 했습니다. 저의 지도교수는 "아이디어는 당신이 내고 글쓰기는 지도교수가 한다"고 할 정도로 저를 도와주었습니다. 지도교수와 학생 사이의 관계에 관한 좋은 예입니다.

이 책은 어린 여공의 체험을 통해 1970년대라는 지옥 같은 시기를 우리에게 잘 알려 줍니다. 그런데 40여 년이 지난 지금에도 기막힌 빈부 격차, 노동자계급에 대한 억압과 착취의 강화, 민주적 노동운동의 탄압, 남녀 노동자에 대한 차별, 정치권과 재벌 사이의 유착, 정규직과 비정규직으로 분할 통치, 부자층과 서민층의 세대적 계승 등등이 이 책의 묘사보다 더욱 나빠졌다면, 우리는 '무엇을 해야 할 것인가?'라는 긴급한 과제에 부닥치게 됩니다. 우리 모두가 새로운 사회를 열기 위해 투쟁하지 않을 수 없습니다.

# 어린 여성 노동자의 감동적 성장기

**최영희** (사)청소년 탁틴내일 이사장 / 전 국회의원

참으로 감동이 없는 세상을 살고 있다고 생각했는데, 오랜만에 감동의 눈물을 흘리고 또 소리 내 웃기도 했다. 신순애의『열세 살 여공의 삶』석사 학위 논문을 읽고……. 그 논문은 이제 격식을 갖추느라 남겨 둔 이야기들을 더해 보다 넓은 세상을 만나러 나왔다. 40~50년 전의 회한이 서린 빛바랜 흑백사진이나 흘러간 노래를 들려주는 가요무대가 아니다. 노동자는 없고 근로자만 있던 사회, '노' 자는 '빨' 자였던 사회, 노조를 만들 기미만 보여도 중앙정보부로 끌려가던 사회. 이 책은 누구의 눈에도 띄지 않을 사람이었지만 그렇게 얼어붙었던 동토를 깨는 바늘과 망치 역할을 톡톡히 했던 사람의 진솔한 역사다. 무수한 국민들의 땀과 눈물, 투옥과 죽음의 희생으로 동토를 힘겹게 녹인 우리

사회는 지금 안타깝게도 다시 냉기가 돈다. 절대 되돌아가서는 안 될 '그때 그 사람' 냄새가 난다. 그리고 벌써 살얼음이 생기고 있다.

'청계', '평화시장', '전태일'. 내 인생의 방향을 바꾼 단어들이다. 사회문제에 조금씩 눈떠 가던 대학교 2학년 가을이었다. 신문에 대서특필된 한 청년의 분신 소식이 가슴을 쳤다. 그리고 공개된 그의 일기. 발췌 보도된 일기의 한 대목 한 대목은 그가 비참한 평화시장 노동자들의 삶을 개선해 보려고 몸부림치다 분노하고 좌절한 절규, 그 자체였다. 그가 "내게 대학생 친구가 한 명만 있었다면"이라고 아쉬워했던 그 대학생 중의 하나인 나는 무슨 생각으로 살아왔는가? 또, 무엇을 할 수 있는가? 양심의 가책 때문에 삼엄한 분위기의 평화상가, 동화상가 등의 좁은 계단을 오르내리며 다락방도 힐끔, 창백한 어린 시다들도 힐끔, 먼지와 원단, 부속품, 자투리 천 조각 무더기들 틈을 비집고 돌아다녔다. 절대 외면하지 말자고 몇 번씩 되뇌었던 마음에, 그때는 아무도 가지 않던 노동운동의 길로 들어서게 된 것이다.

1980년 5월의 광풍 이후, 1970년대 민주노조들이 처절한 투쟁에도 불구하고 하나씩 하나씩 각개격파로 스러져 가던 그즈음은 운동가들 사이에서도 "숨만 쉬자, 살아남는 것도 일이다"라는 궤변 아닌 궤변이 약효가 있을 정도였다. 순애는 소식이 끊겼고,

나는 노동법을 노동자들이 쉽게 이해할 수 있도록 '노동법 해설' 책을 쓰는 데 힘을 쏟고 있었다. 그리고 1997년, 17년 만에 순애가 중년 부인이 되어 나타났다. 아동·청소년 성폭력 상담원 교육을 받기 위해 온 것이었다.

나는 1995년, 여성들의 실천적 사회변화 운동 이슈를 아동·청소년으로 잡고 스스로 말하지 못하는 사람들의 목소리가 되자며 노동운동과 동시에 이 운동을 시작하고 있었다. 일반 여성들의 관심은 당연히 자녀 문제인 아동·청소년이었기 때문이다. 그런데 순애가 상담원 교육을 받겠다니……. 순애는 전태일의 '어린 시다'의 상징이었다. 초등학교 3학년 중퇴! 이 책을 보기 전에는 3학년 중퇴인 줄 몰랐다. 내가 알던 무수한 여성 노동자들의 중퇴 시점은 대부분이 4학년 혹은 5학년이었다. 너무 어리면 일을 할 수가 없지만, 고학년이 되면 동생도 돌보고 가사도 돌볼 수 있어 그때쯤 딸들은 학교를 포기시키는 부모들이 많았기 때문이다. 눈물이 나게 반가워 지난 일들을 속사포처럼 서로 쏟아 놓았지만, 실무자들은 실무 처리에 난감해했다. 상담원은 자원봉사자라도 대졸이 중심인데, 순애는 서류에 당당히 "초·중퇴"라고 썼다. 교육받을 권리도 없나? 상관없어!


억척이 순애는 가장 모범적인 교육생이었고 규율과 약속을 칼같이 지켰다. 결혼해 두 딸을 낳고 최근엔 김밥 장사로 생활의 여유도 생겨 좋은 일 해 보고 싶어 이 일을 할 수만 있다면 돕겠다고 했다. 교육 후 계속되는 실습, 교육 현장 견학, 옛날 청계의 그 신순애가 다시 이곳에 있음을 확인하는 시간들이었다. 우리 실무자들도 학력에 대한 걱정은 다 잊어버렸다. 오히려 요보호 청소년 숙박 교육에서 아이들이 약간의 규율과 통제조차 거부하던 상황에서 구원투수로 긴급 투입되어 그들의 마음을 사로잡았다. 순애의 삶의 이야기가 아이들 가슴을 울린 것이다. 이제 소년원 상담사로, 가출 청소년 생활관 선생님으로 가장 신뢰받는 활동가가 되었다. 약속한 상담 날짜에 어김없이 나타나는 순애의 프로 정신은 그대로 살아 있었다.

그렇게 몇 년이 흘러 '청소년 탁틴내일'에서 없어서는 안 될 존재인 순애가 2003년 초에 내게 폭탄선언을 했다. 대학을 가겠다고! 아아, 우리가 무엇을 잘못한 거지? 아무도, 조금도 염두에 두지 않고 함께했는데 도대체 누가 학력 스트레스를 주었지? 자책감과 범인을 잡고 싶은 분노 등으로 한동안 말을 못 했다. "미안하다 순애야. 나는 노동운동을 하면서 가장 크게 깨달은 것이 학력의 허망함이었는데, 실제 생활에서는 허점을 보였나 보다. 그리고 우리 실무자들도 너를 너무 존경하고 따르던데, 왜 네가 이런 결정을 했을까?" 정말 가슴이 아팠다. 이런 봉사활동에서조차 학력 고문을 당하다니! 지금도 누구보다 가치 있는 삶을 살고 있는데 몇 번의 검정고시와 쓸데없는 영어 단어, 수학 공식 때문에 헤매야 한다는 것은 시간 낭비의 극치가 아닌가! 그것도 쉬한 살의 나이에…….

예상을 뒤엎은 순애의 대답이다. "몇 년 동안 아이들을 만나 보니, 내가 그렇게 가고 싶었던 학교를 아이들은 너무 쉽게 버리고 포기하는 거예요. 이렇게 어려운 과정을 거쳐서라도 이 나이에도 꼭 가야 하는 것이 학교라는 것을 몸으로 보여 주어야겠어요. 세 개의 검정고시 통과, 어렵겠지요. 하지만 죽기 살기로 해 봐야지요. 학원도 다 알 아봤어요. 네 시부터 하루를 시작하면 돼요. 해내야지요."


그리고 쉰한 살의 신순애는 열세 살 신순애의 삶의 도전보다 더 험난한 도전을 시작했다. 공부를 하면서도 약속된 날의 상담은 꼭 책임 지겠다더니 어김없이 나타났다. 그 약속을 지키지 않으면 자신이 공부하는 의미가 사라지기 때문이었을 터이다. 시간이 가면서 검정고시 첫 관문 통과 소식이 들려왔고, 영어와 씨름하는 고통의 신음과 하나씩 알아 가는 즐거운 비명도 함께 들렸다. 늦깎이 공부에 푹 빠져 가는 듯했다. 그리고 무서운 여자 신순애는 대입 검정고시까지 끝냈다. 공부를 시작한 지 16개월 만이었다. 대입 검정고시는 고입 검정고시 합격 후 4개월 만에 끝냈다. 그 시간이 얼마나 힘들었으랴마는 옆에서 보는 우리는 "벌써 다 땄다구?"고, 순애는 "네, 선생님, 추천서 써 주세요"다.


그렇게 신순애는 늙은 대학생이 되었다. 아니, 학사인 나와 달리 석사 학위까지 거머쥐었다. 천재 아니면 독종이다.

중요한 것은 학위가 아니다. 1960~1970년대 한국 사회 산업화 과정에서 가장 밑바닥에서 무릎 꿇고 일하면서 두 손으로 한국 경제를 떠받친 어린 여성 노동자들이 살아야 했던 팍팍한 삶과, 척박한 현실을 개선하기 위한 싸움 속에서 그들이 민주주의를 체득하며 성장해 가는 과정을 조금도 왜곡과 과장 없이 생중계로 보여 주는 이 책을 쓸 수 있게 되었다는 것이다. '87년 민주화 대투쟁' 이후, 과거 노동 현장의 투쟁 사례나 노동자들의 현실을 폭로하는 자료와 책들이 많이 발간되었다. 조사 보고서나 분석 글, 자서전 등이다. 그러나 이 모든 것들에서 아쉽게 빠져 있는, 그래서 신순애가 채우고 싶었던 "'불쌍하고' '힘없는' 여공들이 삶의 주체로서 자신의 삶을 살아 내며 느꼈던 자부심, 자립심, 삶의 애환과 희로애락" 이야기의 화룡점정으로서 이 책은 조금도 손색이 없다.

농토가 부실한 농민 아닌 농민들의 이농과 판자촌 생활, 막노동, 그 자녀들의 연소 노동자 생활…… 전형적인 조건을 고루 갖춘 신순애의 청계상가 진입, 전태일의 죽음, 그리고 서서히 투사로 민들이길 수밖에 없는 노동환경. 내가 속속들이 알고 있었다고 생각하는 당시 노동자들의 삶을 확대경으로 비추어 주는 이 책을 보면서, 나의 그런 자신감이 얼마나 허점 많은 것이었는지 깨닫게 된다. 쪽방에서 시작한 '한글교실'. 초등 3학년 중퇴의 여공 선생 신순애와 그의 여공 제자들. 가장 먼저 자기가 다니는 회사 이름과 옷에 붙이는 라벨의 사이즈 기호부터 가르치는 유능한 선생과, 꼭 필요한 것을 손에 쥐여 주는 한글교실에 재미 붙일 수밖에 없는 제자들의 공부 과정에 따뜻한 눈물이 흐르게 된다. 왜 한글교실이었는가! 권력은 노동자들의 생존권에 대해 어떤 짓을 했는가! 왜 여성 노조 활동가들은 무대 뒤편으로 사라져 갔는가! 이런 의문에 대해 신순애는 현장을 만들고 지켜 간 당사자의 시선과 경험이 잘 드러나는 감동적 다큐멘터리로 답하고 있다. 마지막으로 덧붙이자면, 이 책은 신순애가 바라는 '노동자들이 자신의 역사 쓰기를 시작하는 계기'가 되기는 쉽지 않을 것 같다. 그러기엔 생생하면서도 너무나 체계적이고 잘 정리된 글이라서 몇 번이고 감탄했음을 고백한다.

---

덧붙여

## 전태일, 그이처럼, 모두가 모두를 돕는
## 세상이 올 때까지

『열세 살 여공의 삶』을 출간한 지 12년이 지났다. 10년을 넘기면서 책은 절판되었고, 가끔 "서점에서 책을 구할 수 없다"는 소식을 들을 때마다 글쓴이로서 안타까움이 남아 있었다. 그러던 중 올해 일본에서 번역되어 노지다이샤 출판사에서 출간하게 되었다. 번역은 이종수 선생님께서 맡아 주셨다. 일본판 출간을 앞두고 전태일재단이 운영하는 출판사 '아름다운전태일'에서 이 책의 개정판을 낼 수 있게 되었다.

초판을 낼 때에는 김수행 교수님의 감수를 받으며 어렵게 원고를 다듬었다. 청계노조와 그 시절 여성 노동자들의 삶을 한 권의 책으로 정리했다는 사실이 후련하고 뿌듯하기도 했다. 다만 시간이 흐르며, 그 이후의 이야기도 조금은 덧붙여 기록해 두고 싶다는 마음이 커졌다.


## 학교 밖 청소년의 스타(?)

공부는 늘 하고 싶었다. 그러나 늦깎이 공부를 본격적으로 시작하게 된 결정적인 계기는 탁틴내일에서 '학교 밖 아이들'을 만나면서부터였다. 평화시장에서 일하던 나 역시, 학교 밖에서 일하던 청소년이어서 그랬는지 그 아이들이 좋았다.

1998년, 성교육 강사 양성 과정을 이수한 뒤 아동·청소년 성폭력상담소 탁틴내일에서 상담을 시작했다. 당시 탁틴내일은 정부 지원이 넉넉하지 않은 상황이었지만, "내 아이뿐만 아니라 우리 아이로 키워 보자"라는 마음으로 엄마들이 모여 꾸려 갔다. 자원봉사자들의 식비조차도 없어 도시락을 싸 들고 다니면서도 즐겁게 했다.

여름이면 에어컨도 없는 상담실에서 종일 상담을 하고 나면 진이 다 빠지곤 했다. 나는 그때 약 230만 원 상당의 냉난방기 한 대를 마련해 기증했다. 김선영 소장님은 "신순애 선생님은 사람을 부끄럽게 만드는 재주가 있다"고 말했다. 칭찬인지 꾸중인지

선뜻 가늠하기 어려웠지만, 오래 마음에 남았다.

탁틴에서 살레시오 아이들과 가평으로 5박 6일 캠프를 간 적이 있다. 아이들 49명과 선생님 21명이 함께한 큰 일정이었다. 당시 내 큰아이는 고3이었다. 나는 '주님, 며칠 동안은 딸을 주님께 맡기고 다녀오겠습니다' 기도를 올리고, 다른 아이들을 돌보러 떠났다. 훗날 담임 선생님으로부터 "고3 때는 전학생이 공부해서 성적 올리기 힘든데, 따님 성적이 많이 올랐다"라는 말을 들었을 때, 고마움과 안도감이 함께 밀려왔다.

캠프가 시작된 지 이틀째 되던 아침이었다. 강의가 진행되는데 아이들의 분위기가 심상치 않았다. "더는 강의 듣기 싫다"라며 반항하기 시작했고, 선생님들의 이야기를 거부하면서 거친 말도 서슴지 않았다. 진행하던 선생님이 "원하는 게 뭐냐"고 묻자, 아이들은 "좀 놀게 해 달라"는 것이었다.

결국, 잠시 쉬었다가 다시 모이자고 하고, 선생님들끼리 회의가 열렸다. 그 자리에서 어느 선생님이 '신순애 선생님이 저 아이들을 설득해 주었으면 좋겠다'라고 말했다. 내가 아이들과 이야기를 해보고, 그래도 안 되면 점심을 먹고 캠프를 접고 돌아가기로 했다.

나는 아이들 앞에 섰다. "나는 유명한 교수도 아니고, 공부를 많이 한 사람도 아니다. 대신 내 이야기를 해 보겠다. 다만 약속을 세 가지만 하자. 첫째, 힘들면 누워서 들어도 된다. 둘째, 옆 친구가 듣는 것을 방해하지 않는다. 셋째, 내 이야기를 끝까지 들어 줄 사람이 다섯 명만 있어도 나는 계속하겠다.”

그리고 임시 반장을 한 명 뽑자고 했다. 아이들에게 “내가 지명해도 되겠냐”라고 묻자, 아이들은 “네”라고 했다. 나는 덩치가 큰 아이 하나를 임시 반장으로 지명했다. 나는 물었다. “여기 초등학교 졸업하지 못 한 친구 있니?” 아이들이 잠시 주춤하다가 셋이 손을 들었다. 나도 손을 번쩍 들었다. 아이들의 눈이 둥그레졌다. 나는 그 아이들에게 말했다. “지금 손을 든 것, 그게 바로 용기다”라고 칭찬했다.

아이들이 ‘별’을 은근히 과시하는 모습을 보이길래(아이들 세계에서는 구속된 일을 ‘별’이라고 표현한다고 했다), 나도 “나도 별이 있다”라고 말했다. 그러고는 열세 살에 공장에 들어가 일했던 이야기부터 노조에 참여해서 함께 싸우며 노동시간 단축과 퇴직금, 임금 문제를 놓고 끝내 승리했던 이야기, 서대문구치소에 있었던 이야기까지 내 삶을 꺼내 놓았다. 조금 전까지 거칠던 모습은 사라지고 아이들의 눈에 눈물이 고이기 시작했다. 뒤에서 듣던 선생님들까지도 조용히 숨을 죽였다. 끝까지 내 눈을 피한 아이는 단 한 명도 없었다.

이야기를 마치며 임시 반장에게 말했다. “탁틴에서 운영하는 4박 5일 프로그램에 끝까지 참여할지, 점심을 먹고 너희가 결정해서 말해라.” 선생님들은 내게 “아이들이 어떤 결정을 할 것 같냐”라고 물었지만, 나는 자신 있어도 쉽게 말하지 않았다. 그런데 점심시간이 되기 전, 임시 반장이 내게 와서 말했다. “선생님,

끝까지 따라가겠습니다." 그때 상담 선생님들이 내게 붙여 준 별명이 있었다. "스타." 나는 그 별명이 기분 나쁘지 않았다.

그 이후 나는 고봉중학교(소녀 수용시설)에 가기도 했다. 그리고 분명히 깨달았다. '전국의 학교 밖 아이들을 만나려면 나도 더 공부해야 한다.' 그래서 나는 2003년 초 검정고시부터 다시 시작했다. 대학을 졸업하고 석사과정까지 마치며 논문을 썼고, 그 논문이 『열세 살 여공의 삶』이라는 책이 되어 나왔다. 나는 결국 아이들의 덕을 본 가장 큰 수혜자가 되었다.


## 전태일의 '풀빵 나눔'처럼

여기서부터는 자랑처럼 들릴까 싶어 망설였던 이야기다. 그러나 『전태일 평전』 속 그 어린 여공들이 이후 어떤 삶을 살았는지를, 그 연장선에서 남겨 두어야 할 이야기이기도 하다.

2007년 어느 날, 함세웅 신부님 어머니께서 돌아가셔 원풍모방의 박순희 언니와 함께 조문을 갔다. 그 자리에서 민주화보상심의위원회의 한 위원과 합석하게 되었다. 그때 내 머리를 스친 생각이 있었다. '70년대에 가장 치열하게, 얻어맞아 가며 싸운 노동자들 가운데 청계조합원들이 있는데, 우리는 신청도 못 하고 있구나.'

나는 용기를 내어 말했다. "저희 조합원들은 신청도 못 하고 있습니다.” 그러자 그 위원은 “무슨 소리냐. 70년대 노동운동은 전태일부터 시작됐는데, 청계노조가 신청을 못 한다는 게 말이 되냐. 어려움이 있어도 인우보증제도가 있으니 해 보자”라며 용기를 주었다.

그때가 2007년으로, 나는 성공회대 사회과학부 2학년에 재학 중이었다. 자료를 찾으려면 국회도서관이 가장 확실하다고 판단했다. 몇몇 조합원과 함께 국회도서관을 오가며 청계노조 자료를 찾기 시작했다.

생활지원금은 기준이 있어 소득이 일정 수준을 넘는 조합원, 집이 있는 조합원 등은 대상에서 제외되기도 했다. 우리 집에 모여 함께 준비하던 조합원은 열서너 명 정도였다. 그 가운데는 “이거 신청하면 정말 돈이 나오냐”라고 묻는 조합원도 있었다. 나는 “자신은 없지만, 해 보자”고 말했다. 그 과정에서 두셋은 중간에 돌아서기도 했다.

그렇게 신청한 조합원 열두 명은 모두 5,000만 원의 보상금을 받게 되었다. 나는 그 보상금 덕분에 대학 4년과 석사과정까지 무사히 마칠 수 있었다. 어렵게 살던 언니를 돕는 일도 가능해졌다.

천주교 신자였던 나는 십일조를 고민하기도 했지만, 성당에 내는 것만이 전부는 아니라는 생각이 들었다. 더 절실한 곳에 의미 있게 쓰고 싶었다. 무엇보다 큰언니가 떠올랐다. 큰언니는 1967년 형부가 뇌졸중으로 갑자기 쓰러져 돌아가신 뒤, 3남 2녀를 홀로 키웠다. “울 새도 없다. 먹여야 한다”라며, 입술을 깨문

채 뇌까리던 언니. 늘 가장 싼 방을 전전하며 살았고, 집은 컴컴하거나 방 같지 않은 방일 때도 있었다. 나는 큰언니에게 영구임대주택을 마련해 주고 싶었다.

나는 큰언니를 모시고 장애 1급 판정도 받고, 동사무소를 오가며 서류를 준비해 신청했다. 휠체어가 서툴러 언니를 나뒹굴게 만든 적도 있지만, 언니는 낙상 때문에 생긴 얼굴의 상처마저 "괜찮다"라며 반겼다.

보증금으로 약 900만 원이 들었다. 당첨 확정 통지서를 보여 주자 언니는 바로 이사 가는 줄 알고 "언제 이사 가냐"라고 물었다. "2년은 기다려야 한다"고 하자 언니는 "그전에 내가 죽겠다"라며 실망했다. 나는 말했다. "언니, 이사 가서 살아 봐야지. 안 그러면 내가 섭섭하지."

그리고 마침내 이사하던 날, 언니는 "막내 덕분에 이렇게 좋은 집에서 살아 본다"며 웃었다. 그날 밤 나는 "좋은 꿈 꾸세요" 하고 돌아왔고, 다음 날 아침 전화를 했다. "언니, 잘 잤어요?" 언니는 전라도 사투리로 "워여, 잠을 못 잤네"라고 했다. "왜요?" 묻자, 언니는 "아침이 너무 훤해서 일찍 깼다"고 말했다. 그동안 얼마나 햇볕 없는 집에서 살았으면 저런 말을 할까 싶어, 나는 한동안 아무 말도 하지 못했다.

민주화 보상을 받고 선배님과 친구 동료 사람들은 내게 "수고했다"라며 치사를 전하는데, 마음이 편치만은 않았다. 청계노조에서 활동한 사람이 어찌 열두 명뿐이겠는가. 보상 명단에 이름을 올리지 못한 한 조합원은 내게 전화해 "누나, 내 연락처는 이소선 어머니도 알고 있는데…"라며 섭섭함을 표현하기도 했다. 그러나 민주화보상법 절차가 끝나 버려 방법이 없었다.

그리하여 민사소송을 시작하게 되었다. 2010년 조합원 60여 명이 함께 제기한 소송은 12년의 세월을 지나, 2022년 신청자 60명 전원이 확정판결을 받았다. 보상금은 개인별로 조금씩 차이가 있었다.

나와 남편 박재익은 넉넉한 형편이 아니었다. 그럼에도 전태일의 연대 정신을 마음에 두고 살아온 사람으로서, 가능한 방식으로 이타적인 삶을 실천하고 싶었다. 그래서 보상금이 통장에 들어온 다음 날, 우리 부부는 곧바로 기부를 결정하고 실행했다. 돈이 손에 오래 머물면 욕심이 생길까 두려웠기 때문이다.

나와 남편은 민사소송 보상금으로 받은 83,449,928원 전액을 인권의학연구소에 전액 기부했다. 이 돈은 2022년 5명, 2023년 7명, 2024년 5명, 2025년 5명, 2026년 4명의 학생에게 장학금으로 전달되었다. 이 자리를 빌려 남편에게 고마움을 전하고 싶다.

—2026년 2월, 신순애

# 노동자의 자기 역사 쓰기를 기대하며

1966년, 나는 열세 살 어린 나이에 평화시장에서 시다로 일을 시작했다. 시다 생활 3년 만에 미싱 보조를 거쳐 미싱사가 되었다. '청계노조'를 알게 된 후에는 대의원, 운영위원, 부지부장, 부녀부장 직을 맡아 노조 활동을 했다. 평화시장에서 일하면서 알게 된 청계노조는 내 삶의 중요한 부분이었다. 이름 없는 '7번 시다', '1번 미싱사', '공순이'였던 내게 청계노조는 신순애라는 이름을 되찾아 주었다. 선내일이 누군지 몰랐던 나는 노조를 통해 '노동자'로 다시 태어나고, 노동조합의 열성적인 간부가 되었다. 이 책은 열세 살 꼬마가 그렇게 시다, 미싱사를 거쳐 노조 활동가로 성장했던 이야기를 담고 있다.

한국은 초고속 성장을 거치면서 세계경제 10위권을 넘나드는 나라가 되었다. 많은 이들이 그 성장의 배경을 1960~1970년대 박정희 정권 시기의 경제 발전에서 찾는다. 그런데, 경제가 급성장하는 동안 공장에서 일하면서 성장의 동력 노릇을 하던 노동자들은 지금 잘살고 있을까? 답은 긍정적이지 않다. 그 시기에 공장에서 만났던 내 주변 사람들은 여전히 가난하고 힘들게 살아가고 있다. 경제성장의 수혜자가 노동자가 아니었음은 아직도 미싱을 밟으며 살아가는 내 옛 동료들의 삶이 절실히 말해 주고 있다. 경제성장의 수혜자는 대기업이었고, 평화시장의 경우 그곳의 영세 기업인들이었다.

지금 평화시장 주변에는 두타, 밀레오레 같은 대형 쇼핑몰들이 화려하게 펼쳐져 있다. 그곳이 지옥 같은 노동을 견뎌야 했던 그 평화시장이었다고는 상상이 가지 않는다. 평화시장은 어쩌면 역사 속에만 남아 있는지도 모른다. 많은 이들이 "1960~1970년대 평화시장" 하면 전태일을 떠올린다. 전태일의 삶을 통해서 이미 알려진 평화시장 노동자들의 이야기를 나는 왜 쓰려는 것일까?


평화시장에서 가까운 창신동 주변에는 아직도 미싱 공장이 많이 있다. 밤 10시가 되어도 미싱 소리가 들리는 것을 보면 작업을 하고 있음이 분명하다. 공장에서 미싱을 돌리는 사람들은 대부분이 50~60대 중년 여성이다. 아마 그들은 20대, 어쩌면 10대에 봉제 공장에서 일을 시작해 지금까지 계속하고 있을 것이다.

그렇게 열심히 일하건만 그 흔한 4대 보험 하나 적용 못 받기 일쑤다. 하루에 12시간, 15시간씩 노동을 하면서도 여전히 생활고에 허덕인다. 왜 그럴까? 그들이 게을러서가 아니다. 1960~1970년대의 악습이 지금껏 되풀이되고 있기 때문이다. 달라진 게 있다면 때와 장소, 노동자의 이름뿐이다.

경제력 세계 10위권이라는 2013년 한국에서 삼성전자서비스 노동자 최종범은 "배가 고파서 못 살겠고, 힘들었습니다"라는 유언을 남기고 자살을 했다. 한국 기업의 악행은 국내에만 머무르지 않는다. 이른바 '글로벌 경영'이라는 미명하에, 한국의 의류 산업은 값싼 임금을 찾아 저개발국으로 이전하고 있다. 그런데 공장만 옮겨 간 것이 아니다. 저임금과 가혹한 노동 통제 방법까지 들고 갔다. 2014년 1월, 한국인이 경영하는 캄보디아 봉제 공장에서 발생한 노사분규에 군대가 개입하여 다섯 명의 노동자가 목숨을 잃었다.

시간외수당을 요구하는 캄보디아 노동자들의 시위에 군대가 개입해서 노동자가 목숨을 잃었다는 소식을 듣고 내 귀와 눈을 의심했다. 내가 1970년대에 경험한 상황과 너무 비슷했기 때문이다. 그때 나와 노조원들은 임금 인상과 노동시간 단축을 요구했다. 노동자의 권리 주장을 불온하다 여기던 정부에서 탄압에 나선 것은 당연했다. 탄압을 하는데도 저항을 하자 본인을 감옥에 보낸 것은 물론이고, 가족들까지 협박해 말 못 할 정신적인 고통을 주었다. 정부는 저항하는 사람들을 '빨갱이'로 몰면서, 정당

한 주장조차 못 하게 만들었다. 그래도 나와 노조원들이 계속 저항하자 1981년 1월 5일 청계노조를 아예 해산시켜 버렸다. 정부에서 그토록 청계노조를 탄압한 것은 청계노조가 산업화와 독재의 1960~1970년대, 참혹한 노동환경과 그에 대한 치열한 투쟁이 공존하던 시대의 상징이었기 때문이다.

평화시장의 노동자들은 대부분이 나처럼 나이 어린 소녀들이었다. 나는 평화시장에서 일을 하는 동안 단 한 번도 건강검진을 받아 본 적이 없다. 우리 어린 소녀들은 하루 13~14시간을 단 10분의 휴식 시간도 없이 일을 했고, 휴일도 한 달에 두 번이 고작이었다. 그렇게 일을 하고도 월급날이면 월급을 못 받을까 봐 걱정을 했다. 나는 그런 상황이 잘못된 것인 줄도 모르고 이른 아침부터 막차 시간인 밤 11시 20분까지 미싱을 돌려야 했다.

전태일은 그런 환경이 잘못된 것을 알고 그것을 바꾸려는 노력을 아끼지 않았다. 평화시장 미싱사였던 그는 노동조건과 환경을 개선하기 위해 재단사가 되기로 마음먹었다. 재단사가 되려면 재단 보조부터 시작해야 한다. 재단 보조의 월급은 미싱사보다 적었다. 하지만 평화시장에서는 재단사의 영향력이 미싱사보다 더 크다는 것을 전태일은 잘 알고 있었다. 재단사가 된 그는 동료 재단사들을 조직하기 시작했다. 뜻을 같이하는 친구들과 평화시장의 근로조건을 조사해 노동청에 진정서를 제출하고 그 사실이 언론에 보도되면서 희망에 부풀기도 했지만, 희망은 오래가지 못했다. 전태일은 죽기로 결심했다. 한 인간이 큰 괴로움을 안고 오래도록 망설인 끝에 마침내 죽음의 결단에 이르는 과정을, 우리는 그가 남긴 일기장 곳곳에서 확인하게 된다. 1970년 11월 13일, 전태일은 자기 몸에 불을 붙였다. 그리고 "노동자는 기계가 아니다!", "근로기준법을 지켜라!", "내 죽음을 헛되이 하지 말라!"를 외치며 스러져 갔다.

전태일의 어머니 이소선은 아들의 유언을 지키기 위해 장례를 거부하면서 노동조합을 요구했다. 그렇게 전태일의 죽음에 힘입어 탄생한 것이 청계노조였다. 출범 당시에 청계노조는 조합원 없는 노조였다. 노조원이래야 전태일의 친구들이 전부였다. 그들은 '살아남은 자의 의무'를 감당해야 했다. 전태일 정신을 살리기 위해 이소선 어머니와 함께 목숨을 걸고 노동조합을 만들고 키우고 지켜 갔다. 그중에서 최종인, 이승철, 임현재, 김영문, 김영태, 신진철 선배 등은 아직도 나와 인연을 맺고 있다. 선배들의 굳센 결의와 숭고한 희생이 있었기에 나도 무수한 탄압을 뚫고 힘을 내 노조 활동을 할 수 있었다. 나는 전태일과 함께 그분들을 기억하는 것이 역사적 의무라고 생각한다. 그분들께 존경과 감사를 보낸다. 이 책이 그분들께 제일 먼저 바쳐져야 함을 나는 잘 알고 있다.

이소선 어머니는 아들의 죽음을 계기로 모든 노동자의 어머니로 살아가기 시작하셨다. 우리와 함께 투쟁하고 감옥에도 가셨다. 청계노조에서 투쟁을 할 때마다 경찰들이 무장 진압복을 입고 권총을 차고 쳐들어왔다. 그들이 무섭고 두려웠다. 그런 우

　열세 살 여공의 삶

리 앞에서, 어머니는 언제나 부서지지 않고 깨지지 않는 든든한 철갑옷이 되어 주셨다. 그런 어머니가 계셨기에 나는 두려움을 참고 투쟁할 수 있었다. 1978년 가을, 내가 살던 이문동 집 주인이 어머니에게 "당신 딸이 간첩이라는데 우리 집에서 당장 나가라"고 했다. 그 소식을 전해들은 이소선 어머니는 어디로 이사해야 할지 고민하는 나에게 "순애야, 창동 우리 집으로 퇴거신고부터 해라" 하셨고, 나는 살지도 않는 곳에 위장전입을 했다. 이소선 어머니는 힘들 때마다 곁에서 조언자 역할까지 하셨다. 그렇게 늘 곁에 계실 줄 알았던 어머니는 하지만 2011년 9월 3일에 돌아가셨다. 어머니께서 쓰러지신 날 만나기로 했었는데, 사정이 생겨 약속을 지키지 못했다. 쓰러지시기 직전에 "순애가 왜 안 오냐?"고 물으셨다는 말을 듣고 얼마나 후회를 했는지 모른다. 그날 약속을 못 지킨 나는 여전히 부채감을 안고 있다. 나와 조합원들이 어머니 이상으로 존경하던 분. "이소선 어머니" 하면 눈물부터 고인다.

전태일의 분신 이후 많은 대학생과 지식인들이 이소선 어머니를 찾아왔다. 유품이 된 전태일의 일기에 나오는 "나에게 대학생 친구가 있었으면"이라는 표현에 크게 마음이 움직인 이들이었다. 힘겨운 시절에 장기표·조영래 같은 대학생들이 평화시장 노동자들 곁을 지켜 주었고, 신인령·장명국·김세균 선생님 같은 분들은 청계노조 조합원들의 교육에 앞장서 주셨다.

당시에 '민청학련' 사건으로 수배 중이던 고(故) 조영래 변호사는 평화시장의 열악한 노동환경을 세상에 알리려 했다. 『전태일 평전』을 준비하면서 어린 시다의 실생활을 알아야겠다고 생각한 그는 이소선 어머니에게 알맞은 사람을 소개해 달라고 했고, 어머니는 나를 조영래에게 연결해 주셨다. 본문에서도 밝혔듯이, 그런 인연으로 조영래가 쓴 평전에 묘사된 어린 시다의 모델이 바로 나였다. 조영래와의 만남은 또 다른 방식으로 나를 성장하게 했고, 그로부터 30년도 더 지난 지금, 그때의 나이 어린 여공인 내가 이 글을 쓰고 있다.

나는 1983년에 결혼을 했고, 두 딸의 엄마가 되었다. 엄마로서 두 딸의 사춘기를 잘 보낼 수 있을지 고민스러웠다. 그때 찾은 것이 성교육 프로그램이었고, 그것이 인연이 되어 '탁틴내일'에서 청소년 상담을 하게 되었다. 청소년들을 만나 보니, 그들이 학업을 너무 쉽게 포기하는 것 같아서 아쉬웠다. 더 많은 청소년들을 만나려면 나부터 더 성장해야 하고, 그러려면 공부를 해야겠다는 생각이 들었다. 내가 공부를 하겠다고 하자 어떤 선생님은 "50이 넘어서 무슨 공부냐, 지금처럼 필요한 컴퓨터 영어 정도만 하면 되지" 하셨다. 하지만 나는 공부하기로 마음먹었다.

2003년에 초등 검정고시, 2004년에는 봄에 중등 검정고시, 가을에 고등 검정고시를 마칠 수 있었다. 이어서 대학을 고민하기 시작했다. 1970년대에 노동운동하던 시절부터 알고 지내는 분들이 늦은 나이에 성공회대학에서 공부하고 있었다. 나도 그곳에서 공부하고 싶어졌다. 왠지 성공회대는 나를 인정해 줄 것 같은 믿음이 들었다. 2006년, 나는 53세의 나이에 성공회대 NGO 특별전형으로 수능시험을 보지 않고 사회과학부에 입학했다. 그런 제도가 없었다면 대학에서 공부하기 어려웠을 터이다. 기회를 마련해 준 성공회대학과 사회과학부 교수님들께 감사드린다.

대학에서 공부하는 동안에 많은 사람들에게 빚을 지고 졸업을 했다. 교수님들 수업을 따라가는 것이 나는 버겁기만 했다. 수업 들을 때에는 이해가 되고 재미도 있었지만, 배운 것을 내 것으로 만드는 일은 결코 쉽지 않았다. 나뿐 아니라 뒤늦게 입학한 노동자 출신 만학도들이 다 그랬다. 그 어려움을 아는 분들이 많이 도와주셨다.

이남석 교수님은 대학 2학년 때 알게 되었는데, 졸업할 때까지 방학마다 우리 공부를 지도해 주셨다. 특히 고전 읽기를 강력히 추천하셨는데, 지금까지도 함께하고 계신다.

대학 4학년 2학기에는 김수행 교수님의 수업을 듣게 되었다. 교수님은 중간고사 때 그동안 배운 텍스트 중에서 한 꼭지나 『전태일 평전』을 읽고서 독후감을 써 내라는 과제를 내주셨다. 나는 평화시장에서 일한 경험을 자본주의의 모순과 연관하여 서술한 리포트를 제출했다. 그것을 읽으신 교수님께서는 "한국에는 생애사식 논문이 없지만 유럽에는 많이 있다"며, 대학원에 진학해 공부하면서 내 삶을 소재로 논문을 쓰면 좋겠다고 권하셨다. 나는 망설임 끝에 그러기로 마음먹었다. 이 책은 그런 경위로 쓰게 된 내 석사 논문의 산물이다.

김진엽 교수님은 논문 작성을 지도해 주신 분이다. 내가 한창 논문을 쓸 때 부총장을 지내셨다. 교수님께서 바쁘신 와중에도 논문 지도에 시간을 내주신 덕분에 매주 과제물 제출과 토론을 통해서 논문을 완성해 갈 수 있었다. 앞의 세 분 외에도 사회과학부의 여러 교수님들께서 내 논문에 많은 관심을 가지고 도움을 주셨다. 논문 작성과 책 발간에 도움을 주신 열정적인 교수님들께 깊이 감사드린다.

대학에 입학해 보니 '3070'이라는 모임이 있었다. 터무니없는 '유서 대필' 혐의로 오래 고통받다가 최근에야 무죄 판결을 받은 강기훈 씨의 어머니, 권태평 씨의 성공회대 입학이 모임 결성의 계기가 되었다. 권태평 어머니는 2005년, 70이 넘은 연세에 대학에 입학하여 나의 1년 선배가 되셨다. 3070모임은 그런 어머니께서 학교생활과 학업에 어려움이 없도록 도와드리는 한편, 함께 운동하고 공부하는 삶을 고민하자는 취지로 만들어졌다. 모임 회원들은 각자의 사회운동, 노동운동 경험을 존중하고 그로부터 서로 배우려고 애썼다. 수강 신청을 비롯하여 필수과목인 영어 이수까지, 30대 선배 회원들은 나이 든 50대 후배들을 여러모로 도와주었다. 나는 학기 중에는 물론이고 방학 때에도 집에서 그들에게 과외 아닌 과외를 받았다.

3070 모임을 만든 멤버 중 한 사람인 허오영숙은 학부 4년, 대학원 2년 6개월 동안 지속적으로 함께 토론하며 글쓰기 훈련을

지도해 주었다. 또 다른 3070 멤버인 김명희는 논문 정리 작업을 도와주었다. 함께 공부한 20대 동기 전계동 학우에게는 컴퓨터 작업 도움을 받았다. 대학원 동기인 지은정과는 평화시장에서 쓰는 용어들이 영어인지 일어인지를 함께 찾아 공부하기도 했다. 학부를 함께 다닌 나이 어린 06학번 동기들도 언제든지 곁에서 도와주려 했다. 이름을 다 기록할 수 없어서 아쉽다. 도움을 주신 분들께 두루 감사드린다.

나와 함께 살면서 헌신을 아끼지 않는 박재익도 고마운 사람이다. 박재익은 청계노조에서 1975년부터 함께 투쟁한 동지이며, 결혼해서 함께 살아가고 있는 내 남편이다. 남을 존중할 줄 아는 사람이며, 항상 나를 응원하는 든든한 후원자이다. 살림살이가 넉넉한 것도 아닌데 검정고시 학원비, 대학 등록금은 물론이고 대학원 등록금까지 마련해 주었다. 고등 검정고시 공부를 할 때에는 딸들도 도움을 주었다. 학원비가 없어 포기해야 하나 고민하는데 작은딸이 "엄마, 하고 싶으면 해. 언니와 나 이만큼 키워 줬는데, 설마 굶기야 하겠어?"라며 나를 위로해 준 덕분에 계속할 수 있었다. 대학에서 등록금을 내지 못해 행정실로부터 독촉을 받을 때에도 '젊은 학우들처럼 한 학기 휴학을 할까' 싶었지만, 한 번 쉬면 영원히 마치지 못할 것 같아 어려움을 참고 다녔다. 남편과 딸들에게 고마움을 전한다.


초등학교도 마치지 못하고 공장 생활을 해야 했던 나는 대학

공부를 했어도 글쓰기가 너무 힘들었다. 생각처럼 글이 써지지 않아서 마음고생을 했고, 마음고생이 몸으로 나타나 병이 되기도 했다. 눈의 혈관이 파열되어 치료를 받은 것도 글쓰기 부담 때문이었고, 이번에 책을 내면서는 중이염으로 꽤 오래 고생하고 있다. 글쓰기는 여전히 남의 옷을 걸친 것처럼 거북하고 힘들다. 글을 쓸 때마다 왜 이 고생을 사서 하나 싶다. 그럼에도 오늘도 중이염이 불편한 상태로 이 글을 교정보고 또 보고 있다. 노동자들이 자기 이야기를 스스로 쓸 수 있어야 한다고 생각하기 때문이다. 평화시장 노동자들 이야기만 하더라도 연구자들이, 지식인들이 노동자들의 이야기를 듣고 분석한 것이 대부분이다. 노동자들은 스스로 자기 이야기를 하고 분석할 수 있을 만큼 배우지 못했다. 그래서 노동자가 쓴 글은 드물다. 비록 어렵고 힘들더라도 노동자들이 자기 경험을 더 많이 글로 써서, 누군가의 해석을 거치지 않은 그들의 생생한 이야기가 다양하게 펼쳐지면 좋겠다. 이 책이 노동자들의 자기 역사 쓰기를 북돋우는 사례가 되기를 바란다.

—2014년 3월, 신순애

# 차례

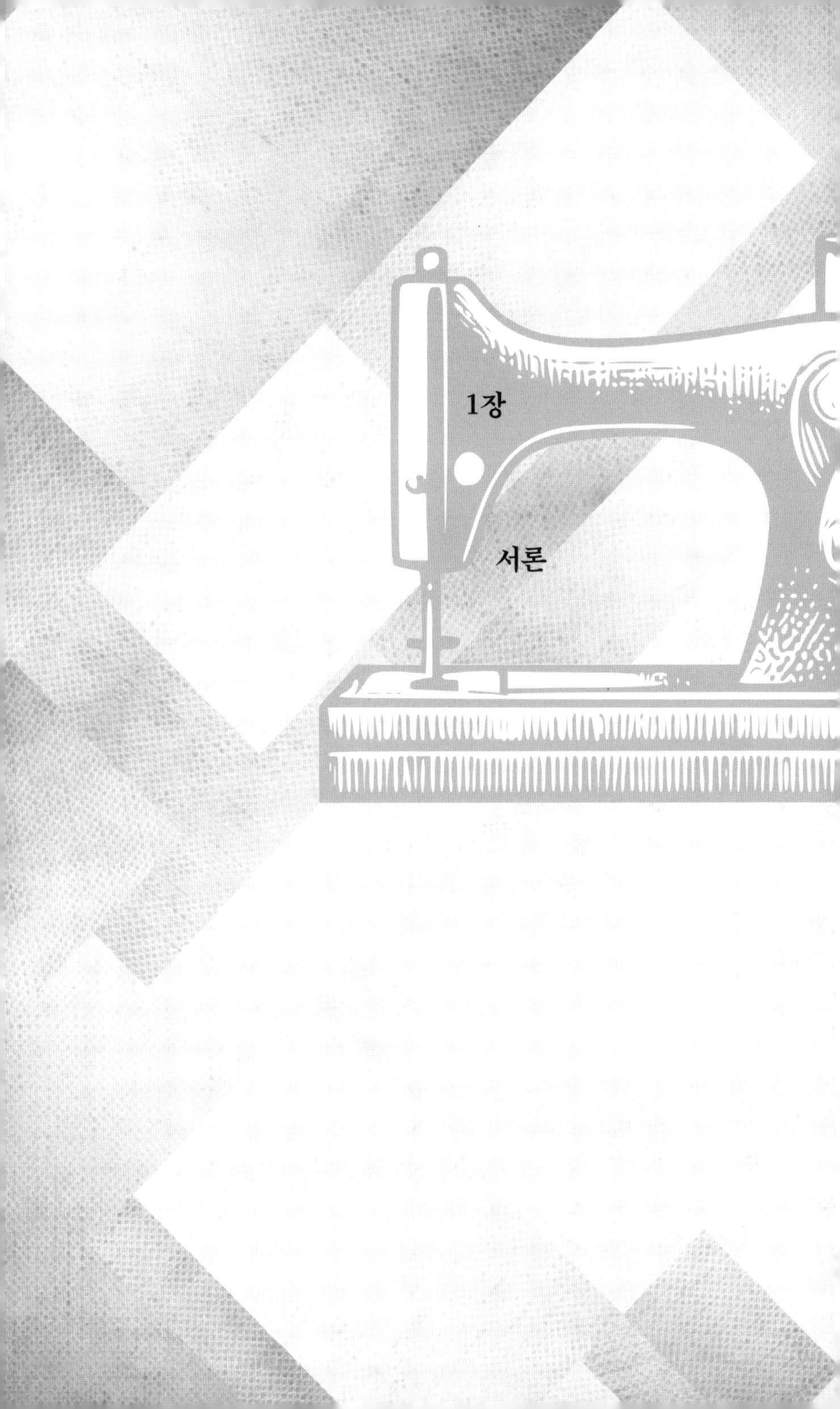

1장
서론

내 기록은 여성 노동자 당사자가

직접 서술한 글이라는 점에서

적지 않은 의미가 있다고 생각한다.

이 책은 한 여성 노동자의

'자기 서사'라는 형식을 띠고 있지만

비단 신순애라는 개인의 주관적 체험에만

국한되지 않는, 1960~1970년대 여성 노동자들의

'주체화 과정'에 관한 기록이기도 하다.

# 연구 배경과 
# 연구 목적

이 글은 열세 살에 청계천 평화시장[1]의 시다로 취직하여 미싱사로, 또 1960~1970년대 민주노조운동의 적극적 주체로 성장한 한 여성 노동자의 생애 경험에 대한 자전적 서술이다.

나는 힘없고 보잘것없는 '불쌍한 여공'이었다. 하지만 '청계노조'를 알게 되면서 나를 찾았고, 당당한 한 명의 노동자이자 시민으로 성장했다. 청계노조 시절에 부지부장, 부녀부장 직을 맡은 경험은 나의 성장에 큰 계기가 되었다.

1961년 5월 16일 군사 쿠데타를 성공시킨 박정희는 자신의

---

1  2012년 현재에도 청계천 4~7가 사이에 존재하며, 통일상가, 을지상가, 동화시장, 주변 가정집 봉제공장을 포함하여 평화시장이라 칭한다.

정권에 대하여 국내외적 정통성을 부여받을 수 있는 유일한 수
단은 경제 발전이라고 보았다. 박 정권은 기업들의 노동법 위반
을 눈감아 주거나 방조하면서 경제성장을 무자비하게 추진했고,
유례가 없을 만큼 좋은 자본축적의 기회를 얻은 1세대 기업가들
이 그 수혜자가 되었다. 반대로, 여성의 지위가 노예보다 나을 게
없던 사회 분위기에서 제대로 교육을 받지 못한, 가난에 찌든 많
은 소녀와 젊은 여성들이 필사적으로 일자리를 찾고 있었다. 이
러한 조건들이 모두 결합되어 도저히 받아들일 수 없는 끔찍하
고 비인간적인 노동환경과 생활 여건을 낳았다.(전순옥 2004: 356)
그에 항의했던 대표적인 사람이 바로 전태일이었다.

1970년 11월 13일 전태일 분신 이후 평화시장에는 '전국연합
노동조합 청계피복지부' 즉, '청계노조'가 탄생하였다. 청계노조
는 1970년대에 분출했던 민주노동운동의 시발점이 되는 곳이
었다.

전태일의 일기 중에 "나에게 대학생 친구가 있었으면"이라는
문장이 나온다. 이 문장이 지식인들의 마음을 움직였고, 그 지식
인들 중에서 평화시장의 노동자들 곁을 떠나지 않았던 대표적인
사람이 장기표·조영래였다. 많은 사람들은 『전태일 평전』(조영래
1989)과 박광수 감독의 영화 〈아름다운 청년 전태일〉(1995)을 통
해 평화시장이 어떤 곳이었는지 짐작한다. 나아가, 전태일은 중
고등학교 교과서에 등장하게도 되었다. 어떤 고등학생은 전태일
이 말한 '불쌍한 여공'을 직접 만나기 위해 수소문하여 나에게까

 열세 살 여공의 삶

지 오기도 했다.

『전태일 평전』은 1978년 일본에서 '불꽃이여 나를 태워라'[2]라는 제목으로 먼저 출판되었다. 왜냐하면 당시의 한국은 비상사태 체제였기 때문이다.[3] 그 후 1983년 일본어 책이 한글 번역본으로 나왔는데, 원저자였던 조영래의 이름도 밝힐 수 없었다. 한글 번역본의 제목은『전태일 평전: 어느 청년 노동자의 삶과 죽음』이었다. 조영래는 "평화시장의 공장들이 닭장처럼 되어 있고 어두컴컴한 곳에서 어린 여공들이 쉴 새 없이 하루하루 자신의 목숨을 깎아 먹고 있다. 하루 16~18시간씩을 일을 하면서도 하루 일당은 불과 커피 한 잔 값 정도"(조영래 1983: 97~100)라고 서술하고 있다. 이것은 아주 정확한 서술이다. 전태일과 조영래가 없었다면, 아마도 당시에 여성 노동자들이 감내해야 했던 인간 이하의 노동 착취는 세간에 알려지지 않았을 것이다.

그러나『전태일 평전』은 '불쌍한 여공'으로 묘사된 그녀들이 '어떻게 살았는지'에 관한 기록은 아니다. '불쌍한', '힘없는' 여공이었던 그녀들이 삶의 주체로서 '자신의 삶'을 살아 내며 느꼈던 자부심, 자립심, 삶의 애환과 희로애락과 같은 모습을 담지는 못했다.[4] 전태일의 인간 선언으로부터 시작된 1960~1970년대 여

---

**2** 『炎よ, わたしをつつめ―ある韓國靑年勞動者の生と死』, 金英琪, 번역 李浩培, たいまつ社(일본), 1978. 11.

**3** 박정희는 집권 18년 동안 무려 15번이나 비상사태를 선포하였다(조희연 2007: 144).

성 노동자들의 삶과 투쟁이 글로 기록되기까지는 아주 오랜 시간이 걸려야 했다.

이런 사실은 전태일 동생 전순옥의 글에도 서술되어 있다. 그는 "평화시장의 상황과 그곳에서 노동자들이 견뎌 내야 했던 삶은 연구 전체의 열쇠다"라고 쓰고 있다. 『끝나지 않은 시다의 노래』(전순옥 2004)는 1960~1970년대 한국의 여성 노동운동을 다루고 있다.[5] 전순옥은 "남한 노사 관계 분야를 연구하는 학자와 전문가 중에는 여성 노동자의 경험과 공헌을 잠시 짚고 넘어가는 수준에서 다루고, '관례적인 관점'에 입각하여 1970년대 노동운

---

**4** 조영래는 1974년 4월 '민청학련' 사건으로 수배 중이었다. 그는 『전태일 평전』을 쓰기 위해 평화시장에 있는 나이 어린 시다를 만나고 싶었다. 조영래는 전태일의 어머니인 이소선 어머니에게 나이 어린 시다를 만나게 해 달라고 부탁했다. 하지만 조영래가 수배 중이어서 이소선 어머니는 아무나 소개해 줄 수 없었다. 조영래의 부탁으로 이소선 어머니가 소개해 준 '나이 어린 시다'가 지금 이 글을 쓰는 필자이다. 2011년 7월 초, 이소선 어머니를 조영래의 동생인 조순경과 함께 만났다. 그 자리에서 나는 "어머니, 어떻게 나를 조 변호사에게 소개해 줬어요?"라고 물었다. 어머니는 "간부들은 형사들이 따라 다닐 것이고, 무엇보다 간부들도 어렵게 살았지만 중졸, 혹은 중학 중퇴, 초등학교 졸업은 했고, 조 변호사가 찾고 있던 나이 어린 시다는 네가 딱이었다"고 하셨다. 하지만 어머니는 당시 나에게 조영래의 수배 사실은 알려 주지 않았다.

당시에 우리는 일기를 쓰거나 기록을 남기지 않았다. 심지어 청계노조에 온 외부 사람들의 이름을 알려고 하지도 않았다. 기록들이 압수수색을 당했을 때 증거가 되는 것을 막기 위해서였다. 경찰서에 잡혀가면, 알면서 모르는 척하기는 힘들지만 아예 모르면 견디기가 훨씬 편했기 때문이다. 나는 조영래와 만나면서도 이름을 묻지 않았고 알지 못했다. 심지어 서울대 학생이라는 것도 몰랐다. 그저 학생이겠거니 짐작했을 뿐이다.

**5** 이 책은 '1970년대 한국 여성 노동자'를 주제로 한 저자의 박사 학위 논문이다. 이 논문은 2001년 영국의 워릭 대학에서 최우수 논문으로 선정된 바 있다.

 열세 살 여공의 삶

동을 분석했다고 알려진 연구들은 이 시기에 여성 노동자들이 민주적인 노동조합을 건설하기 위해 치른 희생과 노력을 거의 완전히 무시하고 있다"고 지적한다. "한강의 기적이라고 알려진 경제성장 뒤에 있는 젊은 여성 노동자들의 희생과 공헌에 대해 한국인들이 집단적으로 무관심한 상태"라는 것이다.

하지만 안타깝게도 제목에 명시되어 있는 '시다의 경험들'은 정작 본문에서는 찾아보기 힘들다. 그런 면에서 전순옥의 글 또한 여성 노동자들의 체험과 삶에 대한 기록으로는 부족해 보인다. 시다, 미싱사 일을 직접 했고 노조 활동 경험을 갖고 있는 필자의 이 글이 그 부분을 메울 수 있을 거라 생각한다.

필자는 이 글에서 1970년대 여성 노동자로 살았던 나의 삶을 그대로 기록하는 한편, 1970년대 민주노조운동을 주도했던 여성 노동자들이 1980년대 민주화 과정 속에서 '왜 보이지 않게 되었는가?'라는 질문에 대한 답을 찾아보고자 한다.

김원은 『여공 1970, 그녀들의 반(反)역사』(김원 2006)에서 "왜 여성 노동자들이 보이지 않게 되었는가"를 질문하면서 『전태일 평전』이 1970년대 비판적 지식인과 학생운동 그룹의 여성 노동과 노동문제에 대한 시각을 보여 주는 매우 중요한 텍스트라고 지적한다. 『전태일 평전』이 '다락방 담론'으로 대표되는 여공에 대한 담론을 생성하고 체계화한 문헌이며, 무엇보다 '여성 노동자를 무성, 중성적 주체로 사유하는 지배적 담론'을 만들었다는 것이다(김원 2006: 97). 그는 '알려지지 않는 집단의 역사를 발굴하는 것'에 중점을 두면서 한국의 근대적인 주체가 만들어지기 시작한 1960년대 이후를 연구 시기로 잡았고, 잘 알려지지 않는 하위집단, 즉 서벌턴(subaltern)[6]의 하나로서 '여공'이라는 주체와 '여공을 둘러싼 담론들'을 다루고 있다.

　이것은 '여성 노동자'로서 내 삶을 쓰고자 하는 이 글의 문제의식과 맞닿아 있는 것으로, 높게 평가할 만한 문제 제기라 할 수 있다. 하지만 김원의 연구는 여공을 둘러싼 '구성 신화'에 의문을 던지는 데에는 어느 정도 성공했지만, '잊혀진 노동자계급의 역사를 복원'하는 데 성공했는지는 의문이다.[7] 무엇보다 이 글은 1970년대 중반 이후 제출된 수기나 신문 등 공장 바깥의 텍스트의 담론을 분석하는 데 초점을 두고 있어, 1960~1970년대를 직접 살았던 공장 내부의 '여공'은 만나 보지 않은 채 쓰였다는 점에서 아쉬움을 남긴다. 김원의 방법 역시 여전히 '여공'을 배제시키고 있는 셈이다. 김원은 지식인의 시각에서 쓰인 『전태일 평전』이 '영웅화된 민중 담론'을 만들었다고 평가한다. 그러나 김원 역시 당대를 살았던 여성 노동자의 생생한 육성과 경험에 기

---

**6**　서벌턴은 하위(sub)와 타자(altern)가 결합된 말이다. 단어의 의미처럼 이들은 주체로서 위상을 부여받지 못하고 주체화 과정에서 배제되는 타자를 지칭한다.(김원 2011: 72)

**7**　김원은 "여성 노동자들은 1987년 이후 남한 노동운동에서 잊혀져 간 존재였으며, 더 이상 이들을 노동사의 주인공으로는 생각하지 않았다. 그렇기 때문에 이들의 희생을 역사 속에서 드러내어 잊혀진 노동자계급의 역사를 복원하려고 하는 것이다"(김원 2006: 92)라고 말하고 있다.

초하지 못함으로써 '당대의 맥락' 속으로 충분히 들어가지 못하는 우를 범하고 있다고 판단된다. 1970년대 민주노조운동의 탄생을 이해하기 위해서는 '죽음으로 삶을 말할 수밖에 없었던' 전태일의 맥락으로 들어가지 않을 수 없고, 그 점에서 1960년대 여성 노동자들이 처했던 조건과 상황을 충분히 이해하는 것은 대단히 중요하다. 나의 글은 1970년대에 초점을 맞추는 기존 노동사 서술에서 흔히 생략되곤 하는 1960년대 중반부터의 경험을 서술함으로써 김원의 연구에서 놓치고 있는 주체의 관점, 즉 여성 노동자 자신의 관점과 해석을 복원하는 데 기여할 것이다.

이종구가 지적한 "노동자가 쓰는 노동운동사가 많이 나올 필요가 있다"는 말에 나는 동의한다. 국가와 자본이 편의적으로 왜곡한 엉터리 역사가 정사로 기록되고 민중의 실제 이야기는 야담으로 남는 악순환을 끊어야 하며, 또한 지식인이 노동운동의 역사를 해석하는 과정에 대해 주도권을 행사하는 문제도 지양할 필요가 있기 때문이다(이종구 2010: 314).

한편, 청계노조 투쟁의 또 다른 기록인 『청계, 내 청춘』(안재성 2007)은 청계노조의 통사(通史)를 충실히 다루고 있다. 이 책이 아니었다면 묻혔을 뻔한 청계노조 투쟁사를 잘 서술하였다. 이 책이 발간된 데에는 그 나름의 역사와 문제의식이 있었다. 2004년 국회에서 '민주화운동 관련자 명예회복 및 보상 심의'와 '생활지원금 지급'에 관한 법이 통과되었고, '청우회'[8] 회원들은 더 늦기 전에 자신들의 삶에 관한 기록이 필요하다는 데에 의견을 모았다.[9] 그리고 2004년 '청계노조 편찬위원회'를 구성했고, 노조 사를 기록하기로 했다.[10] 그렇게 나온 『청계, 내 청춘』은 주로 투 쟁사와 사건 중심으로 서술되어 있고, 그 안에는 나의 활동도 일 부 기록되어 있다. 『청계, 내 청춘』이 통사를 중심으로 한 기록 이다 보니 나의 투쟁으로부터 얻은 승리, 특히 와이셔츠 공장의 1일 8시간 단축 근무를 어떻게 각 공장에서 실천했는지와 관련 된 부분 등은 청계 투쟁사에서 중요한 부분임에도 누락되어 있 다. 노조에서의 '사건'을 중심으로 다루다 보니 각 공장에서 일 어난 일상의 실천들이 낳은 결실은 다루기 어려웠던 것이다. 여 성 노동자들이 80퍼센트 이상이나 되는 평화시장에서 그들의 적극적인 참여가 없었다면, 재단사들을 중심으로 한 노조에 그 들이 호응하지 않았다면 평화시장에서 활발한 노동운동은 불가 능했을 것이다. 그러나 짐작만 할 뿐, 여성 노동자들 중 누가 어

**8**  청우회는 청계노조 초창기의 선배 세대부터 1987년 청계노조가 복구된 이후의 후 배 세대까지 함께하는 단체다. 전태일 추도식 등에 참여하고, 일 년에 두 번 정도 정 기 모임을 가지고 있다. 2011년 총회 때에는 약 80명이 모이기도 했다.

**9**  2004년 국회에서 민주화운동 유공자 중 생계가 어려운 사람들에게 생활 지원금을 지급하는 법이 통과되었다. 그에 따라 우리 중에도 이 법에 의해 지원금을 받을 수 있는 이들이 상당수 있었는데, 이들이 지원금의 일정액을 모으고 따로 모금도 하여 노조사 발간 비용을 마련하기로 했다. 비록 법적으로는 개개인에게 지급되는 지원 금이지만 우리는 그것을 개별적으로 사용하고 싶지 않았다. 그동안 우리의 싸움은 개개인의 공적으로서가 아니라 전체의 투쟁으로서 의미가 있다는 것에 공감했기 때 문이다.(안재성 2007: 27)

**10**  편찬위원장은 최종인, 집행위원장 민종덕, 간사 황만호, 편찬위원은 이승철, 신순애, 김영대, 이승숙, 이경숙, 전순옥 등이었다.

떤 공헌을 하였으며, 작업장 실태 조사, 노조 가입 권유 활동, 실력 행사 등에 여성 노동자들이 얼마나 참여하였는지를 알 수 없게 기록되어 있다.(이옥지 2001: 318) 재단사와 시다 또는 미싱사 간의 종속 관계는 어떻게 극복되는지, 공장 고용주에 대한 시다의 예속이 구체적으로 어떻게 극복되는가에 대해서는 언급하지 않았다(김원 2006: 102).

전순옥은 청계노조에서 여성들의 역할과 지위에 대해 다음과 같이 지적하고 있다. "여성들이 청계노조의 지도부 자리에 있지 않았다는 것은 기록상의 문제일 뿐이다. 사실상 노조가 어떤 행동을 취할지 결정한 것도, 노조 활동에 동기와 힘을 부여한 것도 여성 노동자들이었다. 그리고 노조가 성취한 모든 일 뒤에는 항상 여성 노동자들이 있었다."(전순옥 2004: 322) 『지겹도록 고마운 사람들아』(오도엽 2008)는 청계노조가 어떻게 만들어졌는지 잠깐 서술하고 있고, 청계 조합원들의 활동 내용은 빠져 있다. 『어머니의 길』(이소선 1990)은 청계노조 9·9사건, 노동교실 사건 중심으로 서술되어 있다. 그러므로 내 경험에 관한 기록이 기여할 수 있는 부분이 명확해진다.

나는 1966년부터 '7번 시다, 3번 미싱사, 1번 오야'로 불렸다.[11] 내 이름을 다시 찾은 것은 1975년 청계노조에서였다. 나는 청계노조 대의원, 운영위원, 부지부장, 부녀부장으로 1975년부터 1981년 1월 5일 청계노조 강제해산 때까지 활동했다.

특히, 청계노조가 가장 치열하게 싸우기 시작한 시기에는 항상 노조와 함께 있었다. 그러므로 청계노조의 역사와 함께해 온 내 삶과 경험은 개인적인 것이지만 동시에 '개인' 이상의 것이었다. 와이셔츠 공장 '다림사'에서 오야 미싱사로 1일 8시간 노동시간 쟁취 투쟁에 앞장섰던 경험은 공순이에서 노동자로 변화하는 과정이기도 했다.

내 삶이 자랑스러운 것은 아니지만 부끄럽지도 않기에 드러내려 한다. 평화시장 '여공' 개인의 생활에 관한 기록을 찾아보기 어렵고, 당사자가 자신의 삶과 투쟁을 서술하고 해석한 작업은 더더욱 드물다. 따라서 내 기록은 여성 노동자 당사자가 직접 서술한 글이라는 점에서 적지 않은 의미가 있다고 생각한다. 이 책은 한 여성 노동자의 '자기 서사'라는 형식을 띠고 있지만 비단 신순애라는 개인의 주관적 체험에만 국한되지 않는, 1960~1970년대 여성 노동자들의 '주체화 과정'에 관한 기록이기도 하다.

---

11  당시에는 미싱사마다 번호가 있었다. 그 번호는 옷을 누가 만들었는지를 알기 위함이었다. A 옷을 1번이 만들었는데 불량일 경우, 그 옷의 라벨 뒤에 쓰인 미싱사의 번호를 확인하여 고치도록 하기 위해서였다. 평화시장에서는 하루에도 수백 장씩 옷이 만들어지는데 일일이 이름을 나열할 수는 없는 터라, 결국 간편한 번호로 대신했다. 그래서 라벨 뒤에는 반드시 번호가 쓰여 있었다. 번호는 시다들이 쓰는데, 작게 쓰거나 알아보기 힘들게 쓰면 재단사, 미싱사에게 혼이 났다. 잘못된 옷이 나오면 고쳐야 하는데, 고치기가 새로 만드는 것보다 훨씬 시간이 많이 걸리기 때문이었다. 월급봉투에도 이름 대신 1번, 3번 등 번호를 썼다. 심지어 길거리에서 만나도 "1번" 혹은 "1번 시다"라고 불렀다.

　　　　　　　　　　　　　　　　　　　　　열세 살 여공의 삶

# 연구 시기 및
# 책의 구성

이 책에서는 청계노조의 전사(前史)에 해당하는 1960년대 중반 이후의 시기부터 1981년 1월 5일 청계노조 해산 전후 시기까지의 경험들을 수기 형식으로 풀어 나갈 것이다.[1]

이 글에서는 가급적 당시에 쓰던 용어들을 그대로 사용하여 전기적 서술이 갖는 가치를 살리고자 한다. 예컨대 재단사, 재단 보조, 시야게(시아게), 미싱사, 시다[2], 마도메(마토메)[3], 큐큐, 오바로크, 공장장[4], 미싱 기사, 한 다찌 등 노동과정의 일상 언어를 그대로 사용하여 당시 상황을 보다 생생하게 전달하고자 한다.[5] 특히

---

[1] 청계노조가 만들어진 직접적인 계기는 1970년 전태일의 분신이었지만, 이러한 사건이 어떻게 일어난 것인지를 이해하기 위해서는 1960년대의 노동사와 일상사를 볼 필요가 있다.

와이셔츠 공장의 라인 작업 과정을 설명할 때에도 당시에 쓰던 용어를 사용할 것이다.

이 글은 서론을 포함하여 총 여섯 부분으로 구성되어 있다.

1장 서론은 선행 연구 검토 및 이론적 논의에 해당한다. 기존 연구의 한계를 검토하면서 내 경험을 토대로 한 생애사를 쓰게 된 목적을 설명한다.

2장에서는 청계노조 탄생과 활동의 배경이 된 1960~1970년 대 한국 정치·사회를 살펴본다. 『전태일 평전』을 준비하던 고 (故) 조영래와의 특별한 인연이 이 논문을 쓰게 한 하나의 배경으로 소개된다.

3장에서는 가족과 서울 상경, 1966년 열세 살에 시다로 취직

---

**2** 미싱사를 도와주는 사람 또는 실습생, 견습생. 하지만 평화시장에서 시다는 미싱사에게 없어서는 안 되는 사람이었다. 시다가 없으면 아예 일을 하지 못할 정도였기 때문이다. 요즈음에는 시다 구하기가 힘들기 때문에 도급제로 일하며 미싱사 7 : 시다 3, 또는 미싱사 6 : 시다 4로 일하기도 한다. 경우에 따라 다르지만 1960~1970년 대에 미싱사 8 : 시다 2, 미싱사 9 : 시다 1 정도로 배분되던 것을 생각하면 요즈음의 비율은 놀랄 만한 것이다.

**3** 올이 풀리지 않게 하는 독구 시세이나. 옷에 붙은 실밥 등을 제거하는 역할을 한다. 요즈음에는 실을 자동으로 끊어 주는 미싱을 사용하기 때문에 마도메는 더 이상 찾아볼 수 없다.

**4** 평화시장에서 조금 큰 공장, 즉 종업원 수가 30명 이상인 공장에는 공장장이 있었다. 공장장은 대개가 사장의 동생 또는 처남, 친척들이었다. 미싱이 4~5대 정도 되는 공장에서는 재단사가 공장장을 겸하기도 했다. 공장장은 노동자들에게 월급을 주기도 했고, 1970년대 후반에는 근로계약서 등을 작성하기도 했다.

**5** 〈부록〉의 '평화시장 공장 용어' 참조

하면 서 1974년까지 미싱사로서 겪었던 생활사를 서술한다. 이 부분에서는 내가 '다락방'을 포함한 평화시장의 열악한 노동환경에서 어떻게 일을 했는지 소개한다. 특히, 사장 – 재단사 – 재단 보조 – 미싱사 – 시다와 같이 피라미드로 서열화한 노동과정이 일상의 여성 노동자들을 어떻게 통제했는지를 내 경험을 토대로 서술할 것이다. 이를 통해 1960년대의 초기 산업화 과정 속에서 한 명의 어린 소녀가 어떻게 '여공'으로 만들어지는지 그 과정을 생애사적 회고를 통해 보여 줄 것이다.[6]

4장에서는 내가 청계노조와 전태일을 알게 되면서 보잘것없는 한 '여공'인 미싱사에서 어떻게 '노동자'로 성숙해 가는지를 보여 줄 것이다. 이 과정은 노동자로서 정체성을 형성하는 과정인 동시에 나의 이름을 찾는 과정이기도 했다. 특히, 노동시간 단축 투쟁 및 퇴직금 투쟁과 한글 교육 등을 통해 여성 노동자들이

---

**6** 1960~1970년대의 작업장 환경 및 노동과정을 드러내는 것은 어떠한 의미가 있는가? 이 점에서 브레이버맨의 『노동과 독점자본』(1987)을 비판한 부라보이의 『생산의 정치 (Politics of Production)』(1999)에 귀 기울일 필요가 있다. 부라보이에 따르면, 브레이버맨은 노동자를 행위자로서가 아니라 통제 대상으로 다루고 있다. 즉, 즉자적 계급만을 분석할 뿐, 계급의식과 계급투쟁을 분석하고 있지 않다. 이 경우에는 노동과정 및 노동 통제는 제대로 이해될 수 없다. 왜냐하면 노동과정 그 자체는 경제적·정치적·이데올로기적 측면들의 불가분한 결합이기 때문이다. 자본주의 노동 통제의 본질은 브레이버맨이 믿고 있듯이 구상과 실행의 분리에 있는 것이 아니라, 잉여가치를 확보하면서 동시에 그것을 은폐하는 것에 놓여 있다. 다시 말해서 '노동계급의 종언'은 브레이버맨이 주장하듯이 단순히 탈숙련화에서 비롯되는 것이 아니라 정치적 이데올로기적 포섭에 의해서도 이루어지는 것이며 이러한 포섭이 이루어지는 곳이 바로 노동과정이라는 것이다.(김진업 1999: 414~415)

연대하여 당당하고 의욕 넘치는 주체로 거듭나는 경험을 생생하게 보여 줄 것이다.

5장에서는 1970년대 민주노동운동의 일정한 성과에도 불구하고 1980년 전두환 군부독재의 폭압 속에서 어떻게 노동자가 배척되고 여성 노동자들의 삶의 반경이 제약될 수밖에 없었는지를 내 체험을 바탕으로 서술할 것이다. 내 경험은 당시 여성 노동자들이 '어떻게 노동 현장에서 사라져 갔는지', '왜 보이지 않게 되었는지'에 대한 단서가 될 수 있을 터이다.

마지막으로, '나오며'에서는 전체 논의를 마무리하고, 이 연구의 성과와 한계를 정리한다.

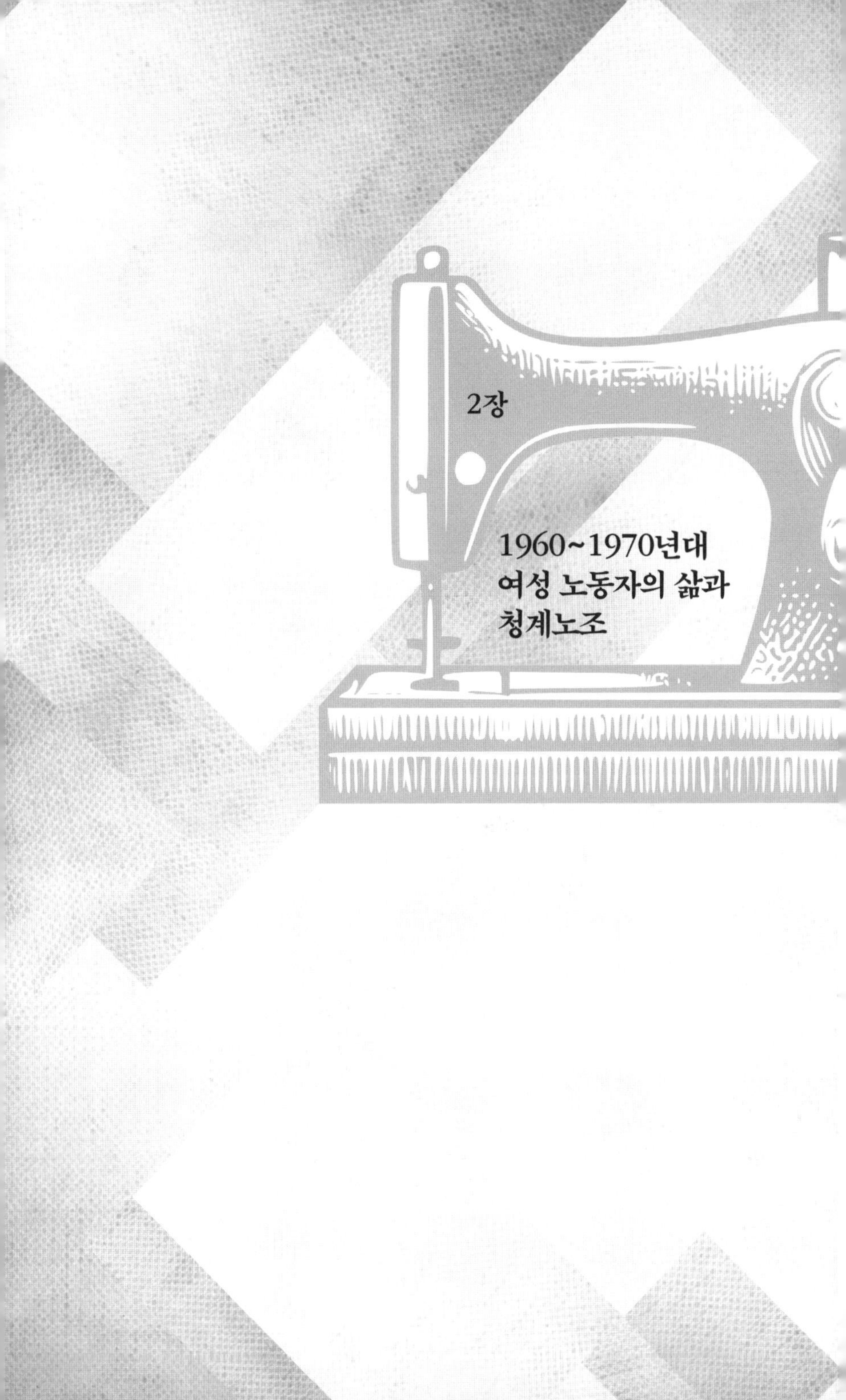
2장

1960~1970년대
여성 노동자의 삶과
청계노조

'청계노조'는 노동운동에서 1970년대의 시작을 알린

이른바 '전태일 사건'으로 태어났다고 할 수 있다.

그의 마지막 외침이 "근로기준법을 준수하라",

"우리는 기계가 아니다"였다는 사실은 결코 가볍게

평가할 일이 아니다. 그것은 1960년대 말

무력화된 근로기준법·노사관계법과 끔찍하고

열악한 노동조건을 알리기 위한 '인간 선언'이었다.

# 1960~1970년대 정치·경제·사회적 배경과 여성 노동자의 삶

　　1960~1970년대를 '여공'으로 산 나의 삶을 조명하기 위해 당시의 정치·경제·사회에 대해 간단히 살펴볼 필요가 있다. 이는 1970년대 청계노조의 탄생과 민주노조운동, 특히 여성 노동자 운동의 형성과 전개에 대한 이해를 돕기 위함이다.

　　1961년 5·16쿠데타에 성공한 박정희는 안정적으로 정권을 유지하기 위해 자본가와 손을 잡고 '선 성장, 후 분배'를 슬로건으로 삼아 경제성장을 꾀하였다. 그 과정에서 노동자의 삶은 실로 가혹했다. 김수행·박승호는 박정희 군사정권은 서민들의 문화적 삶을 편안하게 하는 것을 목표로 삼은 것이 아니라, 오히려 높은 경제성장률을 달성하기 위해 서민의 입과 귀를 막고 노예처럼 자본가들을 위해 희생하라고 총칼로 위협했다고 지적했다

(김수행·박승호 2007: 5). 심지어 김삼수는 박정희 정권의 1960년대 노동정책은 1950년대보다 더욱 노동 억압적이었다고 지적하고 있다(김삼수 1999: 195).

저임금에 기반을 둔 1960년대의 수출 주도 산업화는 한국이 가진 유일한 자원인 노동력을 이용하여 잉여가치를 축적하고 그것을 기반으로 경제성장을 이루려는 것이었다. 영세한 국내 기업의 자본을 축적시켜 국제적 수준으로 키우고 수출산업이 세계 시장에서 경쟁력을 가지게 할 수단은 양질의 저임금 노동력밖에 없었기 때문에 저임금 정책을 펴 나가지 않을 수 없었다. 그와 동시에, 노동자들이 낮은 임금으로 굶어 죽지 않고 일할 수 있게 하기 위해서는 저곡가 정책을 펴 나가는 것이 필요하였다. 농촌의 쌀값을 떨어뜨리기 위해 대량의 미국산 밀이 도입되었고, 저곡가 정책은 대규모의 이농을 낳아, 이들이 도시빈민층에 편입되면서 거대한 산업예비군을 이루어 저임금 구조를 유지하게 된다.(Phyllis Kim 1980, 이옥지 2001: 93에서 재인용)

공업화에 필요한 원자재와 에너지원은 해외에 의존할 수밖에 없었고, 자립 경제 달성의 첫 과제인 식량 증산은 퇴보를 거듭하였다. 한국의 식량사급률은 1960년의 90.7%에서 1966년에 94.7%까지 높아졌다가 1971년에는 69.4%로 떨어졌다. 부족한 식량을 도입하는 데 드는 외화는 1966년 4,521만 7,000달러에서 1971년에는 총수출액의 5분의 1을 훨씬 넘는 2억 7,300만 달러에 이르렀다. 농림수산업의 정체는 농촌과 도시, 농민과 임금 노동자 사이의 소득 격차를 낳아 방대한 농어촌 인구의 도시 유출을 촉진하였고 이들 상대적 과잉 인구는 저임금을 지탱하는 원천으로 작용하였다.(이원보 2004: 57)

2012년에도 한국의 노동시간은 세계 1위의 장시간 노동을 기록하고 있는데, 그 원인을 1960년대에서 찾을 수 있다. 산업화 초기의 장시간 노동은 정치적, 사회적 '통념'처럼 인식되었다. 1965년의 경우, 한국 노동자들의 주당 노동시간은 57.1시간으로 미국의 41.2시간, 독일(당시 서독)의 44.1시간, 일본의 44.3시간에 비해 엄청나게 높은 수치였다.(김남일 2010: 28) 노동시간은 조금씩 줄어들긴 했으나 여전히 길어서 1970년 51.6시간, 1975년 50.0시간 1980년 51.6시간이었다(이원보 2004: 346).[1]

반면, 1963년에 국민 1인당 GNP는 100달러(한 달에 8.3달러)였는데 이것도 전년도에 비해 15퍼센트가 증가한 액수였다(김남일 2010: 27). 한국 노동자들의 임금을 달러로 환산했을 때, 1964년 월평균 15.2달러(3,880원)에서 1970년에는 44.8달러(14,150원)로 증가하였다. 1970년 한국 노동자의 월평균 임금은 미국 노동자들의 13시간 정도의 임금 수준에 불과한 것이었다. 일본의 월

---

[1] 나는 시다 일을 시작한 1966년부터 미싱사였던 1975년까지 대부분 아침 8시에 출근하여 밤 11시 20분 정도에 퇴근하였다. 한 달에 두 번 휴일이 전부였다. 15시간을 한 달 28일로 계산하면 420시간, 이를 4주로 나누면 주당 근로시간은 105시간이 된다. 물론 비수기인 여름철에는 출근을 하지 않을 때도 있었다. 이때는 미싱사는 물론이고 시다들도 월급을 한 푼도 받지 못했다.

평균 임금은 한국의 4.8배 정도인데 노동시간은 한국보다 주당 10시간 이상 짧기 때문에 시간당 임금으로는 훨씬 높은 것이었다.(이옥지 2001: 92)

　박정희 정권의 수출 지향적 산업화 정책하에 농업 위주의 삶을 꾸려 나가던 공동체는 위기에 처하게 된다. 그중에서도 특히 젊은 여성들이 농촌을 떠나 서울 등 대도시로 이주하는 결과를 낳는다. 1960~1980년 경제활동 참가율 및 취업자 수의 추이를 보면 여성의 경제활동 참가율은 31.2%에서 41.6%로, 취업자 수는 200만 명에서 460여만 명으로 2.3배 증가했다.(신경아 1985: 36) 1960~1970년대 도시인구의 성장 추이를 보면 전체 인구 중 도시(32개 시 지역)가 차지하는 비율은 1960년의 29.9%에서 1970년의 41.2%로, 그리고 1975년의 48%로 비약적으로 늘었다. 특히 서울은 폭발적인 인구 증가를 보였는데, 1960~1966년에는 연평균 6.5%로, 1966~1970년에는 연평균 9.4%로 급성장하여, 전체 도시인구 증가의 53%를 차지했다.(유의영 1978, 조순경 2003: 95~144에서 재인용) 인구 이동의 주목할 만한 특징은 첫째, 20~30세 전후의 젊은이들이 그 주류가 되었다는 것인데, 농촌에서 도시로 이주한 인구 중 이 연령층이 차지하는 비율이 50%였다. 둘째, 농촌에서 서울로의 이주는 대부분 10~24세의 여성들에 의해 이루어졌다는 사실이다. 그중에서도 15~19세의 여성들이 차지하는 비율은 22%에 이르렀다.(윗글: 145)

　전체적으로 볼 때, 여성 노동자들은 노동 집약적 수출산업에

　　　　　　　　　　　　　　　　　　열세 살 여공의 삶

종사하여 대규모의 공장에서 일하고 있었으며, 전체 제조업 여성 노동자 29만 3,112명 중 18세 미만이 전체의 8%, 18~29세가 85%, 30~39세가 5.8%, 40세 이상이 1.3%를 차지하여 29세 미만의 여성들이 93%를 차지하였다(『노동통계연감』1971, 이옥지 2001: 89~92에서 재인용). 여성들이 주로 일하고 있는 산업 분야인 섬유·직물, 전기기계공업, 의류, 신발을 합친 수출 실적은 1975년에는 총수출의 42.7%, 1979년에는 47.0%, 1986년에는 47.4%를 차지했다. 중화학공업화 시대에도 그 비율이 감소되지 않아 여성 노동자의 수출 기여도가 확연하게 드러나 보인다. 여성 노동자들은 경제 발전 초기인 1960년대뿐 아니라 중화학공업 시대인 1970년대 후반 이후까지도 큰 역할을 담당하여, 여성들의 값싼 노동력을 기초로 한 노동 집약적 수출산업이 벌어들인 외화는 외채 원리금 상환을 가능케 했으며, 국내 기업을 살찌우고 국제적 수준의 기업으로까지 성장하는 데 크게 기여하였다.(윗글: 124)

1960년대에 제조업 여성 노동자들은 주로 섬유·의복 산업에 집중되어 있었다고 볼 수 있다. 1964년에는 5인 이상 제조업 사업체에 고용되어 있던 여성 취업자들의 60% 이상이 섬유·의복업에 집중되어 있었으며, 여성은 섬유·의복 산업 총취업자의 75%를 차지하였다(이옥지 2001: 89). 그뿐 아니라 연소 노동자의 비율도 심각한 수준이었는데, 청계노조에 따르면 평화시장의 노동자는 조합원 8,027명 중 18~25세가 3,234명, 18세 미만은 2,461명으로 25세 이하가 71%를 차지하고 있었다(청계노조 사업 보고

1974: 67).

1960~1970년대는 신흥 부르주아가 탄생한 시기였다. 소자본으로 조금만 노력하면 성공할 수 있는 기회가 열려 있었다. 대표적인 것이 YH이다. 1966년 YH가 문을 열었을 때 노동자는 단 열명에 불과했다. 하지만 1970년이 되면 공장 노동자는 무려 4천명으로 늘어난다. 4년 만에 상상도 할 수 없을 정도로 성장을 하였다.(박수정 2004: 87) 회사는 여공들에게 일당 220원을 지불했는데, 이는 평화시장의 임금과 비슷한 수준으로 커피 한 잔 값에 해당했다(브루스 커밍스 2001: 532).

한편, 박 정권은 군사 쿠데타 후 계엄령하에서 노조 간부들을 구금하고, 기존의 노동조합을 해체하였다. 2개월 후 재조직하기로 하고 9명의 간부를 지명하여 '노동단체재건조직위원회'(9인위원회)를 발족시켜(1961년 8월 5일) 군사정권이 정한 기준에 의해 노동조합을 위로부터 재편성하고 전국 단위의 산별노조와 한국노총을 결성케 하였다.(교회협 1984, 이옥지 2001: 93에서 재인용)

군사정권이 조직한 하향식 단일 산별노조 외에 제2의 노조운동은 일절 허용하지 않을 것임을 1961년 8월 4일 보사부장관의 담화에서 분명히 하였다. 박 정권은 경제개발 5개년 계획을 추진하는 과정에서 노사 관계의 대립적 투쟁 현상이 경제개발 계획을 저해하는 것으로 보고 집단적 노사관계법을 수차례 개정하였다. 박 정권은 헌법에 보장된 노동자의 권리마저도 무시하는 행동을 서슴지 않았다. 근로기준법은 16인 이상 사업장에만 적용

되었고, 이마저도 지켜지지 않아 1970~1971년에도 전체 적용 사업장 가운데 96.2%가 법을 위반하고 있었다.(노동청 1973, 이원보 2004: 68에서 재인용)

1970년대에 들어 비상사태 선포, 긴급조치 등으로 나타나는 긴급한 상황의 조짐은 유신체제 수립 훨씬 이전인 1968년경부터 나타나기 시작했다. 1960년대 말 독재 체제가 아직 법률적으로 정착되지 않은 단계인 1968년에서 1972년 사이의 과도기에는 노동운동 전반이 매우 침체된 상태였다. 그럼에도 불구하고 계엄령 해제 이후부터는 조금씩 움직임이 보이기 시작하였고, 이 시기의 노사분규는 대부분이 노동자들의 지독한 생활고 때문에 시작된 것이었다.(이옥지 2001: 94~101)

이원보는 "노동쟁의는 1963년 8개월 동안 89건에 16만 9천여 명이 참가했다"(이원보 2005: 197)고 하였다. 일례로 1960~1970년대 평화시장 봉제공장의 작업장 문화를 연구한 박승현은 "1960~1970년대 평화시장에서의 잦은 이직은 저임금의 열악한 노동조건에 대한 소극적이고 무력한 대응 방식이 아니라, 미싱사가 숙련도를 활용할 수 있는 유일한 적극적인 방식이었다"(박승현 2005: 3)고 지적하고 있다. 조직적인 형태는 아니었지만 일상적이고 산발적인 형태의 저항이 일어나고 있었다고 보아야 하는데, 끊임없는 '이직' 또한 불만을 표현하는 방법 중 하나였다는 것이다.

# '청계노조' 탄생과
# 민주노조운동

전태일의 죽음은 바로 이러한 사회적 상황 속에서 일어난 사건이었다. '청계노조'는 노동운동에서 1970년대의 시작을 알린 이른바 '전태일 사건'으로 태어났다고 할 수 있다. 그의 마지막 외침이 "근로기준법을 준수하라", "우리는 기계가 아니다"였다는 사실은 결코 가볍게 평가할 일이 아니다. 그것은 1960년대 말 무력화된 근로기준법·노사관계법과 끔찍하고 열악한 노동조건을 알리기 위한 '인간 선언'이었다.

전태일의 선언과 죽음은 왜 노동자들에게 알려지지 않고, 조영래를 비롯한 지식인들의 글을 통해 먼저 알려져야만 했을까? 전태일의 일기 중에 "나에게 대학생 친구가 있었으면"이라는 표현이 나온다. 이 말이 지식인들의 마음을 움직였고, 많은 대학생



열세 살 여공의 삶

들이 평화시장으로 다가왔다. 그중 평화시장의 노동자들 곁을 떠나지 않았던 대표적인 이가 장기표, 조영래 같은 사람들이었다. 전태일은 평화시장에서 일하는 노동자들이 '노예'가 아님을 보여 주기 위해 정부 당국에 호소도 해 보고 진정서 제출 등의 노력도 해 보았지만, 결국 소용이 없다는 것을 알아차리고 자신의 목숨을 걸고 투쟁을 시도하였다.[1] 결국 전태일을 죽게 한 것은 정부 당국이라고 할 수 있지만, 노동자들도 전태일의 활동에 적극적으로 참여한 것은 아니었다. 특히 1970년 당시 평화시장에서 일을 하면서도 그 사건을 알지 못한 나를 비롯해 수많은 노동자들은 자괴감과 부채감을 안고 있었다. 평화시장 노동자들은 청계노조와 전태일을 분리할 수 없었다. 1970년 11월 27일 전태일 친구들의 노력과 전태일 모친인 이소선의 집념으로 '전국연합노동조합 청계피복지부'라는 이름으로 출범한 청계노조는 1981년 전두환 정권의 노동관계법 개악과 함께 1981년 1월 5일 강제해산 명령에 의해 해체된다. 이후 복구 투쟁 끝에 1988년 5월 2일 8년 만에 신고필증을 받을 수 있었다.[2] (이옥지 2001: 317~332) 이렇게 전태일의 목숨을 담보로 만들어진 청계노조는 1970년대 민주노조운동의 진원지가 되었다.

당시는 노동문제에 관한 것은 거의 보도되지 않았던 시대였다. 전태일 분신은 신문의 머리기사로 보도되었지만, 노동자들

---

1   전태일의 계획과 실행 과정은 『청계노조 20년 투쟁사』 참조

은 신문을 볼 여력도 시간도 없는 상태였고(이옥지 2001: 319) 대부분의 평화시장 노동자들은 하루하루 살아가는 것 자체가 힘겨웠다. 설사 신문을 본다고 해도 한문이 있는 신문은 그저 '하얀 백지에 까만 점박이'가 가득한 종이였을 뿐이었다. 그렇다고 해서 전태일의 죽음으로 움직인 것은 지식인들뿐이며, 지식인들이 전태일을 신화로 만들었다고 생각한다면 이는 매우 섣부른 견해이다.[3] 극소수이긴 하지만 박명옥, 유정숙 등 당시 평화시장의 일부 여공들은 소식을 듣고 창동을 찾아가 이소선 어머님을 위로했다고 한다.[4](안재성 2007: 91)

한편으로 1970년대 중후반 비약적으로 성장했던 청계노조를 비롯한 여성 노동운동이 1981년 노조 해산 명령을 기점으로 크

---

**2**  전두환 정권은 1980년 5월 쿠데타 이후 12월 7일 청계노조 간부 9명 전원을 합동수사본부에 연행하였다가 2~4주 후 풀어 주었다. 전두환 정권은 12월에 노동관계법을 개악하고, 1981년 1월 5일 청계노조에 강제해산 명령을 내린다. 노조 간부들을 포함한 조합원 21명은 1월 30일 미국 노총 산하 기구인 아시아·아메리카자유노동기구(AAFLI) 사무실에서 '강제해산 철회', '부당한 명을 내린 서울시장 사퇴', '노동운동 탄압 중지' 등을 요구하며 투쟁을 하였다. 이 사건으로 12명이 계엄법 등 위반으로 구속되었다. 이후 끈질긴 싸움 끝에 1988년 5월 2일 8년 만에 신고필증을 받을 수 있었다.(이옥지 2001: 317~332)

**3**  김원의 주장에 따르면, 주류 학자들은 1970년대 여성운동을 "스스로의 이념적 한계를 극복하지 못했다" 또는 "일시적인 브나로드 운동 같은 흐름이었다"고 서술하고 있다(김원 2005: 97). 여성 노동자들의 주관적 측면 때문에 여성 노동운동이 소멸되었다는 이런 평가는 지극히 일면적인 것이다.

**4**  당시 사장들은 구름다리 밑에 깡패가 죽었으니 그곳에 가지 말라고 했다. 나는 1975년 '노동교실' 1기 중학 과정을 입학하고서야 전태일의 존재를 알게 되었다. 이에 대해서는 뒤에서 자세히 설명하겠다.



열세 살 여공의 삶

게 위축하게 된 배경에는, "여자가 너무 똑똑하면 시집 못 간다"는 가부장적인 담론을 비롯해서 시위를 하는 여성들을 오랜 시간 '무서운 빨갱이'로 집요하게 몰아갔던 고통스러운 과정이 자리한다.[5] 앞으로 전개될 내 생애사는 바로 이러한 맥락을 보완하려는 문제의식에서 나온 것이다. 박정희·전두환 정권의 가부장적인 국가폭력의 성격과, 여성 노동자들이 감내해야 했던 젠더(성폭력)와 분단(빨갱이 낙인)이라는 이중적 제약을 드러낼 것이다.

---

[5] 자본주의 사회에서 노동자들에게 생명과 같은 노동3권마저도 박정희 정권은 허락하지 않았다. 정부는 경제성장을 위해서는 노동자를 동원하였으나 정치적으로 배제시켰다. 즉, 정부는 경제성장을 위해 노동력만 제공받기를 원했다. 1970년대에 "배고파 못 살겠다", "우리도 명절에 고향 가게 해 달라" 등을 외치며 시위를 하는 여공들을 구속시키는 것은 물론이고 '무서운 빨갱이'로 몰아가고 있었다. 국가보안법 위반으로 체포된 노동자는 정치범의 3분의 1을 차지했다.(브루스 커밍스 2001: 543)

# 3장

# '공순이'의 탄생

산업사회로 접어들면서 도시로의 이동이 가속화되는 흐름 속에서,

우리 가족은 상경하여 판잣집을 전전했다.

그리고 나는 '여공'이 될 수밖에 없었다.

어린 소녀에게 평화시장 공장 생활은 정신적, 육체적 고통을

이겨 내기에 너무 벅찬 노동강도와 조건이었지만,

어린 소녀가 끔찍한 공장 생활을 빠져나갈 수 있는

방법은 어디에도 없었다.

# 어린 시절

　내 아버지와 어머니가 어떻게 농촌 생활을 했는지, 형제들이 어떻게 살았는지, 그리고 내가 왜 열세 살의 나이에 공순이[1]가 될 수밖에 없었는지를 먼저 짚어 보려 한다.

　아버지는 1919년 4월 3일 만세운동[2]에 참여하였고, 그 후유증은 심각했다. 이 만세운동에는 전라북도 남원군 19개 면 가운데

---

1　'공순이'라는 말은 어디서 온 것일까를 고민하였다. 초기 유럽의 경험과 비교하여 한국 노동계급은 자신에게 극히 호의적이지 않은 문화적·정치적 환경 속에서 태어났다. 유럽에서 노동계급 형성을 촉진하는 데 중요한 작용을 한 것으로 알려진 여러 가지 문화적·제도적 요소들이 한국에는 없었다. 먼저, 한국의 노동계급은 강한 장인 문화의 전통을 갖지 못하였다는 점을 지적하는 것이 중요하다. 전통 한국 사회에서 장인 생산은 미미했을 뿐만 아니라 장인들은 유교 체제에서 매우 낮은 지위를 차지하였다. 실제로 많은 장인들은 조선 시대 궁궐과 양반들이 사용하는 종이·필묵·옷감·사치품을 생산하기 위해 노비들에서 충원되었다.(구해근 2002: 33)

14개 면의 면장과 주민이 참여했고, 그중 6명의 면장이 목숨을 잃었다. 아버지의 사촌 형님은 그때 희생된 면장들 중 한 분이셨다. 언니, 오빠들은 동네 어른들에게 들었다면서 "당시 일본 사람들이 총을 마구 쏘니까 동네 사람들은 무서워서 산으로 숨었는데 입구에서 기다리고 있다가 계속 죽였는데, 몇 명이 죽었는지 산속에서 몇 명이 굶어 죽었는지 모르며, 행방불명된 사람도 있다"고 하였다. 내 아버지도 산속으로 도망쳐 몇 달을 살았다고 했다. 산속에서 닥치는 대로 먹고 생명을 유지했지만 그 후유증으로 위장병을 앓게 되었고, 후에 농사일을 하면서 쟁기질하던 소에게 공격을 당한 후로 위장병은 더욱 심해졌다.

만세운동의 여파는 일제가 지배하면서 토지조사사업을 진행하는 과정에서 좋지 않은 결과를 초래하였다. 아버지는 3대째 내려오던 땅을 모조리 빼앗겼다.[3] 당시에는 등기 이전 개념이 없이 부모님이 돌아가시면 자식이 그 땅에 농사를 짓고 살았다. 이런 경우 동네 사람들이 증인만 서 주면 아무 문제가 되지 않았다. 하

---

2 　전북 남원군 덕과면 면장 이석기(李奭器)는 1919년 4월 3일 일본의 식목일을 기해 만세운동을 일으키기로 마음먹고 군내 19개 면의 면장들에게 독립 만세를 부르도록 통고하였다. 면장들은 이에 적극 호응, 일제히 면장 직을 사퇴하고 일 만의 면민들을 동원, 독립운동을 일으켰다. 일본 헌병들은 시위 군중을 진압하기 위해 응원대를 불러들인 후 평화적 시위를 벌이는 군중을 향해 무차별 총격을 가해 11명을 살해하고 수십 명의 부상자를 내는 만행을 저질렀다.(한국사사전편찬회 1990: 164) 나는 2007년 한홍구 교수의 '한국 근현대사' 수업을 들으면서 아버지께서 참여한 사건이 1919년 4월 3일의 만세운동인 것을 알았다.

　　　　　　　　　　　　　　　　　　　　　　열세 살 여공의 삶

지만 동네 사람들은 친일파들에게 낙인찍힐까 봐 두려워 아무도 보증을 서 주지 않았다. 단 하루 동안 만세운동에 참여한 결과로 아버지는 땅을 빼앗겼고, 어려운 생활을 하게 되어 평생을 자식들에게 미안해하면서 살았다.

내 형제는 오빠 셋, 언니 셋, 그리고 막내인 나, 이렇게 7남매다. 그중 전교 1등으로 공납금을 면제받았던 셋째 오빠만 국민학교(초등학교) 졸업장이 있고 나머지 형제들은 그마저도 없다.

가난한 집 어머니들이 다 그랬던 것처럼, 내 어머니는 당신이 먹는 것은 뒷전이고 아들딸을 먹이기 위해서 무엇이든 해야 했다. 우리 가족은 언니, 오빠들과 때로는 큰형부까지 10여 명에 가까운 대가족이었다. 어머니는 양식에 보태기 위해 부잣집 날품

3  '토지가옥증명규칙'은 개항장 밖의 외국인 토지 소유를 금지했던 대한제국 정부의 조치를 일방적으로 폐기하고 외국인의 불법적 토지 소유를 합법화한 것으로서 이후의 일본인 토지 소유에 대한 법적 보장을 마련하기 위한 조치였다. 토지에 대한 농민의 관습적인 권리를 일거에 부정함으로써 일본인들이 토지를 늘려 가는 데 장애가 되었던 요인을 없애 주었다. 이들 가운데 절반 이상이 기름지고 수익성 높은 전라도의 땅에 집중되어 있는 '사업'이었다.(정태헌 2004: 109~112) 내 아버지는 당시 관습적으로 내려오던 땅이라 상속 신고를 하지 않았다는 이유로 그 땅을 빼앗겼다. 최원규는 다음과 같이 기록하고 있다.
"소유권 획득 과정에서 행위의 강제성이 있었더라도 문제 삼지 않고, 행위의 결과만을 가지고 판정하였다. 광무사검 과정에서 대한제국이 국유지 확보를 위해 행사한 강제성, 일제가 국가 차원에서 혹은 민간 차원에서 행사한 강제성 등은 전혀 문제 삼지 않았다. 일본인이 한국을 침탈하면서 물리적 강제를 동원하는 등 비정상적인 형태로 거래하는 일이 많았다는 점은 초기 진출 과정을 서술한 글 어디서나 쉽게 찾아볼 수 있으며, 동네마다 구전되어 전하는 사례가 비일비재했다."(최원규 2003: 271~305)

팔이를 하고 보리쌀 등을 구해 오시기도 하였다. 나는 어머니가 해 준 음식 중 몇 가지를 기억하고 있다. 첫 번째가 닭죽이다. 일반적인 닭죽은 닭과 찹쌀을 넣고 끓인다. 물론 뼈는 버린다. 하지만 어머니는 닭 뼈를 버리지 않았다. 먼저 닭을 푹 삶아 낸 다음 살을 발라내고 뼈를 절구에 곱게 찧은 후 밀가루를 넣고 수제비를 만들었다. 많은 식구 수에 맞추어 양을 늘리기 위한 방편이었다. 나는 그 닭죽 속에 들어 있던 수제비를 잊지 못한다. 두 번째는 멸치 대가리 조림이다. 어머니는 밤에 부잣집에 가서 멸치 대가리와 똥을 발라내 주고 그 집에서 버린 대가리를 집으로 가지고 와서 무와 함께 끓여 주셨다.

어머니가 파란 삼대를 사다가 마을 공동 작업장에서 쪄 내어 속대는 땔감으로 쓰고 벗겨 낸 껍질은 말리고 쪼개서 물에 불렸다가 한 가닥 한 가닥 이어서 베를 직접 짜던 모습도 기억난다. 어머니는 그렇게 짠 삼베 두세 필을 남원장에 내다 팔았다. 삼베 한 필에 얼마였는지는 모르지만, 삼베를 판 날에는 어머니의 입가에 웃음이 가득했다. 아마 우리 집에서 가장 큰 수입 중 하나였을 것이다.

아비지는 상날이면 꼭 장에 가셨다. 당시에는 생선을 새끼줄로 묶어서 팔았다. 해가 질 때면 술에 취한 아저씨들이 생선을 들고 가다 새끼줄에서 생선이 빠지는 줄도 모르고 길거리에 흘리고 가기도 했다. 아버지는 그것들을 이삭줍기하듯 주워 오셨다. 어머니는 그 생선을 지져 주시면서 우리에게 "돌이 있을지 모르

     열세 살 여공의 삶

니 조심해서 먹어라" 하셨다.

그런 형편인데도 우리 집은 언제나 동네 사랑방이었다. 어머니 친구들은 물론이고 언니, 오빠 친구들이 늘 끊이지 않았다. 심지어 오빠가 4H클럽[4] 회장을 할 때에도 우리 집에서 모였다. 그러면 없는 살림살이지만 어머니는 고구마밥, 무밥 등을 해 주셨다. 우리 부모님은 가난했지만 화목하고 인정이 많았다.

---

**4** 4H클럽은 마을에서 일어나는 애경사를 돕는 일도 했지만, 앞으로 마을을 위해 할 일의 방향을 의논하기도 했다. 오빠가 회장을 맡고 있을 때에는 정부 당국에서 밭에 뽕나무를 심는 일 등을 권장하여, 그런 일을 함께 의논하였다.

# 아홉 살 꼬마의 편지 대필

　1910년생인 어머니는 정규교육을 받지 못해서 한글을 배울 기회가 없었다. 넉넉하지 못한 생활 때문에 오빠들은 고향 남원을 떠나 서울이나 강원도로 돈을 벌러 갔다. 어머니는 고향 떠난 자식들이 편지를 보내오면 그것을 옆집 철호 아저씨에게 가지고 가서 읽어 달라고 부탁하였다. 떠나 있는 자식들에게 꼭 전해야 할 이야기가 있을 때에도 철호 아저씨에게 대필을 부탁했다. 편지 내용이 궁금해서 아저씨네 집에 갔다가 집에 안 계시면, 어머니는 어깨에 힘이 빠진 모습으로 긴 한숨을 쉬며 우리 집과 옆집을 왔다 갔다 하셨다.

　어머니는 편지 부탁을 할 때마다 아저씨에게 "아재! 고맙소, 이 은혜를 어찌 갚아야 할지" 하셨다. 가을에 오빠가 산에서 송

　　　　　　　　　　　　　　　열세 살 여공의 삶

이버섯을 따 오면 내게 "막내야! 철호 아저씨네 갖다 드려라" 하셨다. 나는 그런 심부름을 마다할 이유가 없었고, 심부름이 즐거웠다. 내 고향에서는 가장 흔한 게 고구마였다. 여름에 햇고구마를 캐 와도, 철호 아저씨 집에는 조금이라도 꼭 가져다 드렸다.

동네에 경조사가 다가오면 어머니는 집에서 콩나물을 기르셨다. 동네 부잣집에서 행사가 있으면, 그 집 안주인은 어머니에게 마른 콩을 넉넉히 주며 콩나물 좀 키워 달라고 부탁했다. 어머니는 큰 시루와 작은 시루에 콩나물을 기르셨다. 큰 시루 콩나물은 경조사가 있는 집으로 가져갔고, 작은 시루에 기른 콩나물은 우리 가족이 먹었다. 어머니는 작은 시루의 콩나물을 조금 덜어서 나에게 "철호 아저씨네 갖다 드려라" 하셨다. 철호 아저씨네 아줌마는 집에서 한복 만드는 일을 하셨는데, 내가 콩나물을 들고 대문을 열고 들어가면 "막내가 또 가지고 왔구나" 하며 반가워하셨다. 또 어떤 집에서는 사탕을 손에 쥐여 주었다. 그 시절에는 사탕 한 알도 귀했다. 어른들에게 칭찬을 듣는 일도 흔치 않았으므로, 나는 어머니의 심부름을 은근히 기다리곤 했다. 그렇게 어릴 때부터 콩나물과 친해져서인지, 나는 지금도 콩나물을 아주 좋아한다.

나는 국민학교(초등학교)를 입학하고 한글을 배우기 시작했다. 내가 어릴 적에는 대부분의 아이들이 국민학교 들어가기 전에 한글을 깨치지 못했다. 나도 그랬다. 내가 한글을 조금씩 알아 갈 즈음인 아홉 살 때 일이다. 어느 날, 우체부 아저씨가 편지를 나

에게 주셨다. 나는 "강원도 삼척군 도계읍 도계리"라고 봉투에
적힌 주소를 소리 내 읽고서, 어머니에게 "둘째 오빠한테서 편지
가 왔네" 했다. 어머니는 내게 "막내야, 너 한글 읽을 줄 아니?"
하셨다. 나는 "쪼깨(조금) 알지" 하며 살짝 우쭐했다. 어머니는 신
기해하면서 봉투를 뜯고는 편지 내용을 읽어 보라고 하셨다. 나
는 더듬더듬 편지글을 읽었다. 그 내용은 다음과 같았다.

부모님 전 상서
고향에 부모님께서는 무고하신지요. 동생들도 모두 잘 있는지요.
이곳 먼 타향 땅에 있는 둘째 아들은 부모님 염려 덕분에 잘 있습
니다. 제 걱정은 마시고 아버님 병 수발이나 잘해 드리세요. 그럼
다음에 또 안부 전하겠습니다.


이렇게 더듬거리면서 편지를 다 읽고 나자 어머니는 나를 갑
자기 끌어안으시면서 "대견하다, 대견하다"를 연발하셨다. 어머
니는 "그럼 오빠에게 편지 조깐(좀) 써 봐라" 하셨다. 나는 "내가
어떻게 써? 나 못 써"라고 했다. 어머니는 "내가 불러 줄게" 하셨
다. 나는 어머니가 불러 주시는 대로 적어 내려갔다.


둘째 아들 받아 보아라.
너의 편지 잘 받아 보았다. 고향에 있는 가족 모두는 잘 있다. 객지
에서 얼마나 고생이 많으냐? 집안 걱정은 하지 말고 몸조심하거라.

내가 너에게 편지를 쓰는 것은 다름이 아니라 너에 둘째 동상인 순임이가 금지면 귀석리에 사는 총각과 이번 12월 1일에 혼인을 하기로 하였다. 될 수 있으면 참석하면 좋겠다만 너 형편에 따라 하거라. 그럼 다음에 다시 연락하마. 몸 성히 잘 있어라. 참, 이 편지는 네 막내 동상이 편지를 쓰고 있다. 잘 썼는지 모르겠다. 그럼 잘 지내거라.

어머니는 다 쓴 편지를 다시 한 번 읽어 보라고 하셨다. 그날 이후, 나는 우체부 아저씨가 전해 준 편지를 모두 어머니에게 읽어 드렸다. 어머니가 불러 주는 편지의 대필도 계속되었다. 이제 더는 편지 때문에 철호 아저씨 집을 찾지 않아도 되었다. 어느 날, 아저씨가 어머니에게 "아짐! 요즘엔 자식들에게서 편지가 뜸하네요" 하셨다. 어머니는 입가에 미소를 지으며 "막둥이가 어문을 읽을 줄 알아서 요즈음에는 개가 하네요"라고 하셨다.

지금 생각해 보면 국민학교 3학년도 제대도 마치지 못한 나에게 오빠 언니들의 편지 읽기와 쓰기는 한글을 깨치는 데 좋은 현장학습이었다. 책 한 권도 없던 그 시절에 편지 대필은 나의 한글 스승임에 틀림없었다. 또한 집안의 막내로서 어머니의 심부름을 하며 이웃집을 드나들던 시간은, 비록 넉넉하지는 않았지만 '콩 한 쪽이라도' 나누어 먹고 주고받으며 살아가는 법을 몸으로 익히게 한 또 하나의 배움터였다. 그 시절의 심부름은 나도 모르는 사이에 남을 먼저 살피고 나누려는 마음, 말하자면 이타적인 삶의 태도를 내 안에 차곡차곡 쌓아 준 시간이었다.

# 오빠들의 기막힌 사연

　우리 집은 한국전쟁 이후 남북 대결 상황이 낳은 군 피해자 집안이다. 큰오빠는 한국전쟁 직후 군 기피자가 되었고, 둘째 오빠는 군대에서 훈련하다 발생한 사고의 후유증으로 고생을 하였다. 셋째 오빠는 강원도에서 일어난 폭파 사고로 손을 심하게 다쳐 평생 장애를 안고 살아야 했다.

　큰오빠는 한국전쟁이 끝나고 몇 년 후 군에 입대하였는데, 배고픔과 폭력이 두려워 휴가 뒤에 복귀를 하지 않았다. 오빠는 자유로운 몸이 아니었고 그 탓에 운전면허 시험조차 볼 수 없었다.[1]

---

**1**　당시에는 군 기피자가 무척 많았다. 아들을 군대에 보내지 않으려고 땅을 팔아서 담당 공무원에게 상납을 하는 일이 흔했다.

둘째 오빠는 1960년대에 군 생활을 하고 있었는데 부대원 여섯 명과 헬리콥터 훈련을 하다 추락 사고를 당했다. 그 사고로 다섯 명이 죽고 오빠만 살아 돌아왔다. 오빠는 그 후유증으로 걸음도 걷지 못하고 4~5년을 누워서 생활했다. 보상을 받기 위해 아픈 몸으로 보훈처 등의 행정기관을 찾아다녔지만 헛수고였다. 오빠는 집에 돌아와 "담당자가 돈을 바라는 것 같다"면서 한탄하기도 하였다.

셋째 오빠는 1957년 국민학교를 졸업하고 집에서 일을 하다가 돈을 벌기 위해 서울로 떠났다. 오빠가 집에 오는 날이면 어머니는 햇 고구마를 캐다 삶기도 했으며, 밀가루 개떡을 만들어 주기도 하였다. 오빠는 약간의 돈을 어머니에게 주기도 했다. 나중에 알았지만 서울에 올라가 넝마, 구두닦이 등을 하면서 돈을 벌었고 검정고시로 고등학교를 마쳤다고 했다. 오빠는 자신이 서울에서 고생해서 번 돈으로 샀던 손목시계마저 팔아 아버지 약값에 보태기도 하였다. 그런데 1964년 겨울, 강원도에서 우리 집과 오빠 친구 집으로 전보가 왔다. 오빠와 친구가 위독하다는 내용이었다. 아버지와 오빠 친구의 형은 함께 강원도로 달려갔다. 며칠 뒤 오빠 친구는 남원병원에 입원을 하였고, 아버지와 오빠는 집으로 돌아왔다. 나는 얼굴이 까맣게 타 버린 오빠의 얼굴을 보고 무서워서 도망가고 싶었다. 나중에 알았지만 오빠는 오른손에 붕대도 감고 있었다. '지뢰 폭발' 사고 현장에는 다섯 사람이 있었는데 세 사람은 그 자리에서 죽고 두 사람만 살아서 돌아

온 것이었다. 오빠 친구는 두 다리를 절단해야 했고, 나중에 자살
을 했다고 들었다. 오빠는 처음에는 그 손으로 글도 쓰지 못했지
만 1년 정도 지나자 볼펜을 잡기 시작하였다.

　큰오빠는 살아남기 위한 방편으로 서울에서 도피 생활을 시
작했다. 당시에 우리 집은 아버지, 둘째 오빠, 셋째 오빠, 이렇게
남자 세 명이 환자였다. 셋째 오빠 사고 이후 우리 집 분위기는
서로 눈치만 보는 상황이 되었다. 어린 내 눈에 비친 어머니는 늘
한숨과 담배를 입에 물고 계셨다. 이런 생활을 지켜보던 셋째 오
빠는 다시 상경했고, 얼마 있다가 집으로 내려와 서울 큰오빠 집
으로 이사를 가자고 하였다. 어머니도 어쩔 수 없었는지 허락을
하셨다.

# 상경과
# 판자촌 생활

　우리 가족은 1965년 겨울 어느 날 서울로 이사를 했다. 내 나이 열두 살이었다. 내가 상경하는 것을 알게 된 친구들은 나를 부러워했지만, 나는 두려운 마음이 컸기에 부모님과 함께 서울에 올라가는데도 기쁘지 않았다. 셋째 오빠는 울고 있는 나에게 "서울 가서 학교 보내 줄 테니 울지 말라"고 달랬다. 우리 식구는 옹정역에서 서울행 완행 기차를 탔다. 옹정역은 우리 고향 집에서 7·8킬로미터 떨어신 곳에 있었고, 명절 때면 서울 간 오빠 언니를 그곳에서 기다리곤 했었다. 기차는 오후 네다섯 시쯤 옹정역을 출발했다. 기차 안에서 어머니는 나를 보면서 혼잣말로 "시골에서는 거섭(채소)도 잘 먹는데 서울 가면 거섭도 사 먹어야 한다는데" 하시면서 안타까워하셨다. 시골에서는 하얀 쌀밥을 먹지는 못했지만, 배가 고파서 굶는 일은 없었다. 점심에는 고구마와 동치미로 하얀 쌀밥을 대신했고, 저녁은 무와 쌀이 8 대 2로 섞인 혼합 밥이나 고구마밥으로 대신할 수 있었다.

서울역에 내렸을 때는 캄캄한 새벽이었는데, 지게꾼 아저씨들이 "지게, 지게!"를 외쳐 댔다. 그 소리가 내 귀에는 무슨 괴성처럼 들렸고, "서울 가면 눈을 뜨고 있어도 코를 베어 간다"는 말이 생각나 무섭기만 했다. 시끄러워서 무슨 소리인지 알아들을 수가 없었고, 옆에 있는 어머니를 놓칠까 봐 잔뜩 긴장해 있었다. 택시 기사 아저씨들의 호객 행위가 내 눈과 귀에 먹먹한 상태로 들어왔다. 버스와 택시의 라이트 불빛은 눈을 뜰 수 없을 정도로 밝았다. 기차 멀미에 구역질과 메슥거림을 참기 힘들어서 어떻게 어머니를 따라왔는지 기억도 잘 나지 않았다. 그때의 구역질과 메슥거림이 어찌나 심했는지, 결혼해서 첫아이를 임신했을 때 입덧을 하는데 시골에서 상경하던 그때가 생각나기도 했다.

내가 도착한 곳은 시골에서 친구들과 상상했던 것과는 완전히 달랐다. 시골에서는 초라해도 집에 마루도 있고 마당도 있었다. 하지만 시골에서 상상하던 서울의 기와집은 저 멀리에 있었고, 내가 살 곳은 중랑교 뚝방의 판잣집이었다. 한 평도 안 되는 부엌은 가관이었다. 시멘트가 발라져 있고 부엌 한가운데 연탄불이 있었다. 그 좁은 공간이 부엌과 아궁이를 겸하고 있었다. 한 사람이 들어가서 양팔을 완전히 벌릴 수도 없었다. 마당에는 펌프가 있었다. 그 펌프에 물을 조금 붓고서 손잡이를 양손으로 잡고 위아래로 움직이면 땅 밑에서 지하수 물이 올라왔다. 마당에서 쌀도 씻고 세수도 하였다. 빨래는 중랑교 개천의 흐르는 물에서 했다.

제일 괴로운 것은 잠잘 때였다. 방 하나에서 큰오빠, 큰올케, 아버지, 어머니, 셋째 오빠, 셋째 언니, 나, 태어난 지 아홉 달 된 조카까지 8명이 자야 했기 때문이다. 한 방향으로 잠자기가 불가능해서 몇 사람은 윗목, 몇 사람은 아랫목 쪽으로 머리를 두고 엇갈리게 자야 했다. 자다 보면 오빠 발이 내 입이나 얼굴, 또는 가슴 위에 올라와서 숨이 턱턱 막히곤 하였다. 평소에는 오빠에게 맞아 본 적이 없는데, 밤이면 오빠의 잠버릇 때문에 얼굴과 가슴, 배에 날벼락을 맞으며 자야 했다. 어린 나를 지켜 주려고 어머니가 나를 제일 벽 쪽으로 재웠지만 별 소용이 없었다. 밤이 되는 것이 두려울 정도였다. 어쩌다 돌아누우면 다시 몸을 돌릴 수 없었다. 화장실에라도 다녀오면 내 몸 들어갈 자리가 없어지기 때문에, 밤에 용변이 보고 싶어도 꾹 참을 때가 많았다. 그럴 때 누군가가 배 위에 다리를 올려놓으면 최악의 상황이 되기도 하였다. 우리 식구들은 자다가 정 소변이 마려우면 방 한구석에 있는 요강에 오줌을 누었다. 아침에 어머니가 가장 먼저 한 일은 요강을 들고 나가 마당 가운데 있던 펌프 앞 하수구에 오줌을 비우고 펌프질을 해서 요강을 깨끗이 닦아 다시 방에 들여놓는 것이었다. 밤마다 그렇게 난리를 치르다 보니 전에 살던 고향 집이 그리워지기도 했다. 비록 초가집이었지만 잠자리가 이 정도로 불편하지는 않았다.

시골에 살 때, 이웃집 아주머니의 이야기를 들은 적이 있었다. 그분은 서울 딸네 집에 다녀온 이야기를 하면서 "서울은 화장실에서도 깨끗한 물이 졸졸 나온다"면서 신기해하셨다. 그런데 내가 경험한 서울 화장실은 시골보다 못하였다. 시골에서는 집집마다 화장실이 있는 것이 당연했는데, 서울에서는 여러 가족이 한 화장실을 함께 사용해야 했다. 그러니 아침마다 화장실 앞에 길게 줄을 서는 진풍경이 펼쳐졌다. 화장실 앞에서 기다릴 때에도 집주인과 그의 아들에게는 우선권이 있었다. 어쩌다 내가 들어갈 차례에 집주인 아들이 새치기를 하면 나는 돈 없는 설움을 실감해야 했다. 시골 이웃집 아주머니가 말한 화장실 안의 깨끗한 물은 어디에서도 볼 수 없었기 때문에 어머니 친구였던 그분이 거짓말을 한 것은 아닌지 의심을 했다. 나는 그 후로 10년쯤 지난 뒤에야 '수세식 화장실'의 존재를 확인할 수 있었다.

서울에 온 지 열흘쯤 되었을 때, 나는 동네 답사에 나섰다. 뚝방을 따라 걸어가면서 올망졸망한 구멍가게를 구경하는데, 그 구멍가게 옆에 '복덕방'이 있었다. 구멍가게야 무엇을 파는 가게인지 훤히 알고 있었지만 난생 처음 보는 '복덕방'은 무엇을 파는 곳인지 도무지 알 수가 없었다. 당시에 나는 '빵'과 '방'을 같은 말로 생각했던지라 복덕방 안에 당연히 빵이 있을 줄 알았는데 보이지 않았던 것이다. 그 이유가 몹시 궁금했지만 누구에게 물어볼 용기가 나지 않았다. 몇 달이 지나서야 그곳이 집을 매매하기 위해 소개도 하고, 전세나 월세를 얻어 주고 수수료를 챙기는 곳이라는 것을 알게 되었다.

매달 전기 요금이 나오면 세입자들끼리 수군거리는 소리를 들을 수 있었다. 집주인은 영수증을 보여 주지 않은 채 무조건 얼마씩 내라고 하였기에, 세입자들은 주인 앞에서는 아무 말도 못 하고 수군거리기만 하였다. 집주인이 자신이 사용한 요금을 제외한 나머지를 똑같이 나누어 전기료를 내라고 하면, 그래도 양심 있는 편에 속하는 집주인이었다. 뚝방에서는 무허가 판잣집[1]이 늘어나면서 전기 계량기를 달지 못한 주인들은 옆집에서 끌어오는 조건으로 한 달에 얼마씩 그 집에 지불하는 방식으로 전기를 끌어다 쓰는 경우가 많았다. 그렇게 끌어다 쓰는 요금은 또 세입자들의 몫이었다.

서울은 수많은 사람들이 북적거렸지만 우리 가족이 살기에는 너무도 힘든 곳이었다. 우리 가족은 아버지와 나만 빼고는 모두 돈을 벌려고 사방으로 돌아다녔다. 어머니는 채소밭으로, 큰오빠는 공사 현장, 셋째 오빠는 인쇄 공장, 셋째 언니는 보루네오 공장에 다녔고, 큰올케는 구멍가게에서 장사를 했다. 그래도 생활이 힘들어 연탄을 빌리기도 했고, 외상으로 구입하기도 했다. 우리 가족은 도둑질만 빼고 할 수 있는 일은 무엇이든지 했다.

1 블록과 나무판자 몇 개로 얼기설기 조립한 집이니 하룻밤 사이면 다 지을 수 있었는데, 짓고 나면 바로 그다음 날이나 혹은 이삼 일 뒤쯤 되어 또다시 철거반 차가 들이닥쳐 다 부숴 버리려 들었다(조영래 1983: 226).

　1969년, 셋째 오빠는 국민은행에 합격을 했다. 은행에서는 재산세 15,000원 이상 낸 사람의 보증서를 요구했다. 당시에는 보증보험회사가 없었다. 세금을 15,000원 이상 내는 사람을 찾지 못해서 오빠는 합격을 하고도 취직을 할 수 없었다. 그때 내 주변에는 집 한 채를 가지고 있는 사람이 있었다. 하지만 재산세는 겨우 5,000원 정도 내고 있었다. 설사 주변에 재산세를 내는 사람이 있다고 하더라도 보증을 서 준다는 보장이 없었다. 은행에서 근무하다가 사고가 생길 경우 보증 서 준 사람이 책임을 져야 하기 때문이었다. 오빠의 은행 취직은 잘살지는 못할지라도 제대로 밥을 먹을 수 있는 기회였다. 하지만 눈물을 머금고 포기해야 했다.

　연탄 때문에 죽을 뻔했던 일도 기억난다. 뚝방촌에 살 때, 어머니는 연탄을 미리 사서 말려 가면서 쓰는 집을 제일 부러워하셨다. 마른 연탄을 쓰면 불을 갈았을 때 가스 냄새가 덜 났다. 그리고 무엇보다 불이 훨씬 빨리 붙었다. 당시에는 연탄불로 밥을 지었는데, 연탄불이 활짝 피어야 밥을 할 수 있었다. 저녁때가 되어 가는데 연탄불이 다 꺼져 가면, 서둘러 연탄을 갈고 한두 시간을 기다린 뒤에야 밥을 지어 먹을 수 있었다. 그래서 어머니는 새벽 2~3시에 일어나 아침밥을 할 수 있을지 없을지 가늠해 보고 못 할 것 같으면 미리 연탄불을 갈아 두셨다. 이때 마른 연탄과 그렇지 않은 연탄은 확실히 차이가 났다. 무엇보다, 마르지 않은 연탄은 연탄가스 냄새가 훨씬 더 심했다. 당시에는 "밤새 안녕?"

이라는 말이 있을 정도로 연탄가스 사고로 죽는 사람이 많았다.

연탄가스를 마시고 기절하는 것은 서민들에게 흔한 경험이었다. 특히 제대로 된 집을 짓지 못한 무허가촌에서는 연탄가스로 죽어 가는 사람이 많았다. 이사한 첫날 연탄가스가 새는 줄 모른 채 방에서 자다가 사고를 당하는 사람도 많았다. 시골에서 갓 올라온 농촌의 딸이 서울 사정을 잘 모르고 자다가 당하는 일도 다반사였다.

우리 집에서도 나와 어머니, 언니가 한꺼번에 연탄가스를 마시고 기절한 적이 있다. 조카가 울어서 셋째 오빠가 일어나려는데 속이 매스껍고 울렁거리더란다. 직감적으로 '연탄가스가 샜구나' 생각한 오빠는 정신없는 와중에도 방문부터 열었다. 아버지와 오빠, 조카, 큰올케는 조금 덜했고 나와 어머니, 언니는 정신을 잃었다. 한겨울에 방 안에 쭉 뻗어 있는 세 사람을 아버지와 오빠가 차례로 끌고 나왔다. 아버지와 오빠도 울렁거려서 힘들었지만, 정신을 못 차리는 가족을 보자 더 무서웠다고 했다. 사람이 아파도 병원 갈 엄두도 내지 못하던 형편이라 민간요법에 의지할 수밖에 없었다. 가족들은 정신을 못 차리는 어머니와 언니, 나의 입을 차례로 벌리고 연탄가스에 좋다는 동치미 국물을 먹였다. 국물을 조금 마시고 20~30분 있으면 몸이 오들오들 떨리면서 정신이 돌아왔다. 눈을 떠 보니 마당 가마니 위였다. 마당이 추워서 방 안으로 들어가려 하니 못 들어가게 말렸다. 찬 공기를 많이 마셔야 빨리 정신을 차릴 수 있다고 했다. 춥다고 떠는 것 자체가 살 수 있다는 증거이기도 했다. 나는 정신이 없어 몰랐지만, 안방에 살던 집주인도 시끌시끌한 소리에 놀라 나와 "하마터면 줄초상 칠 뻔했다"며 안도의 숨을 쉬기도 했다고 한다. 그때는 너무 늦게 깨어나 조금 모자란 사람이 되는 이도 있었고, 끝내 깨어나지 못해 그대로 죽는 사람도 많았다.

뚝방의 무허가 판자촌에서는 매일 구청 철거반원들이 집을 부수기 일쑤였다. 그런데 1971년 대통령 선거 직전에는 철거반원들이 오지 않았다. 아버지는 "매일 대통령 선거만 했으면 좋겠다"고 말씀하셨다. 하지만 1973년에 결국 뚝방 무허가촌은 철거되었고, 우리 가족은 지금의 성남시 은행동으로 이사를 갔다. 정부 당국이 철거를 하면서 그곳에 살 곳을 마련해 주었다. 그런데 그 살 곳이라는 게, 군인 막사 같은 것을 수십 개 쳐 놓고 한 가족이 한 곳에 살도록 한 것이었다. 난민 수용소보다 못한 곳이었다. 비가 오는 날에는 옆에서 비가 들이쳐서 챙 안에 있어도 비를 피할 수가 없었다. 그 모습을 보니, 전에 살던 루핑 집이 별천지처럼 아늑한 보금자리였다는 생각이 들었다.

하지만 무엇보다, 일하러 다닐 조건이 갖추어져 있지 않은 게 문제였다. 서울로 나가야 하는데 버스가 없었다. 있다고 해도 30~40분에 한 대꼴이었다. 그 버스를 타려고 사람들은 눈에 불을 켜고 덤벼들었다. 나는 버스를 타기 위해 새벽 5시에 집을 나서야 했다.

그곳은 지대가 낮은 데다 하수처리 시설이 안 되어 있어서 걸어 다닐 수가 없었다. 바닥이 진창이라 걷다 보면 신발은 진흙에 박히고 발만 빠져나올 정도였다. 그러면 엎드려서 신발을 꺼내야 했다. 그래서 사람들은 "마누라 없이는 살아도 장화 없이는 못 산다"고 했다. 깨끗이 빤 내 감색 운동화는 정류장까지 걸어 나오는 동안에 한 번도 빤 적이 없는 신발처럼 흙투성이가 되어 있었다. 성남에서 버스 탈 때에는 다들 그러니까 괜찮았지만, 청계천 5가 종점에서 내리면 더러운 신발이 부끄러워 뛰듯이 공장으로 갔다.

그곳이 얼마나 살기 힘들었던지, 우리 가족은 석 달 만에 그곳을 떠나고 말았다. 온 가족이 한집에서 지낼 수 없어 큰오빠네는 따로 이사를 하고, 어머니는 셋째 오빠네로 가고, 나는 둘째 언니네 집에서 살아야 했다. 성남을 떠날 당시에는 몰랐지만 나중에 '광주 대단지' 사건을 알게 된 나는, 그것이 인간으로서 감당할 수 없는 현실 앞에서 위험을 무릅쓰고 일어설 수밖에 없었던 사건이라고 생각했다. 그들의 요구가 내게는 전태일의 인간 선언과 같은 맥락으로 보였다.

# 열세 살의

# 평화시장 시다

농사지을 땅이 없고 부모, 특히 아버지가 직업이 없거나 병마에 시달리는 아주 어려운 가정에서 어린 자식들이 집안 부양의 책임을 지는 것은 당연한 것이었다(장미경 2002: 109). 나의 경우도 다르지 않았다. 병마에 시달리시는 아버지와 어머니를 위해 한 푼이라도 돈을 벌어야 했다. 어느 날 주인집 딸 언니는 나에게 옷 만드는 공장에 다녀 보겠느냐고 물었고, "옷 만드는 기술을 배워 놓으면 이다음에도 좋을 것"이라며 권했다. 사실 나는 며칠 전부터 일할 계획을 가지고 있었고, 이미 동대문구 휘경동에 있는 PAT[1]

---

1  당시에 속옷 만드는 공장으로는 '독립문 메리야스'가 유명하였다. 지금은 'PAT' 브랜드 회사가 되었다.

공장에 면접을 보러 가기도 했었다. 공장장은 나에게 "꼬마야, 집에 가서 젖 더 먹고 와라" 하며 돌려 보냈다. 그때 내 나이 열세 살이었다. 나는 주인 언니의 권고에 군말 없이 따라나섰다. 당시에 옷 만드는 것은 일종의 기술직이었다.

1966년 3월쯤으로 기억된다. 나는 고향 언니와 함께 판자촌 집을 나섰다. 언니는 나에게 버스표 사는 법과 버스 타는 법을 알려 주면서 퇴근길에는 혼자 집에 돌아와야 하니 잘 기억해 두라고 했다. 중랑교에서 서대문 가는 버스를 타고 동대문에서 내려 지하도를 건너 평화시장으로 따라 들어갔다. 언니를 따라 시장 안에 들어가니 눈이 매워서 눈을 뜰 수가 없었고, 무엇보다 눈물이 줄줄 나왔다. 나와는 달리 고향 언니는 눈이 불편하지 않은지 앞에서 성큼성큼 걸어가고 있었다. 1층 가게 안에는 총천연색의 옷들이 화려하게 선을 보이고 있었다. 당시의 평화시장이 어떤 곳인지 잠시 살펴보기로 하자.

1958년 판자촌 시장에 큰 화재가 난 다음, 청계천변의 상인을 중심으로 '평화시장 재건위원회'가 결성되어 현 평화상가의 건축을 추진하기 시작한다. 1961년 11월에는 평화시장 번영회가 창립되어 연건평 7,400여 평의 근대적인 상가가 지어졌고, 1962년 2월 23일에 정식 평화시장 허가를 받았다. 영세업자들은 등기 분양 방식으로 입점했다. 평화시장 의류가 호황을 누리자 평화시장을 모델로 한 의류 시장들이 인근에 속속 생겨난다. 1962년 4월 동신상가(연건평 468평), 1969년 동화시장주식회사

　　　　　　　　　　　　　　　　　　　　　　열세 살 여공의 삶

(연건평 5,700평), 그리고 10월 동일상가(연건평 1,500평)가 생겨났고, 12월에 성동상가(1978년에 신평화시장으로 개칭)와 국내 최대의 원단 및 의류 부자재 시장인 동대문종합시장이 함께 생겨났다. 특히 1968년에 경부고속도로가 개통되고 경부고속터미널이 동대문에 자리 잡으면서 동대문 일대의 의류 시장은 비약적으로 발전한다. 1979년에는 제일평화시장, 1980년에는 홍인시장, 덕운시장, 남평화시장, 광희시장, 운동장평화시장, 청평화시장 등 의류 상가들이 개장하여 동대문시장은 전국 최대 규모의 시장이 되었다. '평화시장'은 평화시장주식회사만을 의미하기도 하지만 평화시장을 모델로 한 통일상가, 동화상가, 연쇄상가를 통칭하기도 한다.(김동주 2001, 박승현 2005: 15~17에서 재인용)

  1층 가게를 구경하는 것도 잠시, 고향 언니는 벌써 3층으로 올라가고 있었다. 1층과는 달리 3층에서는 야릇한 냄새가 났다. 입구에서부터 폭이 1미터쯤 되는 복도가 길게 뻗어 있었다. 처음에는 컴컴해서 앞이 보이지 않았다. 10미터 정도 따라가다 보니 앞이 조금씩 보이기 시작하였다. 양쪽에는 나무로 된 문들이 수십 개 있었다. 나중에 알았지만 각각의 문들은 주인이 서로 다른 공장들의 입구였다. 공장마다 다른 옷을 만들고 있었다. 어떤 문은 자물쇠로 잠겨 있기도 했고, 이제 문을 막 열고 있는 곳도 있었다. 정신없이 따라가다가 '시다 구함'이라고 쓴 종이가 붙어 있는 문 앞에 다다랐다. 고향 언니가 문을 똑똑 두드리니 안에서 한 남자가 나왔다. 고향 언니는 "어제 시다 구한다고 해서 데리고 왔어요"라고 하였다. 그 남자는 다락방 올라가는 구멍에다 대고 "7
번, 시다 왔어" 하고 큰 소리를 질렀다. 7번 미싱사를 부르는 것
이었다. 고향 언니는 나에게 일 끝나면 동대문에 가서 버스 타고
집에 가라고 알려 주고는 어디론가 가 버렸다. 나중에 알았지만
언니는 그곳에서 조금 떨어진 평화시장의 '진선미' 공장에 다니
고 있었다.

그런데 미싱사가 공장 안에서 나오는 사이에 갑자기 경쟁자
가 나타났다. 나보다 키도 크고 체격도 좋은 아이가 옆으로 왔다.
미싱사는 체격이 좋은 아이에게 "시다 해 봤니?" 하고 물었다. 그
아이는 "아니요"라고 대답했다. 미싱사는 나에게 "꼬마야, 너
는?" 하고 물었다. 순간적으로 "해 봤어요"라는 대답이 나도 모
르게 나왔다. 나는 면접에서 거짓말을 하고 합격했다. 내가 거짓
말을 하는 바람에 그 덩치 큰 아이는 집으로 돌아갔고, 나는 공장
안으로 들어갔다.

7번 미싱사는 어깨 밑까지 내려오는 긴 머리였는데, 이마에 애
교 머리가 약간 내려와 있었다. 계란형 얼굴에 코가 오똑하니 아
주 예쁜 아가씨였다. 그녀가 다락방으로 올라가는데, 계단에 마
치 다람쥐처럼 날라붙어서 쏜살같이 올라갔다. 나는 무서워서
올라갈 수가 없었다. 다락방으로 올라가는 계단은 진짜 계단이
아니고 사다리였는데, 일직선의 급경사로 놓여 있어서 보기만
해도 아찔했다. 양손으로 모서리를 잡고도 발이 사다리 구멍으
로 빠질까 봐 떨리는 다리를 진정시킨 후에야 겨우 올라갈 수 있

었다. 다락방의 높이는 1미터 정도였다. 나는 7번 미싱사를 따라 머리와 어깨를 구부리고 조금 걸어갔다. 이렇게 취직한 곳이 '삼양사'였는데, 아동복 블라우스를 만드는 공장이었다.

그 시절에는 가정집에도 다락방이 있었다. 부엌에 붙은 방의 벽을 뚫어 작은 문을 내고 부엌 위쪽 공간에 작은 벽장을 만들었다. 허리를 펼 수 없는 좁은 공간에는 김장 때 쓰는 스테인리스 다라이(대야), 대소쿠리, 잡곡 같은 잡다한 살림살이들이 들어 있었다. 평화시장 다락방은 그렇게 물건을 두는 곳이 아니라 미싱사와 시다들이 하루에 16~20시간 일하는 곳이었다.

삼양사 다락방에는 안쪽 벽을 따라, 다락방 입구 쪽부터 창가까지 빈 공간 하나 없이 미싱사 의자들과 미싱 7대가 일렬로 놓여 있었다. 미싱사들이 작업용 의자에 앉으려면 시다판을 발로 밟고 올라가야 했다. 안 그러면 미싱판이 높아서 올라갈 수가 없었다. 중간에 화장실에 다녀오는 미싱사는 시다판에 한 발을 딛고 손으로 미싱판을 잡고 다른 한 발로 미싱판을 밟으며 올라갔다. 그렇게 미싱판에서 다리를 옮기다가 머리나 등이 천장에 달린 형광등에 닿기라도 하면 형광등 위에 쌓여 있던 회색 먼지가 마치 결혼식장에서 축하한다며 뿌리는 스프레이처럼 사방으로 퍼졌다. 옆자리 미싱사가 "조심 좀 하지, 이 먼지 봐" 하면서 작업하던 옷으로 먼지를 떨어 보지만, 먼지는 주위를 맴돌다 다시 내려앉았다.

삼양사 시다들은 하루 종일 마룻바닥에 무릎을 꿇고서 일했

다. 미싱사에게 일감을 올려 줄 때에는 발목과 장딴지를 바닥에
댄 채로 무릎 위 허벅지를 펴면 얼굴이 미싱판 위에 닿았다. 그렇
게 일하다가 재단판에 볼일을 보러 가려면 머리를 잽싸게 숙여
야 했다. 다락방 천장은 높이가 1미터 남짓에 불과해 어린아이가
가 아닌 이상 똑바로 서서 걷는 것은 불가능했다. 다락방에서 일
하는 미싱사들과 시다들은 아무리 작은 사람이라도 허리를 굽히
고 고개를 숙인 채로 걸어 다녀야 했다.

어쩌다 미싱 수리 때문에 기사가 다락방에 찾아오면 엉덩이
를 뒤로 빼고 허리는 구부린 채 고개를 쳐들고 "어느 미싱 고장
인가요?"라고 물었다. 다락방 내부 사정을 잘 모르는 외부 사람
이라 좁은 공간에 가득한 온갖 일감과 물건들 때문에 정신이 없
는 데다, 무엇보다 몸을 구부린 채로 있기가 힘들어서 단 1초라
도 빨리 고장 난 미싱을 확인해 수리를 마쳐야 했다. 참을성 없는
어떤 기사는 아예 앉은걸음으로 다니면서 확인하기도 했다.

매일 일해 그곳에 익숙한 미싱사도 자리에서 걸어 나오다가
머리를 쿵쿵 찧기 일쑤였으니, 가끔 한 번 올라오는 재단 보조는
볼일 보고 일어설 때마다 거의 어김없이 정수리를 찧을 수밖에
없었다. 미싱사나 시나들은 조금이라도 빨리 허리 굽힌 자세에
서 벗어나려고 '달리듯' 왔다 갔다 했다. 시다들은 마치 발바리처
럼 네 발로 재빨리 기어 다니며 일을 하기도 했다. 분명 고역이었
지만 그래도 기어서 움직이는 쪽이 허리를 굽히고 일하는 것보
다 편했다.

다락방에서 빈손으로 내려올 때에는 사다리를 손으로 잡고서 어렵지 않게 내려올 수 있었다. 하지만 마무리된 옷을 가지고 내려올 때에는 사정이 달랐다. 완성된 옷을 한 아름 왼쪽 옆구리에 끼고 옷들이 떨어지지 않도록 꽉 잡고 내려와야 했다. 조심을 하지만 옷 뭉치를 바닥에 떨어뜨릴 때도 있었다. 특히 봄과 여름철에는 옅은 색상이 많기 때문에 옷을 떨어뜨리면 더러워지기 쉬웠다. 때가 탄 옷은 시다가 칫솔로 때를 지워야 했다. 그런 일들은 점심시간에 했다. 그나마 더러워진 옷은 비누 약품으로 얼룩을 지울 수 있어서 다행이었다. 얼룩을 지우려면 고생스럽고 시간도 들었지만, 그래도 사고를 내서 변상해야 하는 것보다는 나았다.

시다 생활 첫날, 삼양사 다락방에서는 미싱사들이 각자의 자리에서 드르륵 드르륵 박음질을 하고 있었다. 마치 굴비처럼 엮인 옷 모양의 천들이 미싱판에서 시다판 밑으로 내려오고 있었다. 시골에서 천 조각 하나 보지 못한 내 눈에는 무지개처럼 보이기도 하였다. 나는 속으로 '나도 미싱 기술자가 되면 저렇게 할 수 있겠지' 하면서 눈치를 보고 있었다.

요즘 미싱은 자동화되어 있지만 그 당시 미싱은 달랐다. 그때 처음 본 미싱 역시 전기로 돌아가기는 했다. 하지만 미싱판 밑에 있는 모터가 선풍기 뒷부분에 달린 것처럼 생겼다. 그 모터를 우리는 '돼지 모터'라고 불렀다. 미싱사가 의자에 앉아서 발로 발판을 꾹 밟으면 그 '돼지 모터'가 돌아가 미싱 바퀴도 함께 돌아갔다. 모터를 돌아가게 하는 발판에는 전선이 연결되어 있었다. 발판은 나무로 만든 것으로 게다짝, 그러니까 나막신처럼 생겼는데 짝 두 개가 마주 보고 있는 모양 같았다. 미싱사가 그 게다짝을 밟아야 미싱이 돌아갔다. 나는 그때 미싱을 처음 보았다.

미싱이 "드르륵 드르륵" 할 때마다 미싱사 발밑에서 스파크가 일어났다. "지지직 지지직" 소리가 나면서 번쩍번쩍 불꽃이 피었다. 나는 무서워서 도망가고 싶었다. 하지만 도망갈 틈도 없이 7번 미싱사는 무엇인가를 계속 박음질하고 있었다. 나중에 알았지만 그녀는 소매 끝에 붙이는 것을 박고 있었다. 그것을 공장에서는 '카오스(커프스)'라고 불렀다. 미싱사가 카오스 양쪽을 박으면 시다는 뒤집어서 다리미질을 해서 다시 미싱사에게 주었고 미싱사가 소매와 카오스를 박으면 예쁜 소매가 완성되었다. 카오스의 모서리를 예쁘게 모양을 내려면 미싱사는 하나 박음질을 할 때마다 돌아가는 미싱 바퀴를 손으로 멈추어야 한다. 오른손은 미싱 바퀴를 잡고 왼손은 카오스를 잡고 고정을 해야 한다. 선풍기를 정지시키면 모터가 천천히 돌아가다가 멈추는 것과 같은 이치다. 빈 미싱 바퀴가 돌아가면 미싱 바늘 실이 끊어지기 때문에 오른손으로 바퀴를 강제로 멈추어야 한다. 3년 후 미싱사가 되어서 알았지만, 돌아가는 미싱 바퀴를 멈추게 하는 일은 쉽지가 않았다. 강제로 멈추려면 돌아가는 미싱 바퀴를 오른손으로 꽉 잡아야 했다. 옷소매가 2개이므로 소매 끝에 다는 카오스도 2개를 달게 된다. 옷 한 장에 카오스 2장, 옷이 20장이라면 카오스는 40장이 된다. 그러면 카오스의 모서리가 양쪽에 있으니 80번 미싱 바퀴를 잡아야 하는 것이다. 역시 미싱사가 되고 나서 알았지만, 미싱 바퀴를 두세 번만 잡아도 손바닥에 불이 났다. 마치 김장철에 김장을 하면서 고무장갑을 끼지 않고 할 때처럼 화끈거린다. 카오스만 그렇게 하는 게 아니라 모든 공정 끝에서는 실이 끊어지기 때문에 미싱 바퀴를 꽉 잡아야 한다.

무엇을 해야 할지 몰라 가만히 7번 미싱사와 다른 사람들의 눈치를 살피는데, 7번 미싱사가 앞뒤 판을 맞춰 달라고 하였다. 나는 앞뒤 판이 무엇인지 알지 못했다. 미싱사가 눈치를 채고 왜 거짓말을 했냐고 물었다. 나는 "돈 벌어야 해요"라고 대답했다. 7번 미싱사는 조금 어이없다는 표정으로 쳐다보았다.

미싱 번호는 나중에 알았는데, 창가에서는 1번 미싱사가 노란색 블라우스를 만들고 있었고, 그다음 7번 미싱사는 핑크색, 세 번째 앉은 5번 미싱사는 흰색, 네 번째 6번 미싱사는 보라색, 다섯 번째 2번 미싱사는 빨강색, 여섯 번째 3번 미싱사는 하늘색, 마지막으로 앉은 8번 미싱사는 연두색의 블라우스를 만들고 있었다. 다락방에서 미싱사에게 가장 인기 있는 자리는 창가 자리고, 그 자리를 배정해 주는 것이 재단사의 권력이라는 것을 한참 뒤에 알았다. 창가는 다락방 입구와 가장 먼 쪽이기 때문에 누가 지나가지 않아서 일하기가 편했다. 다락방 입구 쪽에서 일하는 미싱사와 시다의 경우에는 다른 미싱사들이 완성품을 아래로 내려보낼 때 쓰고 있던 부속품들이 같이 휩쓸려 들어가서 없어지기 일쑤였다. 한 예로, 라벨을 시다판에 접어 두었는데 다른 물건을 내리는 바람에 함께 휩쓸려 내려가서 없어지는 경우도 있었다. 시다가 잃어버린 라벨을 다시 얻는 것은 재단사의 기분에 따라 달라진다. 재단사의 기분이 저기압일 때에는 영락없이 시다는 눈물을 흘려야 한다. 재수 좋은 경우라야 아무 소리 안 듣고 받아 올 수 있었다. 가장 안쪽의 창가에 있는 1번 자리는 그럴 염려가 없다. 즉, 재단사와 관계가 좋은 사람이 창가 자리를 차지하거나 가장 고참이 차지했다. 시다와 미싱사는 재단사에게 부드럽고 상냥하게 대해야 재단사와 좋은 관계가 유지될 수 있었다. 그래야 여러모로 일하기가 편했다. 삼양사 다락방에서는 8번 미싱사와 시다의 자리가 부속품이 없어지기 가장 쉬운 자리였다.

무엇을 했는지도 모르게 점심시간이 되었다. 평화시장 공장 점심 시간은 오후 1시부터 2시까지였다. 하지만 시다들은 점심 먹을 시간이 없었다. 오전에 밀린 일을 남아서 처리해야 했기 때문이다. 7번 미싱사는 도시락을 먹으면서 절반을 내게 덜어 주고는 내일부터는 도시락을 싸 가지고 오라고 했다. 그런데 옆자리에 있던 1번 시다도 나에게 밥을 조금 덜어 주었다. 나는 조금 의아해서 1번 시다의 얼굴을 쳐다보며 속으로 '밥을 왜 주나' 했다. 1번 시다는 내 마음을 알았는지 시간이 없어서 그런다고 말했다. 밥 먹을 시간이 없다는 것을 첫날에는 알지 못했지만 나중에 자연스럽게 알게 되었다. 시다 일이 미싱사 일보다 훨씬 많았기 때문에,[2] 미싱사가 점심시간에 쉰다고 시다까지 쉬면 점심시간이

     열세 살 여공의 삶

끝난 뒤 미싱사는 할 일이 없게 된다. 따라서 시다들은 미싱사가 계속해서 일을 할 수 있도록 밀린 일을 점심 시간에 해야 했다. 며칠 지나지 않아 나도 점심 먹을 시간이 없어서 도시락을 그냥 집으로 되가져갔다. 첫날은 어떻게 일을 했는지 기억이 안 날 만큼 하루 종일 미싱사 눈치만 보다가 끝이 났다.

내 미싱사가 7번이었으므로 나는 당연히 7번 시다가 되었다. 평화시장에서는 사람을 번호로 불렀다. 그것은 옷이 잘못되거나 불량이 나올 때 그것을 수선하기 위한 하나의 수단이었다. 주머니가 잘못되었다면 그것을 고쳐야 했다. 그래서 라벨 뒤에는 반드시 번호를 써서 누가 만들었는지 표시하도록 한 것이다. 어쩌다 번호가 흐릿하게 쓰여 있으면 시다는 재단사에게 야단을 맞았다. 미싱사들도 라벨을 달 때마다 뒤를 확인할 정도로 번호는 중요했다. 잘못된 옷을 고치는 일은 새로 만드는 것보다 훨씬 까다로웠다. 불량이 시야게 손에서 나오면 그래도 문제가 조금 덜했다. 어쩌다 가게에서 잘못된 옷이 공장으로 오면 재단사는 재단 보조에게 "가서 시다들 다 내려오라고 해" 하고, 재단 보조는 다락방 계단에 발 하나를 걸치고 양손은 사다리를 잡고 쭉 뻗은 다음 고개를 내밀고 "야, 재단사가 시다들 다 내려오래" 한다. 그러면 시다들은 하던 일을 멈추고 다락방에서 내려와 재단사 눈

2　1976년 이후 '다림사'에서 일을 할 때에는 미싱사 7명에 시다 11명이 배정되었다. 이 사실만 보아도 시다의 일이 미싱사의 일보다 훨씬 많다는 것을 짐작할 수 있다.

치를 살핀다. 재단사는 시다들에게 "이 따위로 물건을 만들면 어떻게 하나"며 야단을 친다. 재단사 야단이 끝나면 시다들은 라벨 뒤부터 살펴본다. 그때 내 번호, 7번이 아니면 안도의 숨을 쉬기도 하였다.

시다 생활을 시작한 지 2~3개월이 되었을 때 험한 일을 겪었다. 미싱사가 일을 하다가 미싱판에서 카오스, 라벨 등을 바닥에 떨어뜨리는 것은 흔한 일이었다. 그때마다 시다들이 부속품을 주워 주어야 했다. 미싱사들이 가장 많이 떨어뜨리는 것은 라벨과 북토리였다. 나중에 미싱사가 되어서 알았지만, 밑실이 다 떨어져서 북집[3]을 갈아 끼우려면 엄지와 검지로 꼭 잡아야 하는데 너무 뜨거워서 떨어뜨릴 수밖에 없었다. 북토리는 작은 바퀴처럼 생겨서 잘 굴러 다녔다. 잘못 떨어지면 구석구석을 돌고 돌았다. 운이 좋으면 시다판 주변에 떨어지기도 했다. 북토리가 떨어지면 시다가 주워 줄 때까지 기다렸다가 작업을 하지만, 라벨이 떨어진 경우에는 미싱사는 쉬지 않고 작업을 했다.

미끼야시 부속을 박을 때에는 한 다찌(일감 한 묶음) 장수만큼 미싱판에다 놓고 일을 한다. 그날은 미끼야시 부속이 떨어졌다. 나는 미싱편 밑으로 기어 들어가 떨어진 미끼야시를 주웠다. 들어갈 때에는 머리가 먼저지만 나올 때에는 반대로 엉덩이가 먼저

---

**3** 북집은 미싱 밑실이 들어가는 집이다. 북토리에 실을 감아서 수시로 갈아 끼워야 했다. 즉, 밑실이 없어질 때마다 갈아 끼워야 했다.



열세 살 여공의 삶

다. 내 등을 본 미싱사는 내가 미싱판 밑에서 나온 줄 알고 미싱 발판을 쿡 밟았다. 미싱이 "드르륵" 하는 순간, "픽" 하는 소리와 함께 내 눈에서 번개가 번쩍했다. 나도 모르게 비명을 질렀다. 놀란 미싱사가 미싱판에서 일어나 허리 숙여 내 쪽을 보았고, 그제야 나는 머리를 미싱판 밑에서 빼낼 수 있었다. 정신을 차리고 보니 머리가 아픈 것 같기도 했고 멍하기도 했다. 손으로 머리 위를 더듬더듬 만져 보니 뒷머리 쪽을 대패로 밀어 버린 듯했다. 머리카락이 모터에 빨려 들어가 뭉텅 빠져 버린 것이다. 다락방에서 난 "아악!" 하는 소리에 밑에서 일하던 재단사와 재단 보조가 다락방으로 뛰어 올라왔다. 그러고는 내 머리를 보면서 "야, 이 바보야, 미싱판 밑에는 왜 들어가서 그러냐" 했다. 나는 속으로 '내가 들어가고 싶어서 들어갔나, 미끼야시 부속 주워 주려고 들어갔지' 하면서 분을 삭였다. 눈물이 나려 했지만 이를 악물면서 참았다.

그날 밤, 어머니가 걱정하실까 봐 손으로 머리를 가리고 집에 들어갔다. 내 이야기를 들은 어머니는 시골 살 때 정미소(방앗간)에서 방아를 찧다가 사고를 당한 동네 아저씨가 생각났는지 긴 한숨을 쉬셨다. 그날부터 출퇴근길이 고역이었다. 나는 정수리 왼쪽에 보름달만 하게 난 머리 뽑힌 자리를 손으로 가리고 집과 공장을 오갔다. 그 흔한 모자 하나 사지 못하고 쩔쩔매면서 머리카락이 다시 날 때까지 창피한 마음을 참고 또 참으며 다녀야 했다. 다락방에서 지나다닐 때마다 다른 사람들이 내 머리를 보고 웃기도 했다.

나는 7번 미싱사와 2년 6개월을 함께 일하였다. 그 언니의 얼굴이 지금도 기억난다. 하지만 언니의 이름은 모른다. 한 번도 이름을 불러 보지 않았기 때문이다. 7번 미싱사 언니도 나를 기억할 터이다. 언니가 내 이름을 알았는지는 모르겠다. 월급을 줄 때에도 하얀 편지 봉투에 이름 없이 번호를 써서 주었다. 월급은 사장이 줄 때도 있지만 재단사가 주는 경우가 더 많았다. 재단사는 하얀 봉투를 들고 이름이 아닌 번호를 불렀다. 1번, 5번, 6번, 2번, 3번, 8번, 7번, 이렇게 번호를 부르면 각 미싱사는 월급을 받아 다락방으로 올라와서 미싱판에 앉아서 조그만 수첩에 쓴 것과 월급봉투의 한 달간 일한 숫자가 맞는지 확인부터 한다. 혹시 맞지 않으면 바로 확인을 해야 했다.

시다들은 재단사에게 일감을 받으러 갈 때 조그만 수첩을 들고 다녔다. 그 수첩에 재단사는 일감 장수와 품목을 적어 준다. 한 다찌가 10장이면 수첩에 10장이라고 적는다. 시다들은 다 만들어진 10장의 옷과 수첩을 가지고 다락방에서 내려가서 재단사 혹은 재단 보조에게 10장의 숫자를 확인하고 사인을 받았다. 만약 한 다찌 일감이 10장인네 만들다 불량이 생기면 불량만큼 사인할 때 빼서 적어 준다. 이때 재단사 혹은 재단 보조가 자리에 없다면 누군가에게 내려온 옷을 확인시켜 주고 재단사가 돌아오면 반드시 사인을 받아야 한다. 월급은 사인된 것만 계산했기 때문에 미싱사들은 시다들에게 "조금 전 일감, 사인 받았니?" 하고

　　　　　　　　　　　　열세 살 여공의 삶

확인했다. 미싱사들은 수첩에 적힌 것과 월급봉투의 계산이 맞으면 시다들에게 월급을 준다. 시다들은 그 흔한 봉투도 없이 "야! 수고했다"라는 말 한마디와 함께 월급을 받았다.

그렇게 해서 내가 받은 첫 월급은 700원[4]이었다. 미싱사 언니의 월급은 7,000~10,000원이었다. 나는 기술이 없어서 이렇게 조금 받는다고 생각하며 기술을 배울 때까지는 어떠한 어려움도 참고 견디며 일하기로 마음먹었다. 저 미싱사 언니처럼 옷 만드는 기술자만 되면 서울에 있는 삼일빌딩[5]도 살 수 있다는 꿈을 꾸었다. 당시에는 밤 12시에 통행금지가 있었다. 그래서 가장 먼저 성남에 살고 있는 사람이 밤 10시 30분에 퇴근을 했다. 그다음으로 교문리, 의정부 사는 사람들이 11시에 퇴근을 했다. 11시 20분이 되면 중랑교, 문화촌, 창동에 사는 사람들이 퇴근을 했다. 마지막 11시 30분에는 평화시장 근처인 창신동, 장충동, 신당동 사람들이 퇴근을 했다. 당시 상황을 박명옥은 다음과 같이 말하고 있다.

공장에서 금호동 집까지 걸으면 꼭 30분 걸렸다. 이를 알고 있는

---

4  당시 미혼 여성들이 주로 일했던 시내버스 차장들의 월급 역시 700원 수준이었다. 여차장들은 1966년 당시 쌀 1가마 값이 3,400원인데, 월 700원의 임금으로 하루 17시간의 중노동을 하면서 몸수색 등의 인권유린을 당해 왔던 사실을 항의하였다.(한국노총 1979, 이옥지 2001: 97에서 재인용)
5  당시에 삼일빌딩은 서울에서 가장 높은 빌딩이었고 부의 상징이었다.

사장은 통금 시간에 맞춰 밤 11시 30분이 되어서야 일을 마치게 했다. 그렇지만 마지막 정리를 하다 보면 5분, 10분 늦는 날이 많았고 어김없이 금호동 고개에서 통행금지에 걸렸다. 골목길로 피해 걸어가도 순경들이 숨어 있다가 붙잡았다. 착한 순경을 만나 공장에서 일하고 들어가는 길이라 말하면 집을 확인한 후 보내 주었지만, 깐깐한 순경을 만나면 경찰서로 넘겨져 대기실에서 밤을 새워야 했다. 경찰이 잡지 않더라도 통금에 임박한 한적한 밤길은 무섭기 그지없어서 다른 시다들과 모여서 걸어가기도 했다.(안재성 2007: 85)

　　　　　　　　　　　　　　　　　　　　　열세 살 여공의 삶

# 배고픈 시절

시다 시절, 나는 아침 6시쯤에 일어나 고양이 세수를 하고 아침을 먹었다. 아침밥은 작고 둥근 양은 밥상에 차려졌다. 보리가 80퍼센트 이상 들어간 밥과 우거지 된장국, 김치가 전부였다. 일주일에 한두 번은 콩나물과 두부 반찬을 먹었다. 구멍가게에서 콩나물 5원어치를 사 오면 반은 무치고 반은 국을 끓였다. 국에 밥을 말아서 한 그릇 뚝딱 먹고 출근하면 어떤 때는 11시도 되지 않아 배꼽시계가 신호를 보내왔다. 그때 내 나이 열세 살이었다. 한창 많이 먹을 성장기였다. "그 나이에는 돌도 씹는다"는 어른들 말씀처럼 늘 배가 고팠다. 고된 노동 때문에 더욱 그랬다.

점심시간이 되면 함께 일하는 동료들과 한데 모여 점심을 먹었다. 배가 고파서 기다려지던 시간이기도 했지만, 막상 그때가

다가오면 마음 한편이 불안해지고 '오늘은 어떻게 도시락을 펼쳐서 같이 먹나' 고민도 되었다. 다른 친구들은 두부조림, 멸치볶음, 콩자반, 오뎅조림 등을 반찬으로 싸 왔다. 하지만 나는 매일같이 김치 아니면 단무지 무침이 전부였다. 다른 친구가 싸 온 멸치볶음 같은 반찬을 먹고 싶었지만, 눈치가 보여 젓가락이 자꾸 가려는 것을 참았다. 고향에서 언니가 농사를 짓고 있던 친구의 콩자반에는 볶은 참깨 양념이 듬뿍 뿌려져 있어서 겉보기에도 아주 맛나 보였다. 나는 속으로 '우리 집은 언제나 저렇게 깨소금을 잔뜩 넣어 먹을 수 있을까' 하면서 친구를 부러워했고, 자신이 너무 초라하게 느껴졌다. 우리 집은 제사 때나 명절에야 겨우 깨소금을 조금 사서 먹었기 때문이다. 명절이라고 보너스가 들어오는 것도 아닌데 돈은 더 써야 해서, 우리 집에서는 명절을 그다지 반기지 않았다. 명절이 지나면 다음 월급날까지 살기가 더욱 힘들어졌기 때문이다.

다른 친구들은 아버지가 건강하셔서 집 짓는 공사장에서 목수, 미장과 같은 현장 일을 하셨다. 안집 아저씨는 아픈 사람들이 찾아오면 집에서 침을 놓아 주고 돈을 조금 받기도 했다. 하지만 우리 아버지는 편찮으셔서 아무 일도 못 하셨다. 자식들이 벌어오는 얼마 안 되는 돈으로 아버지 약값까지 대야 했기 때문에, 우리 가족은 친구들 집에 비해 살기가 훨씬 힘들었다.

일을 열심히 하다 보면 코가 가렵고 간질간질해진다. 그럴 때 기레빠시(천 조각)를 손바닥에 대고 코를 세게 "흥, 흥" 풀어서 보면 시커먼 먼지가 잔뜩 묻어났다. 사람들은 돼지고기를 자주 먹어야 한다고 했다. 돼지고기의 지방이 목에 묻어 있는 먼지를 청소를 해 주기 때문이란다. 하지만 돼지고기를 먹을 수 있는 평화시장 노동자가 과연 몇 명이나 될지 의심스러웠다. 가끔 라디오의 〈오늘의 요리〉 방송을 들으면 고기 200그램, 야채 몇 그램 하는 재료 설명이 나왔다. 우리는 그 말을 들으면서 "야, 저렇게 해서 맛없을 음식이 어디 있냐"고 했다. 우리 집에서는 명절이나 아버지 생신 때에나 고기 구경을 할 수 있었다.

시다 생활 시작한 지 15일쯤 되었을 때의 일이다. 당시에 버스는 대만원이었다. 출근 시간에는 타려는 손님이 워낙 많아 다 탈 수가 없었다. 나중에 탄 사람들은 뒤로 돌아서서 출입구 손잡이를 잡고 힘들게 버텨야 했다. 마지막으로 차장(안내양)이 버스 몸체를 "땅, 땅" 두드린 후 양손으로 손잡이를 잡고 발을 버스 발판에 겨우 올려놓고서 마치 그네 타듯 버스에 매달린다. 그때 버스 기사가 핸들을 획 꺾으면 버스가 한쪽으로 쏠리면서 사람들이 비명과 함께 버스 안으로 밀려들어갔고, 그제야 안내양은 겨우 버스 문을 닫을 수 있었다. 중랑교에서 탈 때에만 그런 것이 아니라 정류장마다 같은 일이 반복되었다. 버스 안에서는 몸은 이쪽에 있는데 가방은 다른 사람들 사이에 끼어서 내릴 때 당겨도 빠져나오지 않는 경우가 많았다. 아가씨들의 스타킹 올이 나가는 것은 물론이고, 바지가 무언가에 걸려서 찢어지는 일도 있었다. 그런 버스 안에서 큰 사람 옆에 서게 되면 키 작은 내 얼굴이 그 사람의 어깨에 닿아 숨을 쉴 수가 없었다. 그래서 어떻게든 키가 조금 작은 사람 옆으로 가서 서 있어야 했다.

나는 도시락 가방도 없이 보자기에 도시락을 싸 가지고 다녔다. 삼양사에서는 8번 시다와 내가 도시락 보자기를 들고 다녔다. 8번 시다는 금호동에서 평화시장까지 걸어 다녔기 때문에 공장에 올 때까지 보자기에 도시락의 반찬 국물을 흘리지 않았다. 하지만 나는 만원 버스로 출근하다 보니 도시락 보자기를 잘 간수하기가 힘들었다. 동대문 정류장에 내려서 보면 김칫국물이 흘러서 심할 때에는 보자기에 국물이 배었다. 더 심할 때에는 반찬 국물이 질질 흐르기도 했다. 집에서 아무리 국물 없이 싼다고 해도 동대문쯤 오면 꼭 국물이 흐르곤 했다.

그러던 차에 그날, 결국 사고가 터지고 말았다. 동대문에서 내려야 하는데 도시락 보자기가 사람들 사이에 끼어서 나오지 않았다. 보자기를 힘껏 잡아끌었지만 그래도 빠져나오지 않았다. 안내양이 함께 잡아당겨 주었다. 그러자 매듭이 확 풀리면서 도시락이 길바닥에 떨어져 쓰레기와 함께 구르고 말았다. 점심 걱정은 둘째 치고, 창피해서 얼른 그 자리에서 도망가고 싶었다. 길가년 사람늘이 하나같이 나만 쳐다보고 있었다. 그 자리를 어떻게 수습했는지, 어떻게 공장까지 들어왔는지, 정신이 그저 아득하기만 했다. 그날, 나는 배가 아파서 도시락을 가지고 오지 않았다고 하고 점심을 굶었다.

우리 집 식사 준비는 아침은 어머니가, 저녁은 큰올케가 했다.

큰올케는 저녁때면 수제비를 끓였다. 다 되면 가족 수만큼 대접에 한 그릇씩 담아 차례로 놓기 시작했다. 아버지, 어머니, 큰오빠, 둘째 오빠, 둘째 올케, 셋째 오빠, 셋째 언니, 큰올케, 그리고 내 것과 다섯 살짜리 조카 것까지 열 그릇을 준비했다. 수제비가 조금 남으면 열 그릇에 조금씩 더 국자로 떠서 얹었다. 반대로 조금 모자라면 좀 더 담긴 듯한 그릇에서 덜어 내서 열 그릇을 만들었다. 마치 초등학생들이 선생님 지시에 따라 일렬로 서 있는 것 같았다. 우리 집에 놀러 왔던 친척 조카는 수제비를 왜 그렇게 쭉 늘어놓았는지 이해가 안 갔다고 했다.

둘째 올케는 젖먹이 아이를 두고 있었다. 젖 먹일 때에는 먹고 돌아서면 바로 배가 고프다는 말도 있듯이, 둘째 올케에게 수제비 한 그릇은 '코끼리 비스킷'이었을 터이다. 어느 날, 둘째 올케가 배고픔을 참지 못하고 수제비 두 그릇을 먹었다. 올케가 더 먹은 한 그릇은 가장 늦게 귀가하는 식구의 몫이었다. 나는 통행금지 직전에 맞춰서 퇴근을 했기 때문에 집에 막 들어가면 밤 12시를 알리는 사이렌 소리가 들렸다. 때로는 집에 도착하기도 전에 "윙 윙" 하는 사이렌 소리가 들리면 뛰어서 집에 들어가기도 했다. 그날, 나는 점심 도시락을 먹고 집에 올 때까지 물 한 모금도 시원하게 먹어 보지 못했다. 동대문 버스 정류장 앞에는 빵집이 있었다. 버스를 타려고 그곳을 지날 때면 빵집에서 나는 빵 냄새가 얼마나 구수하던지, 발을 옮기면서도 눈은 빵집에서 돌릴 수가 없었다. 그렇게 먹고 싶은 빵 냄새를 참으며 집으로 돌아왔다.

어머니가 담배를 피우며 긴 한숨을 쉬시더니 나에게 "막내야! 너, 수제비가 없다"고 하셨다. 나는 "엄마, 나 배고파"라고 말할 용기가 없었다. 나는 "엄마, 나 밥 먹었어"라고 말하고 배고픔을 참아야 했다.

그 배고픈 시절에 먹었던 '세상에서 제일 맛난' 만둣국이 지금도 생각난다. 1968년 구정(설) 명절을 보내고 첫 출근하는 날이었다. 평화시장의 공장들은 명절이 끝나면 봄 상품을 준비했다. 사장이 원단과 샘플을 구상해서 공장장이나 재단사에게 올려 보내면 재단사가 샘플 한 장을 만들어 다시 가게 사장에게 승인을 받았다. 각 공장에는 재단사가 한 명씩 있었는데, 대부분이 남성이었다. 나는 30년 동안 여자 재단사를 딱 한 명 보았다. 규모가 작은 공장에서는 재단사가 공장장을 겸하기도 했다. 공장장은 대부분이 사장의 형제이거나 사장의 후계자가 될 만한 일가친척들이었다.

그날, 미싱사 중에서 가장 선임자가 샘플 한 장을 만들었다. 나머지 미싱사들은 샘플 만드는 것을 구경하기도 하고 한쪽에서 수다를 떨기도 했다. 샘플이 완성되자 미싱사들은 자기 시다들에게 미싱 청소 깨끗이 하라고 당부하고서 먼저 퇴근했다. 시다들은 다음 날 미싱사가 일하는 데 불편하지 않도록 만반의 준비를 했다. 초보 시다들은 조금 오래된 시다들에게 미싱 청소하는 법을 배웠다. 미싱 바늘 주변에 반달 모양으로 된 곳이 있다. 그곳을 드라이버로 열어서 속에 낀 먼지를 빼고 기름도 칠한 다음,

옷을 만들 때 그 기름이 배어 나오지 않게 천 조각을 바늘에 꽂아 기름이 빠지도록 조치를 했다. 미싱 청소를 마친 다음에는 대청소를 했다. 미싱판과 의자 주변을 깨끗하게 청소하고, 다리미도 바닥이 잘 미끄러지도록 양초로 기름칠을 했다. 그러고 나자 재단사가 시다들에게 "너희들, 내일 일찍 출근해서 일할 준비 해야 한다"며 선심 쓰듯 한마디 했다. 당시에는 공장에서 할 일이 없어도 재단사나 공장장이 퇴근하라고 하기 전에는 퇴근할 수 없었다. 평화시장에서 재단사의 말은 곧 법이었다.

집에 가라는 재단사의 말에 나와 다른 시다들은 평화시장 복도를 빠져나왔다. 11시쯤 되었다. 친구 광숙이가 자기 집에 놀러 가자고 했다. 그 친구는 돈암동에 살고 있었다. 우리는 1시간을 걸어가면서 쉼 없이 수다를 떨었다. 광숙이는 부모님과 세 식구가 살고 있었다. 오빠는 군대 갔다고 했다. 돈암동 꼭대기에 있는 광숙이 집에 들어가니 어머니가 반갑게 맞아 주셨다. 조금 있으니 어머니가 명절에 먹고 남은 만두로 국을 끓여 내오셨다. 그뿐이 아니었다. 명절에 먹던 나물과 콩자반, 멸치볶음, 김치 등 내 생일에도 받아 보지 못한 진수성찬으로 한 상을 차려 주셨다. 우리 집에서 먹는 멀건 수제비에 비하면 마치 임금님 수라상 같았다. 얼마나 맛있던지, 서울 올라와서 처음으로 배가 불러서 숨을 쉬기 힘들 만큼 실컷 먹었다.

# 시다,

## 미싱사 되다

평화시장에서는 시다 2~3년, 미싱 보조 1~2년을 거치고 나서야 미싱사가 될 수 있었다. 그러니까 시장에 들어온 지 4~5년은 되어야 미싱 기술자 소리를 들을 수 있는 셈이었다. 특별한 경우, 2~3년 만에 기술을 배우는 친구들도 있었다. 공장장이나 재단사와 친척이 되거나 친분이 있는 시다들은 좀 더 유리했다.[1]

5번 시다는 나보다 3~4개월 늦게 삼양사에 들어왔다. 그런데 나보다 먼저 5번 시다가 미싱 보조로 승진을 했다. 5번 시다는 5번 미싱사의 동생이었다. 당시에는 자매가 한 공장에서 일하

---

[1] 1976년 '다림사'에서 라인 작업이 시작되고 나서는 1~2년이면 미싱 보조가 되는 경우도 있었다. 이때는 옷 전체 공정을 혼자 하는 것이 아니므로 가능했다.

 열세 살 여공의 삶

는 경우가 많았다. 누나가 돈을 벌어 남동생을 공부시키는 경우도 많았는데, 동생이 여자일 때에는 조금 달랐다. 어떤 가정에서는 세 자매가 공장 생활을 하면서 남동생 뒷바라지를 하기도 했다. 몇 년 뒤 '진선미' 공장에서 알게 된 7번 미싱사 언니는 오빠를 공부시키기 위해 공장 생활을 한다고 했다.

5번 미싱사는 동생을 빨리 미싱 보조 기술자로 만들기 위해 재단사에게 필요 이상으로 접촉했다. 아침에 일찍 출근해서 재단사와 친근하게 이야기를 나누기도 했고, 어떤 때에는 "우리 어머니께서 시골에서 가지고 왔다"면서 고구마 말랭이 따위를 재단사에게 주기도 했다. 다른 미싱사들은 아침에 출근하면 "안녕하세요" 인사 정도 하고 바로 다락방으로 올라갔기 때문에 그런 5번 미싱사의 행동은 다른 미싱사들의 눈살을 찌푸리게 했다. 어쨌든 그 대가로 5번 시다가 미싱 보조를 타게 되었다. 나와 함께 일한 7번 미싱사 언니는 재단사에게 "내 시다가 3~4개월 먼저 들어왔으니까 당연히 재가 먼저 미싱 보조가 돼야 하는 것 아니냐"며 조심스럽게 이야기했다. 이런 말은 미싱사와 재단사의 권력 관계로 볼 때 매우 예외적인 것이었기 때문에 7번 미싱사 언니가 재단사의 기분을 상하지 않게 하려고 매우 조심스럽게 말했던 기억이 난다. 재단사는 "내년 봄에 7번 시다를 꼭 미싱 보조로 태워 주겠다"고 했다. 이런 사실이 사장에게 알려지면 재단사에게도 별로 도움이 되지 않았다. 사실, 미싱 보조는 봄보다는 가을철에 되는 게 유리하다. 겨울옷은 겉모양과 속모양을 따로 만들고 나서 겉모양 만든 것과 속모양 만든 것을 합본하여 하나의 겨울 잠바를 만들었다. 눈으로 보이는 겉은 미싱 오야가 만들고, 속으로 들어가는 부분은 미싱 보조가 만들었다. 그래서 봄철보다는 가을철에 미싱 보조가 더 많이 필요했다. 미싱사 입장에서는 미싱 보조를 데리고 일을 하려면 봄철이 가을철보다는 훨씬 신경이 쓰인다. 겨울옷은 안감 박기, 솜 누비기, 모자 속, 부속 박기 등 별 기술 없이도 할 수 있는 일이 많이 있기 때문이다. 그 정도는 시다들이 미싱사보다 일찍 출근해서 미리 만들어 놓을 수 있는 일이다.

7번 미싱사도 그런 고민을 했을 터이다. 내년 봄에 자기 시다에게 미싱 보조를 태워 준다고 했지만, 공장에는 다른 미싱사가 그만두기 전에는 미싱 기계에 여유가 없었다. 물론 새로운 기계를 들여올 수도 있다. 하지만 삼양사 공장이 넓은 곳으로 이사 가기 전에는 어려운 일이었다. 공장 안에는 더 이상 미싱 기계를 놓을 수 있는 공간이 없었다. 7번 미싱사는 자신이 그만두기로 하고 그가 쓰던 미싱을 내가 쓰도록 주선했다. 그녀는 나에게 1번 미싱 보조로 일을 하면서 배우라고 조언했고, 나는 그렇게 1번 미싱 보조로 승진하여 시다 생활을 접을 수 있었다. 시다 생활 3년 동안 함께한 7번 미싱사와 고맙다는 인사도 제대로 못 하고 헤어졌다.

창가 쪽 1번 미싱사 바로 옆에 내 미싱이 있었다. 미싱사 입장에서는 미싱 보조를 싫어할 이유가 전혀 없었다. 미싱 보조가 있으면 옷을 더 많이 만들 수 있어서 미싱사의 수입이 훨씬 늘었다. 아동복 잠바를 미싱사 혼자 하루에 15~20장을 하였다면, 미싱 보조와 손발을 맞춰서 하면 20~25장을 할 수 있었다.[2] 월급 계산할 때 시다 두 명과 보조인 내 월급을 준 나머지는 모두 1번 미싱사 몫이 된다. 미싱 보조 역시 기술을 배운다는 명목으로 시다보다 조금 더 받는 수준에 불과했다. 내가 미싱 보조로 '승진'하고 처음 받은 월급은 3,000원이었다. 시다 두 명은 2,000~2,500원[3] 정도였다. 이런 사정은 조영래와 이태호의 글에도 나타나 있다.

하루 14~16시간 작업에 임금은 1970년 현재 3,000원으로 왕복 교통비를 제하고 나면 남는 게 별로 없어 하루 종일 굶고 일하는 경우도 많았다.(조영래 1999: 101)

점심을 굶는 여성 노동자가 많습니다. 점심시간만 되면 밖으로 나가는 견습공이 있습니다. 내 친구는 그녀에 대해 "누군 도시락을 가지고 다니고 싶나. 공장에 나온 지 6개월도 못 된 계집애가 건방지게 외식을 하고 난리야" 하고 뒤에서 험담을 늘어놓습니다. 우리

---

2   오야 미싱사는 시다가 갖다준 일감 중 비교적 쉬운 것은 보조에게 주고 어려운 것은 자신이 직접 재봉을 한다. 예컨대 잠바의 깃이나 자크 소매를 다는 일 등은 오야가 전담하고 주머니 달기나 잠바 안쪽 같은 것은 보조에게 넘긴다.(조영래 1999: 93)

3   급료: 재단사 15,000원에서 30,000원, 미싱사 7,000원에서 25,000원, 시다 1,800원에서 3,000원(조영래 1999: 249)

는 2주일 정도 후에야 그녀가 점심을 먹지 않고 일을 한다는 것을 알았습니다. 14세의 이 소녀는 아침에는 밀가루 죽을 먹고, 점심도 먹지 않고 밤 10시를 넘긴 후에야 보리밥 한 그릇을 먹습니다. 그녀는 아버지가 안 계십니다. 어머니가 날품팔이 노동을 하고, 오빠는 군대 입대하여 복무하고 있습니다. 그녀는 공장에서 6킬로미터쯤 떨어져 있는 금호동 판잣집에서 걸어서 출근합니다. 나는 미싱사이기 때문에 그래도 나은 편입니다. 나는 그녀에게 함께 "내 도시락을 나눠 먹자"고 제안했습니다. 그녀는 "예, 고마워요"라고 간신히 대답하고 눈물을 흘립니다. 나는 내 형편에 무리인 줄 알면서도 그녀와 함께 도시락을 나눠 먹지 않을 수 없었습니다. 공장 안에서 점심을 굶고 작업하는 여공들이 전체의 30퍼센트는 될 것입니다. 나는 그 사실을 알고는 정말로 놀랐습니다.(이태호 1984: 55)

1번 미싱사는 우리 월급을 떼고서 15,000원 정도 받았던 기억이 있다. 이것은 성수기 때의 월급이다. 미싱 보조가 없는 미싱사보다는 한 5,000원 정도 더 많은 수입이었다.

평화시장에는 "미싱 기술자가 되려면 미싱 바늘에 손가락을 3번 이상 찔려야 된다"는 말이 있었디. 미싱 보조기 되고 힌 달 정도 지나서 나는 미싱 바늘에 찔렸다. 왼쪽 집게손가락에서 피가 났다. 피 난 손가락에 미싱 기름을 바르고 가위로 피 나는 곳을 서너 번 두들겨서 피를 조금 더 뺀 다음, 천 조각으로 손가락을 묶고는 다시 일을 했다. 주변 미싱사들이 "이제 두 번만 더 찔

 열세 살 여공의 삶

리면 기술자가 된다"고 농담을 했다. 미싱 바늘이 손가락에 깊게 박혀 뺄 수 없을 때에는 재단사나 재단 보조가 올라와 펜치로 빼 주기도 했다.

나는 1년 정도 미싱 보조로 일했다. 평화시장에서는 기술을 배울 때에는 공장을 옮겨야 기술을 빨리 배울 수 있고 월급도 더 많이 받을 수 있다는 말을 주고받았다. 나 역시 그 의미를 잘 알고 있었다. 마침 고향 언니가 나에게 "진선미 공장으로 오면 미싱 오야가 될 수 있다"고 귀띔을 해 주었다. 나는 주저할 필요가 없었다. 진선미 공장은 당시 라디오에 광고를 하면서 공장을 확장하고 있었다. 미싱 오야가 된다니 조금 떨리기도 했지만, 기회라고 생각했다. 나는 삼양사 사장에게 "몸이 아파서 쉬어야겠다"고 하고, 재단사에게도 같은 말로 의사 표시를 하고 삼양사를 그만두었다.

미싱 오야가 되기 위해 삼양사에 거짓말을 하고 진선미 공장으로 출근했다. 진선미 공장은 평화시장 2층에 있었다. 다행히 삼양사 건물과는 다른 동이었다. 삼양사는 동대문 쪽에서 가까운 곳이고, 진선미 공장은 청계천 5가 쪽에 있었다. 삼양사 공장에 다닐 때에는 동대문 버스 정류장을 이용했지만, 이제는 종로 5가 버스 정류장을 이용했다.

진선미 공장은 남성용 와이셔츠를 만드는 곳이었다. 익숙한 사람들도 처음에는 잘하지 못하는데 나는 아직 자신감도 없었고, 더욱이 내 시다를 둔 것도 처음이었다. 그렇게 시작한 첫 미

싱 오야 생활은 낯설고 물선 타향살이를 하는 기분이었다. 하지
만 이 고비만 넘기면 미싱 기술자가 된다는 생각에 잠시도 긴장
의 끈을 놓지 않았다. 그러나 진선미 공장 생활은 오래가지 못했
다. 무슨 일 때문인지 사장이 갑자기 공장 문을 닫아 버렸다. 진
선미 공장에 다니던 여성 노동자들은 하루아침에 일자리를 잃었
다. 나와 고향 언니는 다른 공장 일자리를 찾아야 했다.

며칠을 집에서 놀면서 나는 아버지와 빙수 장사를 했다. 얼음
을 갈아 주스 물에 타 주고 한 잔에 5원을 받았다. 첫날 수입은
175원이었다. 어머니는 그 돈으로 보리쌀 두 되를 사고 행복해
하셨다. 그렇게 3~4일 정도 장사를 하고 나서야 나는 평화시장
의 또 다른 공장, '화진사'로 출근할 수 있었다.



열세 살 여공의 삶

# 공장의 시스템과 재단사 권력

시다 때는 몰랐는데 미싱사가 되자 공장 전체의 시스템이 눈에 들어왔다. 화진사 공장은 통일상가 건물에 있었다. 그곳은 평화시장보다 입구도 좁고 더 컴컴했다. 좁은 계단으로 올라가니 공장 안에서는 여성 남방을 만들고 있었다.

평화시장 공장 주변에는 점심시간이 되면 화장품을 팔던 아주머니가 있었다. 그 아주머니는 화장품을 외상으로 팔고 월급날이면 복도에서 기다리고 있다가 월급 타서 나오는 미싱사들에게 화장품 값을 받아 갔다. 미수금은 장부에 적어 놓으면 계속 고객이 되기 때문에 화장품 값 떼일 것에 대해 별로 염려하지 않았다. 시다들도 장래의 고객이라는 사실을 잘 알고 있던 그 아주머니는, 내가 삼양사에서 일을 할 때 월급을 받고 나오다가 복도에서 마주치면 적극적으로 인사를 하곤 했다. 그렇게 알고 지내던 화장품 아주머니는 어느 날 나에게 "혹시 시다 필요하면, 내 딸이 초등학교 졸업하고 집에 있는데, 기술을 알려 주면 좋겠다"고 하셨다. 그렇게 해서 만난 그 아이는 나의 두 번째 시다가 되었다.

삼양사에서 일할 때와 마찬가지로 화진사에서도 가끔 재단사보다 먼저 공장에 도착한 날이면 복도에서 쪼그리고 앉아서 기다렸다. 수량으로 월급을 계산하기 때문에 더 많이 만들어 돈을 벌 생각에 누가 시키지 않아도 일찍 출근을 했다. 작업 시간이 길수록 다른 미싱사보다 수입이 많았기 때문에 더 많이 일을 하려고 노력했다. 나는 삼양사에서는 물론이고 화진사에서도 매우 순종적인 최고의 모범 사원이었다. 다음은 YH노조 지부장을 지낸 최순영이 공장에 입사했을 때에 관한 글이다.

> YH 공장에서도 도급제였다. 도급제라 하나라도 남보다 더 많이 더 빨리 하면 그만큼 돈으로 들어왔다. 열심히 일하는 최순영이 회사로서는 그야말로 최고 모범생이었다.(박수정 2004: 92)

나뿐 아니라 당시에 여성 노동자들은 열심히 일하면 가난한 가정에 보탬이 된다고 생각하고 성실하게 순종적으로 일했다. 그런데 당시에 박정희는 노동자들을 상대로 자주 '근면'을 강조했다. 공장 새마을운동에서는 빈곤을 태만과 무지의 결과라고 주장하면서 근면을 강조하였다(이태호 1984: 32). 하루 15~16시간씩 노동을 하는 현실을 모르는 것이라면 대통령으로서 부끄러운 일이고, 알고도 그런 말을 했다면 노동자들을 기만하는 일일 터이다.

더욱이 20~30년을 미싱을 하다가 이제 노환으로 시력이 나빠져 건물 청소를 하러 다니고 있으며, 일밖에 모르는 50~60대 여성들이 아직도 내 집 하나 없이 살아가고 있는 게 현실인데, 이들이 과연 근면하지 않아서 이렇게 어렵게 살고 있는 것일까?

평화시장 가게들은 새벽 4시부터 영업을 시작해서 아침 7시가 되면 이미 하루 장사가 끝나는 새벽 도매시장이었다. 공장 문을 열기도 전에 이미 물건을 다 팔고 문을 닫는 가게도 종종 있었다. 사장들은 새벽 장사로 이미 다 빠져 버린 가게 옷의 제품 구색을 맞추기 위해 공장 재단사에게 전화를 했다. 재단사는 숨을 헐떡이면서 정신없이 문을 열고 들어가 전화부터 받았다. 대부분이 어떤 물건을 가게로 내려보내라는 식의 통화였다. 재단사가 사장이 요구하는 옷을 준비해서 가게로 직접 내려가기도 했지만, 때로는 재단 보조가 심부름을 할 때도 있었다. 재단사는 공장 돌아가는 사정이나 그날의 물량 등을 의논하기 위해 가게에 가는 경우가 많았다. 가게 사장은 "오늘은 ○○ 색깔을 더 많이 만들라"든지, 특정 사이즈 주문이 있을 경우 재단사에게 "○○ 사이즈를 만들어 달라"는 식으로 지시를 했다. 재단사는 공장으로 돌아오는 길에 아는 동료들과 가볍게 커피 한 잔을 마시며 서로 정보를 나누기도 하고, 미싱사나 시다 등 필요한 인력을 구하고 돌아오기도 했다. 가게에서는 가끔 재단사를 공장으로 돌려보내고 난 후 갑자기 주문이 있거나 사정이 뒤바뀔 때가 있다. 그럴 때 가게 사장은 공장으로 전화를 거는데, 이때 재단사가 그런 사정을 모르고 다방에서 커피 한 잔의 여유를 즐기다가 혼이 나기도 했다. 지금은 누구나 가지고 있는 핸드폰이 없던 시절이라 벌어지던 일이었다.

## 공장의 시스템

먼저, 재단사가 하는 일을 살펴보자. 재단사는 가게 사장이 필요한 원단을 구입해서 공장으로 보내면 그 원단을 재단해서 미싱사들에게 나누어 주는 일을 한다. 원단이 한번 들어오면 조금씩 차이는 있지만 대체로 하루 이틀 정도면 모두 재단을 하였다. 재단사는 한 번에 400~500장쯤 재단을 했다. 재단된 일감은 하루 이틀이면 미싱사와 시다들을 통해 모두 옷으로 만들어졌다. 이렇게 만든 옷은 가게로 보내져 중간 도매입자를 통해 소비사에게 전달된다. 특별한 주문을 받을 경우에는 40~50장만 재단할 때도 있었다. 특별 주문이 있을 경우 한두 장도 별도로 만들었다.

이렇게 재단을 하기 위해 먼저 하는 것이 원단 '나라시'다. 나

 열세 살 여공의 삶

라시는 재단사와 재단 보조가 함께 했다. 원단 나라시가 끝나면 '가다'라는 견본을 나라시한 원단 위에 놓고 분필 같은 자고로 그림을 그린 다음 재단칼로 윙윙 소리를 내면서 재단을 시작했다. 이때 옆에서 잘려 나가는 '기레빠시'를 보고 있노라면 마치 무지개떡처럼 예쁘게 보였다. 시다들은 윙윙 칼질하는 소리가 나면 다락방에서 일을 하다 말고 아래층으로 내려와 기레빠시를 주워 놓아야 했다. 하루 일과가 끝이 나면 그 기레빠시로 미싱 청소를 해야 했기 때문이다.

재단이 완전히 끝나면 이제 일감을 배분하기 시작했다. 한 다찌씩 장수를 세어서 나누는 작업이었다. 왼쪽 앞판 8장이면 오른쪽 앞판 8장, 뒤판 8장, 양쪽 소매 8장, 소매 끝 부분에 다는 카오스 양쪽 8개씩, 에리 8장, 에리 뒷부분 8개, 앞판 미끼야시 8개가 한 묶음이 되었다. 이렇게 한 다찌씩 묶은 것은 재단판 밑에 보기 좋게 쌓아 두었다. 이때 '미끼야시'는 옷 속으로 들어가는 보이지 않는 부분이기 때문에 공장에서는 원단을 아끼기 위해 여러 조각으로 나누어 자른 뒤 이어서 박도록 한다. 통으로 작업할 수도 있는 것을 여러 조각을 이어 박아야 하니, 미싱사들로서는 매우 귀찮은 일이었다. 물론 재단사와 재단 보조도 싫어했다. 4조각 모두를 8장씩 나누어야 하기 때문이었다. 이것은 원단을 한 치라도 적게 들게 하려는 것으로, 기레빠시가 최대한 덜 나오도록 하기 위함이었다. 최저 비용으로 최대 이윤을 올리기 위해 재단사, 미싱사, 재단 보조, 시다 모두를 힘들게 하는 꼴이었다.

점심시간이 되면 재단사는 점심을 먹으러 밖으로 나갔다. 재단사는 보통 2시에 들어오는데, 가끔 그 시간에 들어오지 않을 때도 있었다. 경우에 따라서는 미싱사를 구하러 나가기도 했다. 당시에는 인간시장 혹은 구름다리라고 불렀던, 지금은 '인간시장'으로 불리는 평화시장 중간에 모여 서로 정보 교환을 하기도 하고 대화를 나누기도 했다. 이때 각 공장에서 미싱사를 빼 간 재단사 간에 알력이 있기도 하였다.

재단사는 재단을 마치고 나면 하루 일이 거의 끝난다고 할 수 있다. 재단사가 재단하는 일 말고 중요하게 맡았던 역할은 가게의 급한 물건이 무엇인지 확인하고 그것을 미싱사에게 전달하는 것이었기 때문에 미싱사와 시다보다는 상대적으로 일이 적은 셈이었다. 물론 재단사가 앞의 두 가지 업무만 마친다고 일이 완전히 끝나는 것은 아니었다. 일이 끝난 뒤 마무리를 책임져야 해서 귀가 시간은 언제나 제일 늦었다. 그래도 미싱사, 시다들이 화장실 갈 시간도 없이 일해야 하는 상황에 비하면 재단사는 일감만 정리해 놓으면 어느 정도 숨 쉴 시간이 있었다. 물론 공장 안에서 빈둥거리며 노는 것은 아니지만, 화장실도 마음대로 갈 수 있고 물도 마음내로 벽을 수 있었다.

재단 보조가 일류급이라면 옷에 필요한 싱(심지), 주머니, 속 등의 재단은 재단 보조가 알아서 했다. 재단 보조가 시로도(초보)라면 이 모든 것을 재단사가 해야 했다. 일하는 중간중간 시다가 요구하는 라벨, 싱, 주머니, 실 등을 찾아서 챙기는 것도 재단사의 일이었다.

재단 보조는 말 그대로 재단사의 보조자다. 재단사가 시키는 것은 무엇이든지 해야 한다. 재단사가 "1번 시다 오라고 해" 하면 재단 보조는 다락방 중간쯤 올라와 얼굴만 내밀고 "1번 시다 내려와" 했다. 이때 빨리 내려가지 않으면 1번 시다는 혼이 났다. 재단사가 밖으로 나가면서 재단 보조에게 "야, 오후에 에리, 싱, 잘라 놔" 하면 재단 보조는 무조건 "예" 해야 한다.

재단사가 자리를 비우면 재단 보조가 일감을 요구하는 시다에게 일감을 주기도 했다. 이때 일감을 어떤 것을 주어야 할지 고민하기도 했다. 왜냐하면 일감에는 우선순위가 분명히 있었기 때문이다. 하지만 그날 주문에 따라 급한 것이 아니면 적당히 조절할 수 있었다. 재단 보조 역시 자기 마음에 드는 시다에게는 우선순위와 관계없이 편한 일을 주기도 하고, 부속품이 완비된 것을 주기도 했다. 부속품이 완비되지 않은 일을 맡게 되면, 시다와 미싱사는 일하기가 아주 번거로웠다.

그냥 시다가 마음에 들어서 일감을 잘 줄 때도 있었지만, 재단 보조 역시 사춘기 남성이다 보니 시다와 데이트할 심산으로 좋은 일감을 줄 때가 많았다. 재단 보조와 데이트를 하는 시다는 다락방에서 필요한 것들을 다른 시다보다는 쉽게 구할 수 있었다. 옷에 따라 차이는 있지만 다림질하는 시다판 위에 깔 면 원단이 필요했다. 시다들은 하얀색 일감을 받아 올 때를 대비해서 여유분의 깔판을 미리미리 준비해 두어야 했다. 재단사와 재단 보조에게 얄밉게 보이면 그런 것 하나도 받아 오기 힘들어진다. 미처 준비하지 못한 시다는 하얀 일감을 받아 올 경우 면 원단을 구하기 위해 다락방에서 내려가 발을 동동 굴러야 했다.

옷을 만드는 데에는 실이 기본이다. 원단과 실 색깔이 맞지 않으면 미싱사가 일을 할 수 없다. 시다들은 그 실 준비하는 것까지 눈치껏 챙겨야 한다. 맞는 실이 없으면 부속 가게에 가서 사 와야 한다. 실 사 오는 일은 재단 보조의 일이었다. 재단 보조가 바빠서 빨리 못 갈 경우, 시다는 미싱사에게 혼이 나기도 했다. 시다는 미싱사와 재단 보조 사이에 끼어 있는 셈이었다. 원단과 같은 색 실이 없으면 재단 보조는 비슷한 색깔의 실을 주고 실을 사러 나간다. 그러면 미싱사는 재단 보조에게 받은 비슷한 색깔의 실로 원단 겉으로 드러나지 않는 부분부터 먼저 박아야 했다. 이것이 원래의 작업 순서와 다르면 미싱사와 시다는 일하기가 불편했다.

재단 보조는 미싱이 고장 났을 때 미싱 기사를 불러오는 일도 했다. 1970년 당시에 평화시장 주변에는 부속품 가게, 담배 가게, 미싱 가게 등이 있었다. 미싱 가게에서는 공장에서 필요한 재단 기계, 미싱 기계, 특수 기계 등을 팔기도 하고 수리도 하였다. 미싱 수리 기술자는 늘 부족한 상태였다. 비수기에는 문제가 없지만 성수기 때 미싱이 고장 나면 사장은 물론이고 미싱사도 일을 할 수 없었다.

이렇게 사장과 공장장, 재단사, 재단 보조의 하루가 흘러가는

　　　　　　　　　　　　열세 살 여공의 삶

동안 미싱사와 시다는 어떤 일을 하는가? 미싱사는 아침에 출근해서 미싱판에 앉아 미싱을 밟기 시작하면 화장실 가는 시간 빼고는 하루 종일 쉬는 시간이 단 일 분도 없었다. 어쩌다 시다가 일감을 제대로 대 주지 못하면 그때 화장실을 다녀오기도 했다. 정전[1]되는 경우 말고는 하루 종일 일을 하는 셈이다. 미싱사가 빨간 옷을 할 때에는 미싱사 머리에 빨간 먼지가 쌓이고, 까만 옷을 하면 까만 먼지, 하얀 옷을 할 때에는 하얀 먼지가 꽃처럼 머리에 피었다. 어깨에도 늘 먼지가 수북이 쌓이곤 하였다. 겨울철에 도시락을 먹다 보면 남은 밥 위에 까만 먼지가 붙어 있었다. 우리는 그 먼지 묻은 밥을 그냥 먹었다. 콧속은 물론이고 심지어 눈썹에까지 먼지가 붙어서 눈을 비비면서 일을 했다.

평화시장에서 일하다 보면 목소리가 커질 수밖에 없었다. 미싱 돌아가는 소리와 1층에서 나는 "윙, 윙" 하는 재단기 소리 때문에 잘 들리지 않아서 자연스럽게 목소리가 커지는 것이다. 여름에는 다리미와 미싱 모터가 내뿜는 열기로 말할 수 없이 덥고, 겨울에는 난로가 없으니 추울 수밖에 없었다. 다락방이 워낙 좁아서 난로를 사 준대도 놓을 곳이 없었다. 미싱사들이 가끔 "추

---

**1** 당시에는 전기 공급 사정이 좋지 않아 예고 없이 정전이 자주 일어났다. 정전은 여성 노동자들에게는 달콤한 휴식시간이 되기도 하였다. 성수기 때 말고는 오후 4~5시에 정전이 될 경우 퇴근을 일찍 하는 날도 있었다. 이 글을 준비하면서 당시의 전기 사정에 관한 기록이 있으면 찾아 넣으려고 한국전력공사에 문의하였으나 1960~1970년대 기록은 없다는 회신을 받았다.

위요, 난로 좀 사 주세요" 하면 재단사는 "어디다 놓을 건데? 7번 미싱사가 머리에 이고 있을 거야? 그러면 사 줄게" 했다.

겨울철이면 시다들은 12시부터 점심 도시락을 데울 준비를 해야 했다. 한겨울에도 공장에는 난로가 전혀 없었다. 삼양사만 그런 게 아니라 화진사에도 없었다. 그래서 시다들은 미싱사와 자기의 도시락을 다리미로 데워야 했다. 다리미질할 것이 밀려서 도시락을 데우지 못할 때에는 시다는 물론이고 미싱사까지 찬밥을 먹어야 했다. 1976년 다림사에서 라인 작업이 시작되고 나서는 빈 공간 시다판에서 도시락을 데워 먹었다.

평화시장은 점심시간이 낮 1시부터 2시까지다. 시다들은 오전 11시부터 다리미질할 것부터 서둘러 해 놓고 다리미 온도를 높여 밥을 데워야 했다. 다리미 온도 조절은 익숙하지 못한 시다들은 하기 힘든 일이었다. 도시락을 뒤집어 놓고 그 위에 다리미를 올리고 10분 정도 지나면 도시락에서 김이 나기 시작했다. 미싱사의 도시락을 먼저 데운 다음에 시다의 도시락을 똑같은 방법으로 데워 먹었다. 도시락 데울 시간에 다리미를 쓰는 일이 없게 시다들은 미리미리 조절을 해야 했다. 이렇게 데워진 도시락을 먹을 때에는 금방 한 밥처럼 뜨거워서 호호 불며 먹기도 했다. 도시락 데우는 것도 잘 살펴야 했다. 지나치게 데우면 양은 도시락 밑바닥의 밥이 다 타 버리기도 했다. 그 도시락을 먹는 미싱사는 "도시락 하나도 못 데우냐"고 시다를 타박하면서 바닥에 눌어붙은 누룽지를 긁었다. 하지만 우선은 일을 먼저 해야 하기 때문에 잘못하면 찬 도시락을 먹을 수도 있었다. 겨울에 찬 도시락을 먹고 나면 몸이 으슬으슬 추워진다. 미싱사들은 점심을 먹고 화장실을 다녀오기도 했고, 잠깐 볼일을 보러 가기도 했다.

다리미는 겨울에 추위를 녹이는 데에도 쓰였다. 눈치 빠른 시다는 미싱사의 방석을 다리미로 데워 놓았다. 방석이 뜨거워질 때쯤 그 위에 다른 방석 하나를 더 얹으면 적당하게 따듯해졌다. 점심시간에 잠시 외출했다 돌아온 미싱사는 그 따끈한 방석을 안식처 삼아 쪽잠을 자기도 했다.[2] 나는 1975년 청계노조를 알고 난 후 점심시간에 노조 사무실에 쫓아다니느라 더 이상 그런 시간을 가지지 못했다.


## 재단사 권력


1960년대[3] 후반을 전후하여 의류 생산·도매 상가의 개장으로 국내 기성복 시장의 규모가 커지기 시작하였다. 수출 지향적인 경공

---

[2] "나는 지난주 금요일 여기에 왔다. 다음 날 새벽 3시에 일을 시작해야 했기 때문에 나는 밤새도록 여기에 있었다. 나는 여기서 5마일 떨어진 곳에 산다. 나는 가죽 앞치마를 밑에 깔고 조그만 재킷을 덮고 마루 위에서 잤다."(마르크스 2009: 345) 마르크스의 저서에는 내가 경험한 것과 흡사한 것들이 있다.

[3] 박정희 정부는 1970년대에 들어서서도 1960년대와 마찬가지로 수출 지상주의와 '선 성장 후 분배' 정책을 계속 추진하게 된다. 제2차 경제개발 5개년 계획(1967~1971)의 경제성장률은 연간 20%에 달하였다.(이옥지 2001: 121~122)

업 육성 정책하에서 의류는 주요 수출 품목이었던 데 비해 평화시장의 영세 공장들에서 만든 옷들은 내수용이었다. 평화시장의 제품들은 부산, 대구, 광주, 인천 등 대도시는 물론이고 교통이 불편한 강원도 영월이나 철원, 제주까지 흘러가서 1970년 현재 전국 기성복 매출의 약 70%를 차지했다. 때문에 지역에 분산된 피복 제조업자들은 점점 더 평화시장 주변으로 옮겨 왔다.(조영래 1991: 91)

전순옥의 연구에서 한 재단사는 다음과 같은 말을 하고 있다.

노동자들 사이에서는 재단사가 왕이었다. 우리는 공장주 못지않은 권력을 휘둘렀다. 내가 원하는 사람에게 일을 주고, 원하면 누구든지 해고할 수 있었다. 그게 다 내 손에 달려 있었다. 사실, 우리는 우리의 권력을 남용하는 경향이 있었다. 나는 여성 노동자들을 모욕하고 욕을 하기도 했는데, 그건 어디서나 있는 일이었다. 나는 어린 시다들에게 폭력을 사용하기도 했다. 하지만 사실상 나 역시 다른 노동자들과 마찬가지로 고용주에게 이용당하고 있었다. 고용주는 내가 충성스럽고 다른 여성 노동자들을 열심히 일하게 만든다면 이익을 분배받을 수 있다고 약속했지만, 결국 아무것도 받지 못했다.(전순옥 2004: 173)

당시에 사업주들은 떼돈을 벌고 있었다. 공장마다 사업이 잘되었으므로 새로운 미싱 기계를 도입해 공장을 확장하였다. 새

　　　　　　　　　　　　　　　　　　열세 살 여공의 삶

로 구입한 미싱 기계의 사용은, 관례적으로 그 공장에서 가장 오래된 미싱사에게 우선권이 있었지만, 재단사의 권한이기도 했다.

새 미싱이 주는 편안함은 헌 미싱을 쓰다가 새 미싱을 써 본 미싱사만이 알 수 있다. 우선 소음이 적었고, 고장이 없어서 일하다 중단하는 경우가 생기지 않았다. 경차를 타다가 고급 승용차를 탄 느낌의 차이만큼이나 크다고 할까? 새 미싱을 쓰면 나한테도 이익이 되었다. 미싱 기계가 고장 나면 수리할 때까지 일을 하지 못해 그만큼 손해를 보는 것이다. 하지만 새 미싱은 그럴 염려가 없었다. 그래서 미싱사들은 누구나 새 미싱을 쓰고 싶어 했고, 거기에 재단사의 권력이 작용하기도 했다. 이것은 200년 전 자본주의 원리를 지적한 마르크스의 주장[4]이 현실에서 적용되는 한 사례였지만 노동자들은 그것을 알지 못했다. 이러한 편리함이 결국은 노동강도를 높이게 되며 기계는 우리 노동자들을 위한 것이 아니라는 사실을 알지 못했다.

재단사와 재단 보조는 재단한 것과 부속품을 모아 한 다찌씩 묶은 것을 재단판 밑에 쌓아 두고 시다들이 일감을 달라고 하면

---

**4** "기계 그 자체는 노동시간을 단축시키지만 자본주의적으로 사용되면 노동시간을 연장시키며, 기계 그 자체는 노동을 경감시키지만 자본주의적으로 사용되면 노동강도를 높이며, 기계 그 자체는 자연력에 대한 인간의 승리지만 자본주의적으로 사용되면 인간을 자연력의 노예로 만들며, 기계 그 자체는 생산자의 부를 증대시키지만 자본주의적으로 사용되면 생산자를 빈민으로 만든다."(마르크스 2009: 592)

그중에서 골라 주기도 했다. 한 다찌 속에는 라벨, 에리 싱, 미끼야시(미카에시) 싱, 카오스 싱 등 모든 부속품이 들어 있다. 겨울철에는 부속품이 더 많아져 지퍼, 바이어스, 주머니 안감 등이 함께 들어 있다. 한 다찌가 10장이라면 모든 부속품 역시 10개씩 맞추어져 있다. 하지만 재단사와 재단 보조가 개수를 잘못 세어 부속품이 모자라면 그것 또한 큰 문제가 되었다. 부속품이 남으면 문제가 없다. 하지만 모자랄 경우, 시다는 빨리 다락방을 내려가서 "미끼야시 싱이 부족하다"고 이야기하고 받아 와야 한다. 재단사나 재단 보조가 개수를 잘못 세어서 부족할 수도 있는 것이지만, 그것은 중요하지 않았다. 특히 미운털이 박힌 시다가 부속품을 받으러 내려오면, 재단사는 "어디다가 빠뜨리고 여기 와서 달라고 하냐?"며 소리를 지르기 일쑤였다. 시다들은 "없어요, 빨리 주세요" 하지만 소용이 없었다. 일감을 비슷하게 받아 오면 그래도 다행이었다. 옆 미싱사가 미끼야시를 박다가 남으면 "미끼야시 부속 두 개 남았어. 누구, 부족하면 가지고 가" 할 때도 있었다. 그런 날은 횡재한 날이었다. 이때 시다의 기분은 마치 길거리에서 돈을 주웠을 때 같아, 싱글벙글하기도 하였다.

앞서 말했듯이, 재단사는 부속품과 함께 들이 있는 일감을 재단판 밑에 보관했다가 1번부터 8번 시다까지 골고루 나누어 준다. 이것도 물론 가게의 요청에 따라 달라졌다. 재단판 밑에 있는 총천연색의 일감이 미싱사, 시다의 손을 거치면 예쁜 블라우스로 변신하였다. 한 다찌 일감에는 흰색만 들어 있는 것도 있고,

검정색만 들어 있는 것도 있고, 보라색과 밤색이 같이 들어 있는 것도 있다. 어떤 일감은 초록색, 진달래색, 살구색이 같이 들어 있고, 어떤 일감은 흰색과 빨강색이 같이 들어 있다. 색상이 다른 일감은 그만큼 옷을 만들어 내는 데 시간이 더 걸렸다. 그래도 한 장 만드는 공임은 똑같이 10원이었다. 재단사는 자기 마음에 드는 미싱사에게는 일하기 편한 한 가지 색으로 통일된 일감을 주고, 마음에 들지 않는 미싱사와 시다에게는 두 가지 이상의 색상이 들어 있는 일감을 주었다.

미싱사들이 좋아하는 몇 가지가 있다. 첫째, 미싱사들이 가장 좋아하는 원단은 면이고, 싫어하는 원단은 저지와 폴리에스테르였다. 면은 바느질하기에도 부담이 없고, 미싱을 해 놓으면 편안하고 반듯하게 놓이기 때문이다. 반면, 폴리에스테르와 저지는 실도 잘 끊어지고 박아 놓으면 찌글찌글 우는 경우가 많았다. 시다들에게도 사정은 마찬가지였다. 다리미질할 때면 조금만 온도가 높아도 폴리에스테르는 금방 녹아 버리기 때문이다. 만약 앞판을 다림질하다가 살짝이라도 원단이 녹아 버리면 그 앞판은 시다가 재단사에게 사정해서 다시 받아 와야 한다. 만약 자투리 원단이 남아 있지 않으면 그 옷은 시다가 변상해야 했다. 처음 입사한 삼양사에서 시다로 일할 때 나는 아동복 블라우스를 변상한 경험이 있다.

둘째, 미싱은 상(上) 윗실과 하(下) 북실의 두 개로 박음질을 하게 된다. 그러므로 실을 바꾸어 주려면 상 윗실과 미싱판 밑에 있는 북실을 바꾸어야 된다. 원단 색깔이 한 번 바뀌면 봉제 실 두 개를 갈아 끼워야 했다. 한 가지 색상의 일감을 받아 오면 실 갈아 끼우는 것을 한 번만 하면 되지만, 색상이 두 가지면 옷 만들기 각 공정 때마다 두 번씩 실을 갈아 끼워야 했다. 갈아 끼우는 시간만큼 시간이 더 걸렸다. 두 가지 색상의 일감은 양호한 편이고, 3~4가지 색상이 들어 있는 경우도 있었다. 이런 일감을 받아 오면 시다는 여지없이 미싱사에게 한소리 들었다.

셋째, 미싱사들은 디자인이 간편한 것을 제일 좋아했다. 아주 특별한 경우를 제외하면, 블라우스 만드는 공임은 모두 같기 때문이었다. 블라우스를 모양내기 위해 레이스를 하나 더 붙이거나 카오스 시접을 두 번 접어서 모양을 내면 그만큼 시간은 더 걸리지만, 공임은 같기 때문에 손해를 보았다.

넷째, 한 다찌 일감의 장수다. 한 다찌 일감의 장수는 9장, 10장, 11장, 12장, 15장 등이 있었다. 이때 15장짜리 일감이 시다나 미싱사에게 가장 유리했다. 9장짜리 일감을 받아서 미싱사가 마지막 9번째 부속을 박기 직전, 시다는 다음 일할 것을 알아서 빨리 다림질하거나 손질해서 올려야 했다. 9장짜리를 할 때에는 15장짜리를 할 때보다 시간 여유가 없기 때문에 시다가 제시간에 일을 해내기가 무척 힘들었다. 9번째 부속을 박을 동안에도 시다가 다음 것을 준비하지 못하면 미싱사는 미싱판을 "탕, 탕" 두드린다. 이때 준비가 다 되어 있으면 시다는 빨리 미싱판에 올려 주면 되었다. 만약 준비가 덜 되었으면, 미싱사가 더욱더 세

　　　　　　　　　　　　　　　　　　　열세 살 여공의 삶

차게 미싱판을 "탕탕탕, 탕탕탕!" 신경질적으로 두들겼고, 시다는 안절부절못하는 상황이 되었다. 이렇게 장수 적은 한 다찌를 받아 오는 날에는 시다는 무릎 꿇은 상태, 몸의 절반을 접은 상태로 반쯤 서서 일을 해야 했다. 한편, 15장 받아 온 시다는 미싱사가 15번 박기 때문에 시간적으로 조금 더 여유롭게 일을 할 수가 있었다. 그런 것을 가장 잘 아는 사람 역시 재단사였다.

명절 이후 처음 일이 시작되는 날에는 1번 시다부터 8번 시다까지 줄을 서서 일감을 받아 왔다. 이때 재단사는 예뻐하는 시다 순서로 일감을 주었다. 내가 3번 미싱사일 때 내 시다는 제일 먼저 일감을 받아 왔다. 시다들은 한 손에 일감을 들고 다른 한 손으로는 사다리를 잡고 마치 다람쥐가 나무에 올라가는 것처럼 다락방으로 차례로 올라와, 그 작은 키를 펴지도 못하고 저마다 미싱사 앞 시다판에 구부린 채 전기다리미 스위치를 꽂았다. 다락방의 높이는 1미터 정도밖에 되지 않았다. 시다들은 무릎을 꿇은 자세로 앉아 일할 준비를 했고, 묶여 있는 일감을 쪽가위로 "딱" 하고 잘라 일감을 풀었다. 내가 처음 시다 생활을 할 때 쪽가위질을 잘못하여 일감을 뚝 자른 순간 원단이 씹히는 사고를 낸 경우가 있었다. 일감 안에 여러 가지 부속품이 많이 들어 있기 때문에 재단사와 재단 보조는 부속품이 흐트러지지 않게 하기 위해 꽉 조여 놓았다. 묶인 일감을 쪽가위로 풀 때 조심하지 않으면 안에 꽉 들어찬 일감들을 상하게 할 수 있었다.

일감을 풀어 놓는 순간부터 미싱사들은 옆에 있는 다른 미싱사들의 일감으로 눈길을 돌렸다. 한 가지 색상의 일감을 받아 온 시다는 미싱사 눈치를 볼 필요가 없지만, 세 가지 색상이 들어 있는 일감을 받아 온 시다는 미싱사 눈치를 보기 시작했다. 약 2~3분이 지나면 여지없이 세 가지 색상 이상의 일감을 받은 미싱사는 시다에게 "너는 왜 다른 시다들처럼 재단사에게 아부를 떨어서 일하기 편리한 한 가지 색만 받지 못하냐?"고 소리를 질렀다. 시다는 무슨 죄라도 지은 사람처럼 아무 소리도 못 했다. 그렇지만 미싱사도 그 일감을 들고 가서 재단사에게 따지지는 못했다. 다락방에서 내려가 재단사에게 항의를 해 보았자 오히려 재단사의 횡포만 심해진다는 사실을 잘 알기 때문이었다. 공평하게 일감을 달라고 요구하고 싶지만, 항의하는 미싱사는 그 공장을 그만둘 각오를 해야 했다. 김원은 당시 평화시장 재단사의 일감 배분에 관한 민종숙의 글을 인용하고 있다.

일감의 배분은 자의적이다 못 해 제멋대로였다. 일감의 배분은 공장주 대신 공장에 나오는 공장주의 아들이 맡았다. 스무 살이 될까 말까 한 공장주의 아들은 아버지를 닮아서인지, 마음에 드는 사람과 들지 않는 사람을 차별해서 일감을 배분하기도 했다. 한마디로, "오야 맘대로"인 셈이다. 얼마 전 공임 인상 요구로 공장주 아들이 민종숙에게 앙심을 품고 있던 차에 계속 까다로운 부분만을 골라다 주었지만, 항의하기는 어려운 형편이었다.(민종숙 1977, 김원 2005: 245에서 재인용)

                                        열세 살 여공의 삶

계속해서 차별을 받는다고 생각하는 미싱사는 마음속으로 재단사를 골탕 먹일 생각을 했다. 골탕을 먹인다는 것은 다름이 아니라 성수기 때 공장을 그만두는 것이었다. 평화시장의 성수기는 설과 추석 명절이 기준이었다. 명절 50일 전부터 바빠지기 시작했다. 명절에 잘 팔릴 것을 대비하여 미리 준비를 했다. 성수기가 되면 미싱사들이 부족하기 때문에 그때 그만두면 사장에게 타격이 무척 컸다. 한편, 공장을 그만두게 되면 15일치 임금을 포기해야 했기 때문에 미싱사들이 재단사의 횡포에 맞서 골탕을 먹이는 일은 쉽지 않았다. 그래도 간간이 성수기 때 일을 그만두는 미싱사들이 있었다. 사실, 미싱사들은 공장을 옮긴다고 해서 사정이 달라지지 않는다는 것을 잘 알고 있었다. 미싱사들은 입버릇처럼 "절이 싫으면 중이 떠나야지"라고 했지만 쉽게 행동으로 옮기지는 못했다. 어느 공장이나 재단사들의 횡포는 비슷한 수준이었다. "남자들은 강자에게는 비겁하고 약자에게는 강했다."(안재성 2007: 91)

내 경우, 일감에 대한 재단사의 횡포는 1976년 '다림사'에서 라인 작업 이후 사라지게 되었다. 라인 작업은 4장에서 설명할 것이다. 다림사에서 라인 작업이 시작되면서 재단한 것을 모두 주고 급한 물건만 먼저 만들었기 때문이다. 재단 보조의 일도 훨씬 줄어들었다. 그동안 일감 한 다찌 속에는 라벨까지 숫자만큼 넣어 주었다. 라인 작업이 시작되면서 라벨도 통째로 가져다 놓고 쓰기 시작했다.

물건이 잘 팔릴 때에는 박음질이 조금 잘못되었어도 그냥 판매를 했다. 하지만 비수기인 여름철에는 바느질이 조금만 잘못되어도 재단사는 "야! 옷을 이 따위로 만드니까 물건이 안 팔리지" 하면서 미싱사와 시다들에게 짜증을 부리기도 하고 경우에 따라서는 모두 다시 고치라고 야단을 친다. 물론 미싱사의 실수도 있다. 하지만 재단이 애초에 잘못되어 미싱사가 억지로 만들어 내는 옷도 있었다. 그런 재단사의 잘못은 어느 누구도 말을 못 했다. 성수기에는 미싱사들의 몸은 고달프지만 재단사에게 그런 시집살이를 당하지 않아도 되었다.

재단사가 사장에게 한소리를 들은 날은 미싱사와 시다들이 조심해야 하는 날이기도 했다. 동쪽에서 뺨 맞고 서쪽에다 화풀이한다는 옛 말이 딱 맞았다. 괜히 봉변을 당할 수도 있었다. 그런 날 지각하는 미싱사는 여지없이 재단사의 화풀이 대상이 되었다. 미싱사는 아무 소리 못 하고 다락방으로 올라와 "아니, 어쩌다 한번 지각한 것 가지고 야단이야"라며 하루 종일 부글부글 끓는데, 결국 그 불똥이 시다에게 날아왔다. 야단맞은 시다는 속으로 '자기가 지각하고서 왜 나한테 화풀이야', '재수 없는 날이다' 하는 수밖에 없었다. 시다들에게는 화풀이할 대상이 없었기 때문이다. 성수기 때 사장들은 가능하면 공장에 있는 미싱 기계 전부가 가동되기를 원했다. "그때는 사람만 오면 누구나 일할 수 있었어. 친구 데려오면 4박 5일 휴가를 주기도 했으니까."(박수정 2004: 87)

하지만 성수기가 되면 미싱사 구하기가 하늘의 별 따기만큼 힘들어졌다. 이때 일류 미싱사를 잘 구해 오는 재단사는 사장에게 신임을 받기도 했다. 재단사들은 사장에게 신임을 받기 위해 노력했다. 사장에게 신뢰를 얻은 재단사들은 공장을 차릴 기회를 얻을 수 있었다. 재단사들은 돈을 조금씩 모아 공장을 차리곤 했는데, 신뢰를 받은 재단사는 사장으로부터 일감을 받을 수 있었으며, 열심히 일을 하면 머지않아 평화시장에 가게도 하나 장만할 수 있었다. 재단사에게 사장의 신임은 그만큼 중요했다.

## 가족 부양

나는 1969년 '진선미' 공장에 다시 취직했다. 나는 열여덟 살에 미싱 기술자가 되었다. 열심히 하면 시다 때보다는 월급을 제법 많이 타기도 했다. 앞으로 미싱사 생활을 2~3년만 하면 우리 집 형편도 조금 좋아지겠지 하는 꿈으로 열심히 일을 했다. 월급을 타면 조카 신물을 사기도 하고, 아버지 시골 기실 때 용돈을 드리기도 했다. 어머니는 월급을 가져다 드리면 좋아하시면서도 한편으로는 미안해하셨다. 나이 56세에 내가 태어나자 아버지는 "가시나 키워서 뭐하게. 죽일 수는 없으니 그냥 윗목에 내버려 둬"라고 했었는데, 나중에는 "그 막내가 효녀네" 하셨다. 미싱 오야 생활은 힘이 들었지만 부모님과 가족이 즐거워하는 것 자체가 보람이었다.

하루 옷을 만드는 숫자만큼 월급이 올라갔기 때문에 성수기에는 토요일 아침에 출근해서 일요일 아침까지 일을 했다. 와이셔츠 한 장을 만들면 20원이었는데, 한 장이라도 더 많이 만들어야 수입이 늘어나기 때문에 점심시간도 없이 일을 하려고 했다. 그렇게 해서 받은 월급에서 시다에게 2,000~3,000원 주고 나머지는 내 몫이 되었다.

자주 있는 일은 아니지만 미싱이 고장 나서 하루 종일 일을 못 하는 날은 결국 공치는 날이 되었다. 도급제라 옷을 만들지 않으면 일당을 벌지 못해 공치는 것은 당연했다. 여름 비수기에도 아예 일을 하지 않는 날이 있었다. 역시 휴가가 아니라 그냥 공치는 날이었다. 출근해서 할 일이 없는 날에는 옥상에 올라가 멀리 남산을 바라보기도 했다. 옥상에서 오른쪽 아래를 내려다보면 서울음대 캠퍼스 벤치에서 다정하게 대화를 나누는 사람들이 보이기도 했다. 그 모습이 왠지 다른 나라 사람들처럼 느껴졌다.

사람이 살아가는 데 의식주는 필수 조건이다. 첫 번째가 옷이다. 태어나면 배냇저고리를 시작으로 마지막에는 수의를 입고 이 세상을 하직한다. 전쟁 중에도 군수품 중 첫 번째가 군복일 것이다. "옷이 날개"라는 옛 속담처럼 사람들은 옷 입은 것을 보고 상대방을 평가한다. 가끔은 오판을 하기도 하지만 옷을 보면 대충 그 사람의 지위를 짐작할 수 있기 때문이다. 그만큼 옷은 중요하다. 그런데 그렇게 중요한 내 옷을 누가 만들었는지 알려고 하는 사람은 드물다. 그와 마찬가지로, 평화시장 안에서 어떤 일이 일어나고 있는지 아무도 알지 못했고 관심도 없었다. 각자가 먹고살기 바쁘기 때문이기도 했지만, 나와 연관이 없기 때문이기도 했다. 숨 쉬고 살아가는 데 필요한 공기, 물 등을 자연이 무한정 주리라고 믿는 것과 비슷하다. 물론, 오늘날에는 그런 생각에 조금씩 변화가 일어나고 있기는 하지만.

'진선미'는 큰 공장이 두 개나 되어서 일감이 많지 않았다. 일자리를 알아보던 중에 동화시장 '다림사'에서 미싱사를 구한다는 말을 들었다. 나는 다림사로 옮기기로 마음먹었다. 1971년 초봄에 다림사로 옮겨 일을 하던 어느 날, 셋째 오빠가 맞선을 보고 왔다. 오빠에게 어떠냐고 물었더니, "돈이 없는데 마음에 들면 뭐하냐"며 시큰둥한 반응을 보였다. 나는 한참 고민을 하다가 "오빠가 마음에 들면 결혼해"라고 말했다. 그리고 열여덟 살에 오빠의 결혼 자금을 마련하여 결혼을 시켰다.[1] 나는 장애를 입은 오빠와 결혼을 하겠다는 아가씨에게 진심으로 잘해 주고 싶었다. 오빠 결혼 자금은 그동안 모아 놓은 약간의 돈과 앞으로 탈 곗돈을 미리 끌어다가 마련했고, 화장품은 이산으로 구입했다.

당시에 여성 노동자들 사이에 '계'가 유행했다. "여성 노동자

---

[1] 방 한 칸의 전세금 5만원, 예단 한복 2벌, 양장 2벌, 금반지 3돈, 화장품 세트 등을 준비하였는데, 다해서 8만 원 정도 들었다.



열세 살 여공의 삶

들은 한 달에 5,000원씩 열 명이 10개월을 하는 것이다. 그럼 매달 필요한 사람이 먼저 50,000원을 타는 것이다. 심지 뽑기를 해서 결정하기도 하였다."(전순옥 2004: 203) 10명 혹은 20명씩 계원이 되는 것이다. 이 계원들은 심지 뽑기를 해서 먼저 타기도 했고, 누군가 급한 일이 생기면 서로 먼저 태워 주기도 했다. 여성 노동자들 사이에는 혼수 준비나 목돈을 마련하기 위해 '계'가 유행했다.(김원 2006: 630) 평화시장 여성 노동자들 사이에서도 돈계, 밍크이불계, 반지계, 법랑냄비계 등이 유행했다. 나도 돈계 덕분에 오빠 결혼식을 무사히 마칠 수 있었다.

## 과로와 영양실조

평화시장 노동자들은 대부분이 얼굴에 핏기가 하나도 없었다. 오뉴월에 식은 죽 한 사발도 먹지 못한 사람처럼 얼굴은 피곤으로 찌들어 있었다. 비타민 부족으로 입가가 부르터서, 하품을 하다 그곳이 찢어져서 피가 나기 일쑤였다. 어머니가 끓여 주신 된장국을 입에 대노라면 상처 난 입가가 눈물이 날 만큼 따갑고 쓰라렸다. 평화시장에서 1~2년만 시다 생활을 하면 가위질을 하며 가위에 닿는 오른손가락에 단추만 한 굳은살이 박였다. 그 굳은살의 흔적은 40년이 지난 지금도 내 손에 남아 있다.

1969년 진선미 공장에서 잠깐 일했을 때 만난 만순 언니는 어깨가 굽어서 목이 좀 들어가 보였고, 은자 언니는 등이 굽어 있었다. 나는 등 날개 쪽이 굽어 있었다. 한창 성장할 시기에 스트레칭 한 번 없이 허리 한 번 펴지 못한 채 하루 종일 일만 하다 보니 일하던 자세 그대로 몸이 굳어 버린 것이다.

다림사에 있었을 때 미싱사들과 시다들이 일하는 모습을 보면 마치 뒤에서 누가 쫓아오기라도 하는 것 같았다. 다들 오로지 미싱 바늘만 보면서 일을 했다. 눈이 다른 곳으로 돌아가는 순간, 미싱사는 바늘에 손을 찔릴 각오를 해야 했다. 미싱사들이 일하는 모습은 보통 사람들의 기준으로 보자면 거의 초인적이라 할 만큼 엄청났다. 와이셔츠 밑단 박을 노루발(미스마끼)를 끼고 준비를 마치면 오른쪽에서 시작해서 등판, 다시 왼쪽 앞판 밑단 박을 때까지 단 한 번도 쉬지 않고 끝을 냈다. 옷 하나 밑단을 박는 데 불과 20~30초밖에 걸리지 않았다. 1미터가 넘는 길이를 단번에 끝냈다. 나 역시 와이셔츠 에리 스티치를 하나 박는 데 40~50초면 충분했다. 그렇게 일을 하다 보니 미싱 바늘이 열을 받아서, 자칫 손가락이 닿으면 델 정도였다. 밑실이 떨어져서 갈아 끼우려고 북집을 오른손으로 잡았다가 너무 뜨거워서 놓친 적도 많았다.

그렇게 쉬지 않고 일을 한 탓에, 오후 4시만 되면 장딴지가 아파서 견딜 수가 없었다. 발이 퉁퉁 부어서 신발도 신을 수가 없었다. 그래서 오후 4시 이후에는 되도록 시계를 보지 않았다. 시계를 볼수록 더 지루해지기 때문이었다. 이때는 손목에 차고 있던

　　　　　　　열세 살 여공의 삶

시계도 풀어 놓고 일을 했다. 따로 '휴식' 시간이란 게 없으니, 점심 먹고 오후 일 시작하면 화장실 가는 시간이 유일한 휴식 시간이었다. 점심시간조차도 도시락 먹고 잠깐 쉬었다가 바로 일을 시작했다. 바쁠 때에는 밥 먹는 시간마저 5분, 10분으로 줄였다.

그렇게 과로에 시달린 탓에 평화시장 노동자들은 대부분이 실제보다 훨씬 나이 들어 보였다. 꽃다운 10대의 윤기 있는 피부는 찾아볼 수 없었다. "평화시장에서 3년만 일을 하면 고물이다"라는 말이 돌 정도였다. 지칠 대로 지친 얼굴들은 더없이 비참한 신세를 여실히 보여 주고 있었다. 1970년대에 함께 연대 투쟁을 했던 다른 사업장 친구는 당시 이야기를 하면서 나에게, 서운해 하지 말라며 우리 데모 때 지지 방문했던 소감을 "청계 식구들은 마치 거지들이 우글거리는 것 같았어"라고 말했다. 좀 심하다 싶었지만, 아마도 실제로 그랬을 것이다.

다림사에 있었을 때의 일이다. 앞에서 일하던 시다 유광희가 점심을 잘못 먹었는지 갑자기 설사를 하고 열이 나서 어떻게 해야 할지 걱정을 하고 있었다. 그날따라 공장장이 자리를 비우고 없었다. 재단사는 나에게 병원에 함께 다녀오라고 했다. 나는 그녀와 병원에 가서 접수를 하고 복도 의자에 앉아 기다리고 있었다. 조금 있다 간호사가 오더니 체온계를 내 겨드랑이에 넣으려고 했다. 나는 "내가 아니고 옆에 있는 유광희"라고 했다. 당황한 간호사는 잡았던 내 윗옷을 놓더니, 멋쩍어하면서 광희에게 체온계를 대었다. 간호사 눈에는 평화시장에 갓 들어와 아직 얼굴이 찌들지 않은 광희보다는 오히려 내가 더 환자처럼 보였을 것이다.

1971년의 따뜻한 어느 날, 나는 공장에서 일을 하다가 결국 쓰러졌다. 정신을 차리고 보니 병원 침대였다. 다림사 공장장이 나를 업고 병원으로 달려왔다고 했다. 열여덟 살, 수줍음 많은 사춘기였던 나는 총각인 공장장이 업고 왔다는 사실에 얼굴이 뜨거워졌고, 그의 얼굴을 똑바로 쳐다볼 수가 없었다. 진찰 결과, 심한 과로와 영양실조였다. 의사는 나에게 "좀 푹 쉬라"고 하였다. 하지만 나는 '누구는 쉴 줄 모르나, 쉴 수가 없으니 못 쉬는 거지'라고 속으로 중얼거렸다. 서너 시간에 걸쳐 주사를 맞았다. 병원비는 공장장이 계산을 했는데, 다음 달 내 월급에서 공제한다고 말했다. 노동자로서 자신의 삶을 기록했던 유동우 역시 나와 비슷한 경험을 기록하고 있다. "나는 정신을 차리고 보니 병원 침대였다. 의사가 진찰한 결과 영양실조라 하였다. 주사를 맞고 의식을 회복하니 의사 선생이 충분한 휴식과 영양을 섭취하라 하였지만 겨우 하루를 쉬고 나서는 다시 일을 하러 나가야 하였다."(유동우 1984: 29) 나는 공장장이 며칠 쉬라고 했지만 다음 날 바로 출근을 했다. 왜냐하면 하루 결근하면 그만큼 내 일급에 차질이 생기기 때문이었다. 이처럼 당시에는 과로와 영양실조에 시달리는 노동자들이 많았다. 심지어 결핵 환자도 많이 있었다.[2]

공장장은 나를 택시에 태워서 우리 집까지 데리고 갔다. 나는 공장장에게 내가 살고 있던 중랑교 둑 아래 쪽방의 모습을 보이기가 죽기보다 싫었다. 그래서 혼자 가겠다고 고집을 부렸지만, 내 속을 모르는 공장장은 위험해서 안 된다면서 우리 집까지 함께 갔다. 당시에 우리 집은 뚝방 1층에서 구멍가게를 하고 있었다. 구멍가게 쪽방에서는 큰오빠 부부와 조카가 살고 있었고, 지하실에 방이 두 개가 있었는데, 한 방에는 자취생이 전세로 살고 있었다. 그리고 다른 한 방에서 부모님과 언니, 오빠, 나, 그렇게 다섯 식구가 살았다. 다섯 명이 사는 그 지하방은 한 평 반 정도밖에 되지 않았는데 그곳까지 공장장은 들어왔다.

부모님은 내가 쓰러졌다는 사실에 너무 놀라시면서 긴 한숨을 쉬셨다. 공장장이 나에게 며칠 푹 쉬라며 돌아갔다. 다음 날이 되자, 출근을 해야 하는데 공장장 얼굴을 어떻게 볼지 걱정이 태산이었다. 그날 출근을 해서 하루 종일 어떻게 일을 했는지 기억이 없다. 퇴근 후 집에 가니 웬일인지 어머니가 밥상을 차려 주셨다. 밥상에는 생일날에도 구경 못 했던, 돼지고기를 넣고 끓인 김치찌개가 있었다. 돼지고기가 어디서 났는지 궁금했지만 묻지도 못하고 어머니의 얼굴을 쳐다보기만 했다. 어머니는 아무 말 말고 먹으라는 표정만 지으셨다.

우리 가족이 서울에 올라왔던 1960년대에는 가발 산업이 한창 붐을 이루고 있었다. 대표적인 가발 회사가 면목동에 자리 잡

---

**2**  사실상 흡혈귀는 "착취할 수 있는 한 조각의 근육, 한 가닥의 힘줄, 한 방울의 피라도 남아 있는 한" 그를 놓아주지 않는다는 것이 판명된다.(마르크스 2009: 406)

은 YH무역이었다. 가발도 진짜 머리카락으로 만든 가발과 가짜 머리카락으로 만든 가발은 값 차이가 많이 났다. 가발은 대부분이 수출용이었다. 내가 살던 중랑교 뚝방촌에서는 가방과 가위를 들고 다니면서 "머리카락 팔아요, 머리카락" 하던 아주머니들을 자주 볼 수 있었다.

어머니는 머리에 수건을 쓰고 계셨다. 막내딸이 영양실조라는 말에, 어머니는 당신의 머리카락을 팔아 그 돈으로 돼지고기를 마련하셨다. 그리고 그날 저녁 내가 먹은 하얀 쌀밥을 짓고 돼지고기 넣은 김치찌개를 끓이셨다. 그 이후 어머니의 쪽 지은 머리를 다시는 볼 수 없었다. 어머니는 머리를 대충 뒤로 올려 묶고 다니셨다. 그 이후에도 여러 번 어머니의 머리카락은 잘려 나갔다.

한편, 아버지는 몸이 편찮으셔서 돈을 벌기 어려운 상태였는데, 어느 날 무엇을 하셨는지 돈을 조금 벌어 오셨다. 아버지가 퇴근길에 마중 나온 적은 거의 없었는데, 비가 오는 어느 날 버스 정류장에 우산을 든 아버지가 서 계신 것 아닌가. 아버지는 그날따라 자신감이 넘치는 모습이었다. 아버지가 왜 저렇게 기분이 좋을까 궁금했다. 아버지는 나에게 빨리 집에 가자면서 걸음을 재촉하였다. 종종걸음으로 집에 도착하니 집 입구에서부터 구수한 냄새가 났다. 삼계탕이었다. 건강 탓에 일을 할 수 없는 아버지가 모처럼 돈을 벌어 고민 후 닭을 사다 삼계탕을 끓이기로 결정하신 것이다. 내가 도착했을 때 다른 식구들은 이미 다 먹은 뒤였고, 나를 위해 닭다리가 남겨져 있었다. 아버지는 나에게 빨리 먹이고 싶어서 버스 정류장까지 마중을 나오신 것이었다.

## 영양실조 '공순이'를 부러워하는 친구

당시에 여성 노동자들은 부모님이 계시는 고향을 떠나 돈을 벌기 위해 서울로 올라왔지만, 저학력에 기술이 없는 나이 어린 소녀들에 게 월급은 형편없이 부족했다. 아무리 철야 작업을 해도 겨우 굶어 죽지 않을 정도의 월급을 받았다. 소녀들은 더 많이 벌기 위해 공장을 떠나 술집 혹은 기지촌으로 흘러 들어가기도 했다. 유동우의 증언을 보면 다음과 같다.

> 7월이라고 기억되지만 내가 아는 가공부의 여공 하나가 저임금을 견디다 못 해 술집으로 직장을 옮기고 말았다. 고향이 전남인 이 아가씨는 돈을 벌기 위해 객지로 올라와 공장에 들어왔으나 하루 임금이 190원, 당시 18세의 나이로 한창 얼굴도 가꾸고 멋도 내고 싶은 나이였지만 그가 받는 임금으로는 세 끼 밥마저 먹기 힘든 실정이었다. 끝내 그는 동네 기름 장수 아주머니의 꼬임에 빠져 공단 근처의 술집으로 빠져나가고 말았다.(유 동우 1984: 57)

200년 전 영국에서도 같은 일이 일어나고 있었다.

휴식 시간은 억지로 쉬지 않을 수 없는 시간으로 변했으며, 그리하
여 소녀 노동자들은 술집으로, 젊은 여공들은 창녀촌으로 가는 수
밖에 없게 되었다(마르크스 2009: 391).

1970년 당시에 여성 노동자들은 하루에 15~16시간 노동을
했다. 하지만 그들의 월급은 생활하기에 늘 부족했고, 특히 가족
생계를 책임지기에는 턱없이 부족했다. 이들은 월급 조금 더 준
다는 유혹에 빠지지 않을 수 없는 상황이었다. 1960년대 한국 경
제는 국내 자본에 바탕을 둔 자립 경제가 실현되지 못하고, 외국
자본을 주축으로 해외 시장을 대상으로 하는 수출 지향적 산업
구조가 성립되었다. 이 같은 근대화 정책은 농촌의 희생을 전제
로 한 것이었고, 이농한 농촌 여성들은 공장으로 많이 유입되었
지만, 여성의 노동에 대한 대가가 워낙 빈약하여 자식과 가족의
생존을 위하여 성 산업으로 흘러드는 경우가 적지 않았다.

먼지 자욱한 평화시장에서 시다로 일을 하는 나를 부러워한
친구가 있었다. 나는 아직도 복순(가명)이를 잊을 수가 없다. 내
친구 복순이는 1967년 어느 날 상경을 하였다. 복순이 사촌 언니
집이 바로 우리 집 옆이었다. 그 사촌 언니도 평화시장에 다니고
있었고, 서울로 온 복순이도 사촌 언니처럼 시다 생활을 했다. 그
런데 사촌 언니네 집은 형부, 시동생 2명과 조카까지 여섯 식구
가 살고 있었다. 복순이는 그 작은 집에서 몇 달을 눈치 보면서
살았다. 무더운 여름철에 한 방에서 식구들 눈치 보며 잠자는 것

이 너무 힘들었는지 나에게 "나, 아무래도 먹고 잠잘 수 있는 곳으로 옮겨야 할 것 같다"고 말했다. 길거리 전신주에는 '침식 제공 월수 ○○○○원'이라고 쓰인 광고가 많던 시절이었다. 복순이는 그 광고를 보고 찾아갔다. 사무실 아저씨에게 "무엇 하는 곳이냐"고 물어보았더니 "아가씨 정도면 충분히 할 수 있는 일"이라며 "걱정하지 말고 내 말만 잘 들으면 된다"고 해서 그를 따라갔다. 하지만 그곳에서 복순이는 영영 돌아오지 못하고 말았다.

몇 년 후 복순이가 나를 찾아왔다. 마침 여름 비수기여서 복순이와 모처럼 뚝섬에 놀러 갔다. 복순이는 "순애야, 너는 부모님과 함께 서울 올라와서 평화시장을 다닐 수 있으니 얼마나 행복하냐? 나는 네가 정말 부럽다"며 눈물을 흘렸다. 나는 무슨 일이 있냐고 물었지만 복순이는 아무 대답도 하지 않았다. 그로부터 몇 년이 흘러 〈영자의 전성시대〉란 영화가 나올 무렵이었다. 고향 어른들이 복순이가 서울 가서 돈을 많이 벌어 동생 공부도 시키고, 부모님께는 논밭을 사라며 돈을 보내 준다고 부러워하더란 소식을 아버지가 전해 주었다. 그제야 나는 지난날 복순이가 나를 부러워했던 이유를 뒤늦게 알 수 있었다. 평화시장 미싱사가 아무리 열심히 일을 해도 그렇게 많이 벌 수는 없었다. 복순이가 나를 한 번만 더 찾아오기를 기다렸지만 끝내 찾아오지 않았다.

1970년대 여성 노동자 투쟁의 상징이었던 동일방직의 노조위원장을 지낸 이총각은 동일방직 입사에 대해 다음과 같이 말하고 있다. "동일방직 들어가기가 하늘에 별 따기만큼 어려웠다. 짧으면 6개월 길면 일 년씩 자유공원 가까이 있던 관리자들 사택에 식모로 들어가 공짜 일을 해 주어야 했던 곳이 동일방직이다. 다행히 이총각은 먼저 들어간 언니가 있어서 그리 오래 기다리지 않아도 되었다. 대신 관리자에게 그 맛 좋은 연평도 조기 한 짝을 선물로 주어야 했다."(박수정 2004: 18) 비슷한 또래의 소녀들이었고, 경제적으로도 크게 다르지 않았다. 하지만 결과는 엄청난 차이를 보이고 있다. 조기 한 짝을 뇌물로 줄 수 있는 이총각, 쪽방 하나에 온 식구가 자야 했지만 잠잘 곳이 있는 나, 잠잘 곳이 없던 내 친구 복순이가 있었다.

1970년 당시, 중랑교 다리를 건너면 '한독약품' 회사가 있었다. 나는 동일방직과 비슷한 한독약품 회사에 다니는 사원들을 부러워했다. 그런 공장에 들어가 일하는 것이 내 작은 꿈이기도 했다. 하지만 복순이는 먼지 자욱한 곳에서 일하다 영양실조, 결핵을 앓았던 나를 부러워하고 있었다.


## 익공의 생리


1970년 당시에 평화시장 2층과 3층은 공장이었다. 각 공장에는 13명에서 40명 정도가 각 층 공장에서 일을 했다. 청계노조 조사에 따르면 1973년 4월 현재 조합원 수를 7,831명으로 파악하고 있다(청계노조 사업 보고 1974: 27~31). 하지만 비조합원이 더 많이 있었으므로 평화시장에서 일하는 노동자의 숫자는 훨씬 더 많았을 것으로 짐작된다. 평화시장에는 화장실이 양쪽에 7~8개, 중앙에 7~8개가 전부였다. 시골에서는 화장실에 가면 똥 냄새만 참으면 되었다. 평화시장의 화장실은 들어가기도 전에 벌써 지독한 냄새가 났다. 대변이라도 보려고 화장실에 앉아 있으면 암모니아 냄새가 코를 찔렀다. 너무 독해 눈까지 따가울 정도였다. 화장실은 남녀 공동으로 사용하고 있었다. 화장실에 가면 최소 10~20명 정도가 줄을 서서 기다리고 있었다.

공장에서 일하는 여성 노동자들은 화장실에 가는 것이 무엇보다 힘든 숙제였다. 어떤 여성은 "먹은 것도 없는데 왜 이리 오줌은 마려운지" 하면서 화장실 가는 것을 걱정했다. 시다들은 화장실 앞에 줄을 서 기다리면서 발을 동동 굴러야 했다. 앞줄이 금세 줄어들기를 바라지만, 앞줄에 남자들이 있으면 훨씬 오래 기다려야 했다. 남자들의 소변기는 옆에 있었고, 그곳은 기다릴 필요가 없었다.

평화시장 중앙 화장실 옆에는 수도꼭지가 하나 있었다. 그 수도는 아침 7시부터 8시, 점심시간인 1시부터 2시까지, 저녁 7시부터 8시까지만 물이 나와 수돗물을 받아 먹을 수 있었다. '삼양사' 공장 안에는 주전자가 하나도 없었다. 어쩌다 물이 먹고 싶다는 생각이 들어도 그저 참아야 했다. 평화시장에서 일을 한다는 것은 생리적인 현상인 물 먹고 싶은 것, 화장실 가고 싶은 것을 참고 참아 가며 장시간 노동의 하루하루를 보내는 고통의 일상이었다.

평화시장에서 일을 하다 보면 각혈을 하는 여성 노동자가 종종 있었다. 우리는 각혈을 하면 머지않아 죽을 것이라고 생각했다. 실제로 결핵으로 죽어 가는 경우도 있었다. 당시에는 결핵이 가장 무서운 병이었다.

얼굴이 백지장처럼 하얗게 변한 여성 미싱공이 어느 날 미싱대 위에서 피를 왈칵 토하고 쓰러졌다. 이 여공은 폐결핵 중증임에도 불구하고 가슴을 쥐고 일을 하고 있었다. 태일은 급히 돈을 거둬 그녀를 입원시켰다. 공장주는 이 여공을 해고시켰다. 그녀는 치료다운 치료도 받지 못하고 죽었다. 이것을 알게 된 날 우리는 형용하기 어려운 충격을 받고 비탄에 빠졌다. 이 사건이 일어났을 때도 태일은 노동청장에게 노동환경의 개선을 위해 뛰어다녔지만 별다른 성과를 얻지 못했다.(이태호 1984: 16에서 재인용)

나는 주변에서 결핵 환자를 많이 보았다. 하지만 그들은 공장장이 알면 해고를 당하기 때문에 그 사실을 감추려 했다. 미싱 보조 생활에 익숙해질 때쯤 나는 첫 생리를 시작했다. 첫 생리를 한 날, 집에 가는 것이 두려웠다. 나는 팬티에 묻은 피를 각혈로 오해하고 있었다. 집에 도착한 나는 어머니를 똑바로 쳐다볼 수가 없었다. 세상에 태어나서 제대로 살아 보지도 못하고 죽을 것이 두려웠지만, 그런 사실을 어머니에게 말할 수 없어서 더욱 두려웠다. 어머니는 "너, 어디 아프니?" 하고 물었다. 그 말 한마디에 울고 말았다. 내가 팬티에 피가 묻어 있다고 했더니, 어머니는 "이제 편안한 밥 다 먹었다" 하셨다. 첫 생리 이후 도시락 가방 속에 생리대를 3~4개 넣고 다녔다. 하지만 생리할 때라고 해서 화장실에 마음대로 갈 수 있는 것은 아니었기 때문에 늘 불안한 상태였고, 화장실에 자주 가는 것도 미싱사 눈치가 보였다. 미싱을 하면서 옷과 방석에 피가 묻을까 봐 걱정도 되었다. 당시의 생리대는 일회용이 아니고 면 생리대였다. 약국에서 파는 일회용 생리대가 있었다. 하지만 여성 노동자들에게는 그림의 떡에 불과했다. 생리대를 돈을 주고 산다는 것은 사치였다. 생리를 하지 않는 남자들이 부러웠다.

다림사에서 일을 하던 어느 날, 공장장은 "옷이 이상하게 숫자가 맞지 않는다"면서 "퇴근길에 가방 검사를 해야겠다"고 말했다. 완성된 와이셔츠가 없어지는데 누군가 가방 속에 넣어 훔쳐 갔다는 것이 다. 나는 생리대가 들어 있는 가방을 열어 보고 놀릴까 봐 불안하고 긴장이 되기도 했다. 점심을 먹고 있으면 짓궂은 재단사는 "오늘 도시락 반찬이 뭐야" 하면서 도시락 가방을 보기도 했다. 그럴 때면 혹시 생리대를 볼까 봐 밥을 먹으면서 초조하게 가방을 주시하기도 했다.

미처 생리대를 챙겨 오지 않았거나, 장시간 일을 하느라 생리대가 부족할 때에는 큰 걱정이었다. 겨울철에는 잠바 주머니 속으로 생리대를 대신했다. 그런데 잠바 주머니 속으로 만든 임시 생리대는 몇 시간도 되지 않아 양쪽 사타구니가 아파서 견디기 힘들었다. 근처 창신동에 사는 여성들은 점심도 먹지 않고 집에 가서 생리대를 준비해 오기도 했다. 하지만 나처럼 먼 곳에 집이 있는 여성들은 집에 갈 수도 없었다. 당시에 남자들 사이에 담배를 부담 없이 주고받는 문화가 있었다면, 우리 여성들은 생리대를 서로 빌려 주기도 하고 얻어 쓰기도 했다. 말없이 울고 있는 소녀 옆에 살며시 가서 "생리대 빌려 줄까?" 하기도 했다. 미처 준비를 못 한 여성 노동자가 재단사에게 집에 다녀오겠다고 하면 "왜 집에 가냐, 엄마 젖 더 먹고 싶어서 가냐"라고 빈정대면서 보내 주지 않았다. 그때는 집이 가까운 창신동 혹은 신당동 사는 동료가 대신 다녀와 위기를 면하기도 했다.


## '타이밍' 경험 못 한 사연


일거리가 밀려 야간작업을 할 때면 정말이지 살고 싶은 마음이 안 났다. 연거푸 이틀 밤, 사흘 밤을 꼬박 새워 가며 일할 때에는 정신이 아득하여 나도 모르게 눈이 저절로 감긴다. 졸지 말고 밤일 하라고 주인아저씨가 사다 준 잠 안 오는 약을 먹고 억지로 밤을 새워 일한 다음 날에는 팔다리가 제대로 펴지지 않고 눈만 멀뚱멀뚱한 산 송장이 되는 일도 있다.(조영래 1999: 101) 나는 삼양

　　　　　　　　　　　　　　　열세 살 여공의 삶

사에서 한 달에 두 번 쉬는 첫째 일요일과 셋째 일요일 하루 전 토요일 아침에 출근해서 일요일 아침까지 일을 하였다. 토요일 밤 '철야'를 할 때에는 꼭 사장이 공장에 있었다. 내가 일한 삼양 사의 사장은 특별한 아픔을 경험한 사람이었기 때문에 종업원들 에게 철야를 시키지 않으려고 했었다.

삼양사는 원래 사장 형님이 운영하던 곳이었다. 그런데 공장 에서 밤새도록 일을 하던 중에 화재가 났고, 그 사고로 형님과 형 수님이 돌아가셨다. 그 후 동생이 삼양사 공장을 인수하여 운영 하게 되었다. 새로 사장이 된 동생은 죽은 형님의 아들과 딸도 거 두어 키우고 있었다. 사장 조카들은 여름 비수기에는 공장에 놀 러 오기도 했다. 부모님이 돌아가셔서 작은아버지 작은어머니 밑에서 자라고 있었지만, 내 눈에 비친 그 아이들은 행복해 보였 다. 당시에 다니던 '사립' 초등학교의 교복을 입고 공장에 온, 나 보다 서너 살 아래의 그 아이들 모습이 일반 초등학교도 못 가는 나와 비교되었기 때문이다.

형님의 사고 이후에 화재에 대한 안전 불안증을 가지게 된 사 장은 철야 작업을 절대로 시키지 않으려 했고, 어쩌다 철야 작업 을 하게 되면 자기도 공장에서 함께 일을 하기도 하고 전깃불 끄 는 것을 철칙으로 삼았다. 한 후배는 1972년도에 평화시장 공장 에서 일할 때 명절 20일 전부터 공장에서 밤일을 하다가 새벽 3 시쯤 공장 미싱판 혹은 시다판에 엎드려서 약 2~3시간 자고 또 다시 일을 했다고 한다. 심지어 '타이밍'을 먹고 부작용이 나기도 했었는데, 그 부작용은 구토·메스꺼움 같은 것이었다. 부작용으로 힘들어하는 후배에게 옆 미싱사와 시다들은 "쟤, 임신한 것 아니야? 벌써 발랑 까져 가지고" 하면서 수군거렸다고 한다.

내가 일하던 삼양사에서는 사장 형님의 화재 사고 때문이었는지 타이밍을 먹어 보지 않았다. 화진사에서도 그렇게 심한 경험은 없었다. 자본주의 사회에서 '온정주의'가 성립했다고 생각할 수도 있다. 하지만 화진사의 경우에는 여성 블라우스를 만들다 보니 일 년 열두 달 특별히 성수기가 따로 있지 않았다. 꾸준히 물건이 팔린 것이다. 아동복 만드는 공장은 명절이 성수기였고, 교복을 만드는 공장은 새 학기가 성수기, 잠바를 만드는 공장은 가을이 성수기, 수영복 만드는 공장은 초여름이 성수기였다. 그러므로 각 공장의 사정에 따라 작업 시간도 조금씩 차이를 보였다.

# 소결

## (小結)

1960년대부터 한국은 농경 사회에서 산업사회로 접어들었다. 산업사회로 접어들면서 도시로 이동이 가속화하던 흐름을 타고 우리 가족은 상경하여 판잣집을 전전했다. 그리고 나는 '여공'이 될 수밖에 없었다. 그러나 공장 생활을 시작하면서 힘겨운 노동을 참을 수 있었던 것은 자식 된 도리를 해야 된다는 의무감 때문이었다. 미싱 기술자가 된 뒤 어려운 상황에서도 오빠의 결혼 비용까지 준비했던 것에 대한 자부심과 보람이 있었고, 부모님과 가족의 신뢰가 있었기에 열심히 공장 생활을 할 수 있었다.

'복지'라는 말도 없던 그 당시에는 가족 중 누군가 아프면 운명으로 받아들일 수밖에 없었다. 내 아버지는 일제강점기를 거치면서 갖은 수모를 받고 살았다. 가족 부양의 책임자가 될 법했던 오빠들은 한국전쟁 전후의 시대 상황과 맞물리면서 고통스러운 삶을 살아갈 수밖에 없었다. 아버지와 오빠들은 큰 병원 한번 제대로 가 보지 못하고 돌아가셨다. 그런 가족 구성원 속에서 나는 공납금 달라는 말도 못 하고 초등학교조차 스스로 포기하고 말았다. 열세 살에 공장으로 갈 수밖에 없었던 현실을 받아들이면서도, 다른 한편으로는 삶의 기쁨도 모르고 사춘기도 모른 채 공장에서 하루 16~18시간씩 보내며 살았다.

박승현의 연구(2005: 24)에 의하면, 1960~1970년대에 평화시장 사장들은 눈만 뜨면 돈이 수북수북 쌓였다고 한다. 하지만 나는 공장 생활을 하면서 밥을 먹는 날보다 굶은 날이 더 많았던 사춘기 시절을 보냈다. 밤 11시 20분까지 일을 했지만 야식으로 흔한 국수 한 그릇, 삼립빵 한번 받아 본 기억이 없었다. 내 기억으로 배고픔보다 더 힘들었던 것이 자연적인 생리 현상인 물 먹고 싶은 것, 화장실 가고 싶은 것, 잠자고 싶은 것을 참는 것이었다. 그중에서도 여성이기 때문에 겪었던 생리의 기억은 악몽 같은 기억이다. 일회용 생리대를 구입하는 것이 지나친 사치일 정도로 나의 삶은 팍팍하기만 했다. 장시간 철야 노동의 일반화, 도급제를 통한 높은 노동강도 등으로 인해 여성 노동자들은 일반적으로 더 많은 박탈감을 겪었다. 나 역시 다르지 않은 경험을 하였다.

당시에 나를 비롯한 많은 여성 노동자는 남자 형제로부터 부양받는 존재가 아니었다. 독립적 주체일 뿐 아니라 집안의 생계

 열세 살 여공의 삶

를 책임지는 실질적인 가장이었다. 이것은 '피부양자', '의존자'로서 표상되어 온 '여성'에 대한 일반적인 통념을 뛰어넘는 측면을 보여 준다(장미경 2002: 122). 그러나 내가 그랬던 것처럼, 이들이 여자이기 때문에 가족을 위해 자신의 희생을 당연하게 받아들였다는 점은 전통적인 가족 공동체적 사고와 성별 이데올로기를 그대로 가지고 있었음을 보여 준다(윗글: 122). 어린 소녀에게 평화시장 공장 생활은 정신적, 육체적 고통을 이겨 내기에 너무 벅찬 노동강도와 조건이었지만, 어린 소녀가 끔찍한 공장 생활을 빠져나갈 수 있는 방법은 어디에도 없었다.

1970년대 국가 주도로 진행된 경제성장 위주의 산업화는 저임금과 저곡가 정책을 기반으로 하였기 때문에, 유신 독재 체제 아래서 여성 노동자들은 최저생계비에도 못 미치는 임금과 비인간적인 노동 환경과 열악한 노동조건에서 일을 했다. 더욱이 노동기본권인 노동3권은 유보되었다.(강인순 2009: 7)

4장
'여공'에서
'노동자'로

나는 힘없고 보잘것없는 '불쌍한 여공'이었다.

하지만 '청계노조'를 알게 되면서 나를 찾았고,

당당한 한 명의 노동자이자 시민으로 성장했다.

청계노조 시절 부지부장, 부녀부장 직을

맡은 경험은 나의 성장에 큰 계기가 되었다.

# 내 이름을 찾은 곳, '노동교실'

이 장에서는 이름도 없이 생활했던 힘없고 보잘것없는 '여공'이 노조를 알게 되면서 당당한 노동자로 태어나는 과정을 드러낼 것이다. 내가 경험한 노조의 경험들을 토대로 한 명의 노동자가 주체로 성장하는 과정을 보여 주고자 한다. 아무것도 가진 게 없는 내가 노조원들과 함께 투쟁하면서 어떻게 짜릿한 승리의 기쁨을 맛보았는지, 그리고 높게만 보였던 자본가와 권력에 맞서 어떻게 투쟁을 했는지를 말이다.

'다림사' 점포는 평화시장 1층에 있었고, 공장은 동화시장 5층 43호에 있었다. 나는 그곳에서 1971년부터 1977년 9월 9일 오후 1시 까지 오야 미싱사로 일했다. 나는 다림사에서 제2의 인생을 맞았다.

1975년 3월, 갓 스무 살이던 어느 날 공장 안으로 '청계노조'의 유인물이 들어왔다. 그 유인물에는 "중등 수업 무료"라고 적혀 있었다. 그것은 나를 유혹하기 위해 온 유인물 같았다. 왜냐하면 나는 월사금(학비)을 내지 못해서 국민학교 3학년을 채 마치지 못했기 때문이다. 공부에 한이 맺혀 있던 나에게 '중등 무료 수업'은 충격 그 이상의 무엇이었다.

1~2학년 때 담임 선생님은 박출래 선생님이었던 것으로 기억한다. 하지만 3학년 때 담임 선생님은 기억나지 않는다. 내가 국민학교 3학년이 되던 해 봄, 담임 선생님은 첫 수업이 시작되자마자 아이들의 이름을 부르며 호명된 아이들에게 앞으로 나오라고 했다. 육성회비를 내지 못한 아이들 이름이었고, 그중에는 내 이름도 포함되어 있었다. 그렇게 호명된 친구들이 스무 명쯤 되었다. 선생님은 앞으로 나온 아이들에게 "집에 가서 부모님께 육성회비를 받아 오라"고 시켰다. 친구들과 나는 학교 밖으로 나와 철길쯤에서 서로 각자의 집 방향으로 헤어졌다. 하지만 나는 집으로 가지 않고 옹정역에서 다른 친구들이 올 때까지 기다렸다. 시간이 얼마나 흘렀는지 모른다. 멀리서 친구들의 모습이 보이기 시작했나. 어떤 친구들은 육성회비를 가지고 왔고, 울면서 걸어오는 친구들도 있었다. 날짜가 지나면서 육성회비를 가지고 오는 친구들이 조금씩 늘어났고 집으로 돌려보내지는 친구들의 숫자는 그만큼 점점 줄어들었다. 보름 정도가 지나자 서너 명 정도만 남았다. 그때까지도 남아 있던 친구들은 나처럼 국민학교

                                          열세 살 여공의 삶

졸업장을 받지 못했을 것이다. 나는 보름 동안 단 한 번도 집에 가서 월사금을 달라고 말하지 않았다. 3장에서 언급했듯이, 오빠의 사고로 우리 집은 너무 힘들었다. 나는 너무 어린 나이에 어머니에게 돈이 없다는 사실을 알아 버렸다. 어머니에게 졸라 볼 생각조차 못 할 만큼 형편이 어려웠다. 결국, 국민학교를 포기할 수밖에 없었다. 그러니 '중등 수업 무료'라는 유인물은 나를 설레게 하기에 충분했으며, 당장 달려가 진짜인지 확인하고 싶은 마음이 굴뚝같았다.

퇴근하자마자 달려간 청계피복 노동교실[1]은 당시의 동화시장에서 조금 떨어진 유림빌딩 3층과 4층에 있었다. 나는 '청계피복 노동교실'이라 쓰여 있는 간판을 보고 유인물에 적혀 있는 곳임을 확인할 수 있었다. 나중에 알았지만, 접수대에서 접수를 보고 있던 사람은 당시에 청계노조 교육선전부장이던 임현재였다. 나는 중등 과정 입학원서와 동시에 청계노조 가입 원서도 제출했다. 담당자는 접수를 받고, 입학식 날 오라고 했다. 사실 나는 그곳이 '노동조합'인지 '노동청'인지 알지 못했고, 그것이 중요하지도 않았다. '무료'라는 말에 의심을 품고 싶지도 않았다. 옛말에 "공짜라면 양잿물도 먹는다"는데, 공부를 '공짜'로 시켜 준다니 얼마나 좋은 일인가? 나는 입학식 날을 손꼽아 기다렸다.

---

1　노동교실은 2층 22평, 3층 22평, 4층 19평으로 기록되어 있다(청계노조 1975년 사업 보고: 124).

입학식 날, 공부를 하겠다고 모인 사람들은 50명 정도였는데 대부분이 미싱사, 시다들이었다. 어린 시다들은 13~17세 정도 되어 보였고, 미싱사들은 20~24세 정도 되어 보였다. 입학식을 하는데 앞서 말한 임현재가 사회를 보면서 국기에 대한 경례를 하고는 고(故) 전태일 동지에 대한 묵념을 하였다. 나는 속으로 '전태일이가 누구지' 하면서 옆자리에 있는 친구와 모른다는 신호를 눈빛으로 주고받았다. 이어서 축사를 하는데, 당시의 지부장인 최종인이 전태일 동지가 1970년 11월 13일 분신한 지 벌써 4년이 되었다면서, 노동교실이 동지의 뜻이며 우리들이 그동안 노력한 결과라고 하였다. 그러니 부족한 공부도 열심히 하고, 우리들의 권리는 우리가 찾자고 말했다.

나는 불현듯 진선미 공장에서 일할 때 사장이 우리들에게 했던 말이 생각이 났다. 사장과 공장장은 미싱사와 시다들에게 "너희들, 구름다리 밑에 가지 마라. 그곳에는 깡패가 죽어서 가마니로 덮어 놨다"고 했다. 사장들과 형사들은 전태일을 깡패라고 했다. 왜 깡패라고 했는지 이해하기도 힘들었지만 굳이 알 필요도 없었다. 전태일 동지의 어머니가 단상에 올라왔다. 체격이 조그미했는데 보통의 어머니들과 조금도 달라 보이지 않았다. 하지만 어머니는 축사를 하면서 "여러분, 여러분은 죽지 말고, 공부도 열심히 하고, 근로 개선도 열심히 하자"고 당부하셨다. 그 말씀은 축사라기보다는 애원하는 소리로 들렸다. 내가 처음 본 이소선 어머니는 머리를 뒤로 틀어 올렸고, 한복 저고리에 짧은 한



열세 살 여공의 삶

복 치마를 입고 계셨다. 다른 친구들이 '어머니'라고 불렀지만 나는 "어머니" 소리가 잘 나오지 않았다.

　첫날에는 일주일 시간표 배부와 과목별 선생님 소개가 있었다. 과목은 국어, 수학, 영어, 음악, 노동, 상식으로 되어 있었다. 음악 선생님은 여자였다. 선생님은 너무 예뻐 보였다. 단정한 옷차림과 하얀 피부는 부러울 정도였다. 하루에 두 과목씩 들어 있었고, 국어·영어만 교재를 각자가 구입하고 나머지 과목은 수업 시간마다 선생님께서 수업 자료를 만들어 준다고 했다.

　수업은 저녁 8시부터 10시까지였고, 과목당 수업 시간은 1시간이었다. 하지만 노동자들은 첫 수업이 시작되는 저녁 8시에는 대부분이 참석을 못 했다. 그 시간에 퇴근할 수 있는 사람이 많지 않았기 때문이다. 그래서 며칠 지나고 시간이 다시 조정되었다. 저녁 8시 30분에 첫 수업을 시작해서 9시 20분에 끝나고, 9시 30분에 시작해서 10시 20분에 마치는 것으로 조정되었다. 하지만 일이 끝나지 않아서 계속 참석을 못 하는 미싱사와 시다들이 더 많았다. 나도 예외일 수 없었다. 공장장이 오늘은 바쁘니 밤 10시까지 일을 하라고 하면 미싱사와 시다들은 아무 소리 못 하고 일을 해야만 했다.

　나는 밤 10시에 일을 마치는 날이어도 10분이라도 수업을 듣고 싶어서 단숨에 달려가곤 했다. 그런 나의 행동이 노조 간부들과 선생님께 성실해 보였는지 나에게 반장을 시켰다. 나는 시간이 없었지만, 수업료도 받지 않는 것에 대한 예의로 거절할 수가 없었다. 수업이 끝나면 반장이 할 수 있는 일을 찾아서 하기 시작했다. 의자 정리는 물론 청소까지도 하기 시작했다. 그러면서 나는 '7번 시다', '3번 미싱사', '1번 미싱사'에서 '신순애'로 다시 태어났다. 당시에 노동교실 관리인이었던 이양현 씨는 내가 청소를 하고 있으면 "신순애 씨가 청소를 하고 있으면 내가 할일이 없다"면서 못 하게 했다.

공장에서는 칭찬보다는 야단맞는 일이 더 많은데, 노동교실에서는 가는 곳마다 웃음과 사랑과 행복이 가득했다. 어쩌다 내가 무표정하게 있으면 "순애 씨, 어디 아파?" 하고 물었다. 공장에서 일을 할 때에는 옆 사람이 아파도 배려 삼아 쳐다볼 수조차 없다. 미싱할 때에는 미싱 바늘만 바라보고 일을 해야 하기 때문이다.

그때 한 공부 중 지금도 잊을 수 없는 것은 국어를 담당했던 이정호 선생님의 수업이다. 어느 날, 국어 선생님은 "지금 신문이 모두 한자여서 신문을 읽을 수 없는 게 현실[2]인데, 오늘은 꼭 필요한 교육을 해야겠다"면서 한자 공부를 시작하였다. 당시에는 지금과 달리 한글로만 쓴 신문이 없었다. 선생님은 칠판에 一(壹), 二(貳), 三(參), 四, 五, 六, 七, 八, 九, 十(拾), 百, 千, 萬, 十萬, 百萬 등을 쓰고 설명해 주셨다. 칠판에는 한자와 한글의 뜻까지 쓰여 있었다. 한자를 알려 준 선생님은 우리에게 숙제를 내주셨

---

2  당시에는 모든 신문이 한자를 그대로 한글과 함께 썼다. 지금과 같은 한글 전용은 1988년《한겨레》창간 이후의 일이다.

                                        열세 살 여공의 삶

다. 다음 주까지 은행에 가서 통장을 만들어 오라는 것이었는데, 우리들이 돈이 없는 것까지 배려하면서 일 원도, 십 원도 다 받아 주니 창피할 것 없다는 말씀도 잊지 않았다. 그런 숙제를 내준 것은 당시에 은행에서 돈을 찾고 맡길 때 모두 한자를 썼기 때문이었다.

나는 열여섯 살 때부터 도시락 가방에 주먹만한 돼지 저금통을 늘 가지고 다녔다. 혹시 조금 일찍 퇴근하면 평화시장에서 중랑교 뚝방까지 2시간 정도를 걸어가고 버스 요금은 돼지 저금통에 넣어 두었다. 나는 그 가방 속에 들어 있던 돼지 저금통을 가지고 은행으로 갔다. 자신은 없지만 숙제를 하기 위해 은행에 간 나는 난생처음 통장을 만들었다. 입금 금액란에 한자를 쓰는 것이 아니라 그림을 그리듯 연필로 그려 가며 겨우 썼다. 난생처음 저금한 돈은 지금도 잊을 수 없는 '125원'이었다.

다음 주에 선생님은 숙제를 해 온 사람은 손을 들라고 했다. 나는 자신 없이 오른손을 살며시 들었다. 선생님은 내 통장을 확인한 뒤, 이어서 몇 명의 아이들을 둘러보았다. 다음번 숙제는 통장에 있는 돈을 인출했다가 다시 저축하는 것이었다. 나는 또다시 떨리는 손으로 어설프게 한자를 그려 가면서 125원을 인출하고 다시 입금하는 것으로 숙제를 마쳤다. 그날 이후 나는 은행 다니는 것에 재미가 붙어서 10원, 20원 들고도 은행에 갔고, 그것은 큰 즐거움 중 하나가 되었다. 그 한자 공부 덕분에 내 도시락 가방 속에는 조그마한 돼지 저금통 대신 통장이 들어 있게 되었다.

그 사건을 통해, 나는 가난한 집의 딸로 태어나서 어쩔 수 없이 누군가 시키는 대로 일을 해야 한다고 생각했던 껍질을 하나하나 벗어 가고 있었다. 내 안에 있던 상처들이 지워져 가는 과정이었다. 내가 할 수 있는 작은 일부터 시작하는 것이기도 했다. 나는 새로운 세상과 만나고 있었다. 매사에 자신 없고 남의 눈치만 보면서 살아온 나였지만, 이제는 무엇이든 하면 된다는 자신감을 얻었다. 그 통장은 나에게 세상 어떤 보석보다 값진 보물이었다. 하지만 결혼 후 지하실에 살던 때, 여름 장마로 하수구 물이 역류하는 바람에 결혼사진은 물론이고 그 통장까지 사라져 버리고 말았다. 그 일이 아니었더라면, 그 통장은 지금도 간직할 내 소중한 보물이었을 것이다.

노동교실 수업이 재미도 있었거니와, 나는 새로 태어난 사람처럼 즐거웠고 매일 노동교실에 가지 않으면 왠지 허전하였다. 1975년에 함께 공부를 했던 미싱사, 시다들은 모두 조합원이 되었다. 나는 노조에서 하는 일은 앞장서서 했으며 모범을 보였다. 그뿐 아니라 다림사 노동자 33명 중 32명을 조합원으로 가입시켰다.[3] 가입하지 않은 한 명은 재단사였고, 그는 가입을 원하지 않았나. 그때는 이해하지 못했지만, 나이 많은 아저씨가 공장장·사장과의 관계 때문에 쉽게 가입하기 어려웠던 것으로 생각

---

**3** 유니온숍 제도는 1976년 단체협상(노사협의회) 때 결정되었다. 그 이후 평화시장에서 일하는 노동자는 자동적으로 조합원이 되었다.



열세 살 여공의 삶

된다. 훗날 다림사 조합원 중에서는 교선부장 이광숙, 부지부장 이연수와 나를 포함하여 자랑스럽게도 청계노조 간부가 3명이나 나왔다.

# 최초의 승리,
# 퇴직금 쟁취 투쟁

1975년, 노동교실을 열심히 다니고 있을 때였다. 노조는 공장 종업원 수가 30명이 넘는 공장에서 퇴사할 경우 퇴직금을 받아 주고 있었다. 대표적인 곳으로 창신동 '은마차' 공장이 있었는데 이곳을 상대로 한 퇴직금 진정 건은 노조와 자체 협의로 30,000원을 받고 해결되었다(청계노조 사업 보고 1975: 88). 노동자들은 평화시장 옥상에 있던 청계노조 사무실을 체불임금 받아 주는 곳으로 알고 있었다. '청계노조'라는 이름은 몰라도 일급을 받지 못했을 때 그곳에 가면 받을 수 있다는 것은 알고 있었다.

'광진복장'은 와이셔츠 만드는 공장으로, 점포는 평화시장 1층에 있었다. 40명 정도의 노동자가 일하고 있었다. 그 노동자 중 청계노조를 통해서 상시 근로 30명[1] 이상이면 퇴직금을 받을 수

　　　　　　　　　　　　　　열세 살 여공의 삶

있다는 사실을 알고 있었던 한 여성 조합원이 결혼을 하면서 광진복장 공장을 퇴사하게 되었고, 사장에게 퇴직금을 요구하였다. 하지만 사장은 화를 버럭 내며 "무슨 퇴직금이냐, 그렇게 안 봤는데 앙큼한 데가 있다"며 "절대 줄 수 없다"고 하였다.

당시에 평화시장에는 한 달 내내 일을 하고도 월급을 받지 못하는 노동자들이 많았기 때문에 퇴직금을 받는다는 것은 거의 불가능한 일이었다. 노조를 통해 진정할 수 있는 여공들은 그래도 용기 있는 사람이었고, 대부분의 여공들은 공장과 사장을 수십 차례 쫓아다니다가 결국 포기하고 말았다. 월급을 받지 못한 이야기는 전순옥의 연구에서도 볼 수 있다.

> 노동자가 월급을 달라고 항의하면 고용주는 그것이 다른 누군가의 잘못이라고 장황하게 사과하면서 다음 주에 와서 돈을 받아 가라고 말한다. 하는 수 없이 노동자가 그다음 주에 공장에 와 보면 고용주는 공장에 없고 그가 서울에 없으니 그 달 말에 다시 찾아오라는 말을 들을 뿐이다.(전순옥 2004: 204)

---

**1** 근로기준법 제48조(퇴직금 제도), "사용자는 계속근로년수 1년에 대하여 30일분 이상의 평균임금을 퇴직금으로서 퇴직하는 근로자에게 지급할 수 있는 제도를 설정하여야 한다. 다만 근로년수가 1년 미만인 경우에는 그러하지 아니하다."(장명국 1995: 48) 1961년 12월 4일~1975년 4월 27일 30인 이상 퇴직금 지급 대상 사업장.(시행일 1961년 12월 4일)(윤욱현 2003: 171) 이 법대로라면 공장 근로자 수가 30명이면 퇴직금을 받을 수 있었다.

평화시장 공장은 그만두고 싶다고 마음대로 그만둘 수 있는 곳이 아니었다. 열흘 혹은 보름치의 임금을 포기할 용기가 있는 사람만 그럴 수 있었다. 당시에는 한 달 동안 일을 하고도 월급을 받지 못하는 노동자도 많았다. 사전에 사장에게 말하고 그만두는 경우도 있었지만, 월급 타고 그다음 날 와서 "저, 시골 가 봐야 돼요", "아버지가 위독해요" 하거나 말없이 그만두는 경우도 흔했다. 그래서인지 사장은 월급 준 다음 날에는 꼭 공장에 왔다. 혹시 누군가 결근을 했다면 말 없이 그만두는 것 아닌가 의심을 하기도 했다. 설령 사장에게 미리 말을 하고 그만두었더라도 보름 동안 일한 임금을 받기는 하늘의 별 따기만큼이나 어려웠다. 다음 달 월급날 공장으로 찾아가 보지만, 사장이 그만둔 사람의 임금을 챙겨 오는 것을 나는 단 한 번도 보지 못했다. 물론 예외는 있었다. 미싱사가 결혼을 하는 경우에는 그래도 다음 달에 찾아가면 밀린 월급을 받을 수 있었다.

이전 공장에서 밀린 월급을 타려면 우선 지금 다니는 공장의 사장이나 재단사에게 사정 이야기를 하고 밤 8시쯤 조퇴를 하고 가야 하는데, 이때 보내 주는 경우가 많지 않았다. 장사가 잘 안 될 때에는 그래도 선심 쓰는 처하고 보내 주지만, 장사가 잘될 때에는 밤 8시에도 조퇴하기가 쉽지 않았다. 월급을 타려고 전 공장 문 앞에 가더라도 당당하게 공장 안으로 들어가지 못했다. 바로 들어가면 재단사나 공장장이 "그만둔 사람이 남의 공장에 왜 들어오냐?"며 소리를 지를 수도 있었다. 결국 공장 문 밖에서 기

   열세 살 여공의 삶

웃거리며 눈치를 보아야 했다. 함께 일하던 다른 미싱사나 시다들이 월급을 타서 공장 밖으로 나오면 그제야 안으로 들어갔다. 그런데 재단사가 "사장이 지금 지방 수금 갔다"고 나중에 오라고 한다. 허탈하지만 발길을 돌릴 수밖에 없다. 다음 날 점심시간에 전 공장의 가게로 찾아간다. 사장은 밀린 월급을 받으러 온 미싱사와 눈이 마주치는 순간 점심을 먹다 말고 "야, 누가 가게로 오라고 했어!" 하며 소리를 지른다. 미싱사는 무슨 죄라도 지은 사람처럼 우물쭈물하면서 "어제 월급날이라 공장에 왔는데 안 계셔서요"라고 기어드는 목소리로 말한다. 그러면 사장은 "지금은 장사가 안돼서 돈이 없다"면서 다음 달에 오라고 한다. 미싱사가 용기 내서 "어제 수금하러 가셨다고 해서요"라고 하면 사장은 "못 받았어"라고 퉁명스럽게 말한다. 그러고는 다음 달에 오라고 한다. 미싱사는 월급을 받아서 쓸 계획을 짜 놓았지만 무산되고 만다. 다음 달에도 사정은 마찬가지다.

월급을 받으려고 쫓아다니다 보면 그 시간만큼 일을 못 해서 손해를 이중으로 보는 꼴이 된다. 그래서 가계를 책임지는 노동자들은 그만두고 싶어도 쉽게 결정하지 못한다. 속으로는 '절이 싫으면 중이 떠나야지' 하지만, 정작 결정은 쉽게 하지 못한다. 다른 곳으로 옮긴다고 환경이 나아지는 것도 아니라는 사실을 누구보다 잘 알기 때문이다. 무시와 냉대를 받으면서도 그저 사장의 온정주의를 기대할 뿐이다.

내가 1969년에 화진사를 그만두었을 때, 사장은 괘씸하다며 월급을 주지 않았다. 바쁠 때 그만둔다는 것이 이유였다. 나는 월급을 받지 못한 불만을 속으로만 삭이면서 '억울하면 출세하는 수밖에 없지' 하고 말았다. 노조 혹은 노동청에 진정하는 일은 상상도 하지 못했다. 자본주의 사회의 원리를 이해하기에는 그때 나는 너무 어렸다. 훗날 노조를 알고 나서야 그처럼 당당하지 못한 나를 발견할 수 있었다.

그 정도 수준이니, 퇴직금 싸움은 결코 쉬운 싸움이 아니었다. 청계노조 간부들과 조합원들은 '이번 퇴직금 싸움이 최초의 싸움이며, 이 싸움에서 지면 노조가 힘이 약해질 것'이라고 생각했다.

시위는 각 공장에서 일하며 노조에 가입한 와이셔츠 분야의 오야 미싱사들이 나섰다. 광진복장의 오은선, 다림사의 신순애, 삼정사의 공순녀, 대도사의 오말자, 진미사의 이정순 등이었다. 다림사, 삼정사, 엠파이어, 진선미 공장 조합원들이 이승철 간부와 만나 대책 회의를 한 결과, 점포로 가서 시위하기로 결정이 났다. 조합원들은 점심시간인 오후 1시부터 2시까지를 이용하기로 했다. 대책 회의에 다녀온 뒤 나는 결정 사항을 바로 옆자리의 이광숙에게 전달했고, 이광숙은 김영자에게, 김영자는 정은자 언니에게, 은자 언니는 명옥 언니에게 전달했다.[2] 평상시에도 우리

---

2   공장에서 재단사만큼이나 고참(터줏대감)인 오야 미싱사의 권력도 약간 있었기에, 내가 오야 미싱사로 있으면서 노조 활동을 한 것이 다른 미싱사들과 시다들이 노조 활동을 하게 된 데에 영향을 주었을 것이다.



열세 살 여공의 삶

공장 노동자들은 점심시간에 내가 청계노조 이승철 간부와 만나서 대책 회의를 한 후 공장으로 돌아가 내용을 전달하는 식으로 조직되었다.

시위가 시작되었다. 조합원 일부는 평화시장 1층 광진복장 점포 앞에서, 일부는 동화시장 5층 광진복장 공장으로 몰려가 "퇴직금을 달라"며 매일 20~30분씩 시위를 했다. 나는 속으로 '다림사 노동자 수는 33명 정도니까, 이 싸움에서 이기면 나도 받을 수 있겠다'는 희망과 꿈에 부풀어 있었다. 우리는 매일 점심시간인 오후 1시가 되면, 점심은 2~3분 만에 급하게 먹고 재빨리 광진복장 가게로 달려갔다. "광진복장 사장 ○○○은 퇴직금을 지급하라" 혹은 "근로기준법 지켜라" 등을 외치기도 했고, 〈우리 승리하리라〉라는 노래를 부르기도 했다. 10분 정도 지나면 경비 아저씨들이 호루라기 불며 빨리 비키라고 했지만, 워낙 시장이 비좁기 때문에 오히려 아수라장이 되어 버렸다. 사정을 잘 알지 못하는 옆집 점포 주인들 중에는 "얼마인데 안 줘서 이러는지 모르겠다"며 투덜대는 사람도 있었다. 어떤 사장들은 "평화시장에 무슨 퇴직금이야? 큰 공장이나 있지, 이런 곳에 무슨 퇴직금?" 하면서 의아해했다. 그랬다. 퇴직금은 고사하고 월급이나 제때 주기를 기대하고 있었던 것도 사실이다.

이렇게 점포에서 노래 부르고 구호를 외치다가도 1시 50분이 되어 누군가 앞에서 "자, 돌아가서 열심히 일합시다. 열심히 일해야 물건을 팔아서 퇴직금을 줄 테니까" 하면 그곳에 모여 있던 조합원들은 조용히 돌아와서 언제 그랬냐는 듯 일을 했다. 나는 점심을 급히 먹고 광진복장 점포까지 뛰어가서 구호 외치고 노래 부르고, 다시 뛰어서 동화시장 5층까지 달려왔기 때문에 늘 숨이 차곤 했다. 또, 어떤 날은 소화가 안 돼 체하기도 해서 앞자리에 있는 유광희가 바늘로 엄지손가락 손톱 위를 따 주기도 했다. 그렇게 하고 나면 좀 시원해진 느낌이 들었다.

나는 화장실 가고 싶은 것도 참아 가며 기를 쓰고 일을 했다. 퇴근 후 나와 각 공장 오야 미싱사들은 노동교실에 모여 노조 간부에게 하루의 경과를 보고했는데, 노조 간부는 오늘 점심 때 점포와 공장으로 나누어 투쟁한 것은 매우 잘했다는 말과 함께 내일은 더 많은 조합원들과 함께하자고 이야기했다. 이렇게 매일 반복되는 시위를 하면서 와이셔츠 조합원들뿐 아니라 숙녀복, 아동복, 잠바 조합원들도 연대를 하였다. 사실, 숙녀복과 아동복 공장 중에는 노동자 수가 30명도 안 되는 공장이 훨씬 많았기 때문에, 그들은 이번 투쟁에 승리하더라도 퇴직금을 받을 수가 없었다. 그런데도 매일매일 더 많은 조합원들이 동참해 주었다. 시위는 날이 갈수록 신바람이 났고, 두려움은 사라져 갔다. 점심시간마다 나른 공장의 여공들괴 만난다는 것이 즐겁기두 했고, 나 혼자서는 할 수 없는 일이지만 함께 하면 할 수 있다는 사실에 힘을 많이 얻었다. 퇴직금 투쟁 사건은 나를 비롯한 여공들에게 '내 권리는 내가 찾는다'는 각오와 다짐을 하게 했다.

그렇게 한 달 정도 지나자 광진복장 사장은 퇴직금을 주기로

　　　　　　　　　　　　　열세 살 여공의 삶

하고 청계노조에 와서 사과까지 했다. 광진복장 사장은 노조원들이 시위를 시작했을 때에는 "내가 법원에 가서 몇 천만 원 벌금을 내는 한이 있어도 너희한테 퇴직금은 못 준다!"며 콧방귀도 안 뀌었다. 심지어 다른 와이셔츠 공장 사장들이 퇴직금을 못 주게 하려고 소송비용에 보태 쓰라며 조금씩 돈을 모아 광진복장 사장에게 전달하기도 했단 다. 그렇게 완고했던 사장과의 투쟁에서 우리가 승리한 것이다.

한 달여 투쟁이 끝난 뒤, 와이셔츠 공장의 오야 미싱사들은 한 달에 한 번씩 노동교실에서 만나서 서로 정보를 교환하자고 제안했고, 그때부터 자연스럽게 지속적인 모임이 시작되었다. 나는 그런 사항 들을 다림사 공장에 출근하자마자 노동자들에게 전달했다.

〈표 1〉에서 보는 것처럼, 당시에 평화시장에는 한 달 동안 일을 하고도 월급을 받지 못한 노동자들이 많이 있었다. 월급도 받지 못하는 분위기에서 퇴직금 받기 투쟁은 멋진 한판 승부였으며 보람과 기쁨이었다. 무엇보다 우리들 스스로 할 수 있도록 도와준 청계노조는 역시 최고였고, 전태일이 없었다면 노조도 없을 것이라고 생각하니 가슴이 아려 왔다. 전태일 동지에 대한 미안함이 밀려왔고 그때 알지 못하고 함께하지 못해 죄스러웠다.

1970년 당시 평화시장 공장 규모보다 큰 공장도 퇴직금 문제가 발생하였고, 심지어 월급에서 퇴직금을 공제하고도 주지 않아 문제가 되기도 했다. 퇴직금 받기 운동의 발단은 회사 측이

<표 1> 체불임금 접수 및 처리 결과

| 연도 | 체불 진정 건수(건) | 진정 인원(명) | 체불임금(원) | 페이지 |
|---|---|---|---|---|
| 1972 | 86 | 165 | 2,254,405 | 56 |
| 1973 | 80 | 104 | 1,863,593 | 58 |
| 1974 | 56 | 78 | 1,484,420 | 72 |
| 1975 | 83 | 122 | 2,297,328 | 87 |
| 1976 | 45 | 150 | 2,844,177 | 16 |
| 1977 | 81 | 86 | 2,032,410 | 20 |
| 1978 | 33 | 75 | 1,366,568 | 22 |
| 1979 | 22 | | 3,012,698 | 21 |
| 1980 | 36 | | 7,386,467 | 46 |

자료: 청계노조 사업 보고(각년도)

1971년 초부터 퇴직하는 근로자들에게 퇴직금과 회사에 맡겼던 저축금을 이자는 물론 원금조차도 돌려주지 않는 데서 비롯된 것이었다. 퇴직자 약 300명 중 79명이 1972년 4월 18일 '한국모방 퇴직금 받기 투쟁위원회'를 구성하고, 노동청에 회사를 고발하였다.(이옥지 2001: 164)

불쌍하고 힘없던 여공들이 조합원과 함께 퇴직금 투쟁을 행동에 옮긴 것은 수동적이었던 '공순이'를 자존감 넘치는 노동자로 만든 사건이었으며, 함께한 조합원들은 든든한 동지이자 함께 갈 동반자들로 여기게 하였다. 퇴직금 받기 투쟁이야말로 조용하고 알차게 진행되었고, 경찰이 동원되기 직전에 해산을 반

    열세 살 여공의 삶

복하면서 전개된 멋진 승부였다. 이것은 혁명에 가까운 일이었다. 왜냐하면 "일은 시키는 대로, 월급은 주는 대로"를 표어로 삼던 시절이었기 때문이다.

# '여공'에서
# '노동자'로

앞에서도 설명했지만 나는 '중등교육 무료'에 이끌려 조합원이 되기 전에 노동교실에서 학생으로 공부하고 있었다. 그 노동교실 덕에 광진복장 퇴직금 싸움에 이어 두 번째 농성 투쟁에 참여하게 되었다. 1975년 12월 23일,[1] 그날 밤에 있었던 일은 아직도 잊지 못한다. 그 일을 이야기하려면 노동교실 사연을 조금 되짚어 볼 필요가 있다. 청계노조 정인숙 부녀부장은 1972년 9월 15일 '보범 근로 여성'으로 뽑혀 대통령 부인 육영수가 주최한 청와대 모임에 초청받았다. 육영수는 정인숙 부녀부장에게 "필요

---

한 게 뭐가 있느냐?"고 물었다. 부녀부장은 "평화시장 여성들은 한 2만 명 됩니다. 그중에 15세 미만 여성이 상당히 많습니다. 이 사람들은 지금 굉장히 공부를 하고 싶어합니다. 그런데 공부할 장소가 없어서 공부를 못 하고 있습니다. 공부할 장소를 마련해 주셨으면 좋겠습니다"라고 했다.(안재성 2007: 150)

육영수는 그 자리에 있던 노동청장을 향해 "어떻게 하나 좀 해 줄 수 있도록 노력해 보시죠"라고 했다. 그래서 동화시장 옥상에 조그마한 장소가 마련되었다. 즉, 노동청장의 주선에 따라 사용주 대표 31명과 한국노총 사무총장, 최종인 지부장이 간담회를 열어 '새마을 노동교실 설립 추진위원회'를 구성했다. 하지만 사용주들이 일방적으로 운영권을 가지려고 하면서 청계노조와 마찰이 생겼다.(청계노조 사업 보고 1976: 6, 안재성 2007: 150)

1973년 5월 21일 노동교실 개소식이 예정되었는데, 노조 측에서는 함석헌 선생을 모시기로 했다. 당시에 함석헌 선생은 재야인사로 정부의 주목을 받고 있었다. 그런데 이곳에는 육영수도 오기로 되었다. 결국 중앙정보부가 탄압을 시작했고, 사용주들은 교실 운영권을 일방적으로 가로챘다. 이 사건으로 이승철 사무장을 포함한 간부 4명이 그만두게 되었다. 노조에서는 이에 항의 시위를 하였다. 그날이 1975년 3월의 어느 날이었다.

나는 다림사 공장에서 오야 미싱사로 일을 하고 있었다. 그곳은 동화시장이었다. 나는 점심시간인 오후 1시에서 2시 사이에 5층에 있는 화장실에 갔다가 공장으로 들어가고 있었다. 그런데

한 여성 노동자가 "동화시장 옥상에 한번 와 봐요"라고 했다. 나와 비슷해 보이는 여성 노동자가 그런 말을 하니 궁금해서 옥상에 갔다. 나중에 알았지만, 개소식 장소에 함석헌 선생이 오시기로 하는 바람에 그날 개소식이 취소되었다는 것이다. 노조 활동을 열심히 하는 조합원들은 동화시장 옥상 노동교실에서 시위를 하기 위해 노동자들을 동원했는데, 아무것도 모르고 그곳에 왔던 나와 노동자들은 앞에서 무슨 말을 하는지 듣고 있었다. 그런데 2시가 다 되어 가자 진행자 중 누군가가 밖에서 문을 잠가 버렸다. 안에 있던 노동자들은 점심시간이 지나자 공장으로 돌아가려고 했지만 문이 잠겨 그곳을 빠져나올 수 없었다. 공장으로 돌아가지 못한 비조합원들은 발을 동동 구르고 있었다. 발을 동동 구르는 노동자 중에는 나도 포함되어 있었다. 난생처음 공장에 돌아가지 못한 나는 안절부절못하고 있었다. 꽤 많은 노동자들이 웅성거리기 시작했고, 누군가는 문을 열어 달라고 항의하기도 했다. 하지만 나는 아무 소리 못 하고 냉가슴만 앓고 있었다. 나중에 그것이 '농성'이고 앞에서 진행하는 사람이 열성 조합원이라는 것도 알았지만, 그날은 노동조합이 무엇을 하는 곳인지 알지 못했다. 그저 무섭고 두렵기만 했다. 노래도 처음 들어보는 노래라 귀에 잘 들어오지 않았다. 이 농성을 계기로 노사 협의가 몇 차례 있었고, 그 뒤에 노조가 비로소 노동교실의 운영권을 가지게 되었다.

나는 노조를 알고 난 후 달라지고 있었다. 내가 살고 있는 집

                                                     열세 살 여공의 삶

보다 노동교실을 더 좋아했고, 노동교실에 드나드는 재미로 살았다고 해도 과언이 아니었다. 퇴근하면 밥은 굶더라도 노동교실에는 꼭 갔다. 나는 노동교실 1기생이 된 것이 뿌듯하고 자랑스러웠으며, 노조 활동을 게을리하지 않았다.

1975년 12월 23일, 여느 날과 다르지 않았던 저녁에 노동교실에 도착해 보니 다른 때와는 달리 숨 쉴 공간도 없을 정도로 많은 조합원이 모여 있었다. 노동시간 단축 농성을 시작하고 있었다. 앞에서 농성을 진행하는 노동조합 간부가 그날 저녁에 우리가 모인 이유를 설명했다. "그동안 우리는 근로기준법이 있는데도 장시간 근무를 해왔습니다. 언제 햇빛 한 번 본 적이 있습니까?"라며 노동시간 단축 농성을 제안한 것이다. 더욱이 "이곳 노동교실에서는 중등 과정의 공부를 하고 있지만, 저녁에 일이 끝나지 않아 마음 놓고 공부를 할 수 있습니까?" 하면서 노동시간 단축 필요성을 설명하고 있었다. 사실은 나뿐 아니라 평화시장 노동자들은 달을 보고 나와 막차를 타고 간신히 통행금지 시간 직전에 집에 도착하곤 했다. 앞에서 진행하는 사람은 "우리도 인간답게 살아 봅시다" 하고 외쳤고, 조합원들은 박수를 치며 동의를 했다. 나 역시 반대할 이유가 없었다. 하지만 '과연 될까?' 하는 의심이 들었다. 이렇게 시작된 '노동시간 단축 농성'이 어느새 밤 10시를 훌쩍 넘겼다. 당시는 통행금지가 있던 때라 조합원들은 막차를 타야 한다면서 하나 둘씩 빠져나가기 시작했다. 노동교실 안의 조합원 수는 점점 줄어들었다.

이것을 지켜보던 이소선 어머니는 "오늘 하루 통행금지 전에 집에 가는 것보다 노동시간 단축이 앞으로를 생각하면 더 중요하다"는 말로 설득을 하셨다. 하지만 조합원들은 눈치를 보면서 슬금슬금 빠져 나갔다. 밤 11시 40분쯤 되자 50명도 남지 않았다. 그 자리에 남아 있던 조합원끼리 "우리 승리하리라", "흔들리지 않게 우리 단결해", "지금도 가슴속에 파고드는 소리／ 전태일 동지의 피맺힌 소리／ 근로기 준법을 지켜라 헛되이 말라" 등의 노래를 부르기도 하고 함께 울기도 하다 보니 어느새 새벽이 밝아 오고 있었다.

나는 집에서 걱정하고 있을 어머니 생각이 났다. 그래서 이소선 어머니에게 집에 가서 소식을 전하고 다시 돌아오겠다고 했다. 이소선 어머니는 "갔다가 꼭 와요"라고 했다. 나는 노동교실을 나와 당시에 내가 살던 신도림 집에 도착했다. 어머니는 밤새 잠을 못 주무신 것 같았다. 어머니는 "또 밤일 했냐"고 물으셨고, 나는 "막차를 놓쳤어"라고 거짓말을 했다. 어머니가 차려 준 아침을 먹고 다시 평화시장으로 돌아왔다. 버스 안에서부터 나는 망설였다. 공장에 출근도 해야 하는데 농성하는 노동교실에도 사야 될 것 같고, 이렇게 해야 할지 답이 나오지 않았다. 하지만 "꼭 다시 와요" 하시던 이소선 어머니의 말씀이 귓가에서 떠나지 않았고, 어느 쪽을 가도 마음이 편할 것 같지 않았다. 이제껏 결근 한번 해 보지 않았는데 어떻게 해야 하나 하는 생각으로 머리가 복잡한 상태였지만, 내 발길은 이미 노동교실 쪽으로 향하고 있었다.

　지난밤 내일 아침에 다시 오겠다던 조합원들은 아무도 오지 않았다. 이소선 어머니는 답답해서 창밖을 내다보며 기다리고 있었다. 어머니는 내가 노동교실에 돌아오는 것을 보시고는 "야, 저기 '까만 바바리' 온다" 하며 좋아하셨다고 한다. 내가 노동교실 안으로 들어가자 조합원들은 무척 반가워했다. 그날 이후 이소선 어머니는 나를 '까만 바바리'라고 불렀다. 그 '까만 바바리'는 내 나이 열여덟 살 때 셋째 오빠 결혼식을 준비하며 하나 장만했는데, 그것으로 한여름만 빼고 봄, 가을, 겨울 내내 입고 다녔으니 그런 별명이 붙을 만도 했다.[2]

　노동교실 안에서는 지난 저녁처럼 노래를 부르기 시작했다.

---

2　바바리뿐 아니라, 나는 꽤 오랫동안 바지도 단벌이었다. 당시에 에이원저지 원단이 처음 나왔는데, 면은 빨면 잘 안 말랐지만 에이원저지는 빨아서 물기만 빠지면 바로 입을 수 있었다. 저녁에 빨아서 널어놓으면 아침이면 다 말랐다. 곤색 바지였는데, 점심시간마다 다리미로 다려서 입었다. 그렇게 봄, 여름, 가을 세 계절을 한 바지로 버티다 보니 박음질이 삭아서 잘 타졌고, 그때마다 바지 전체를 다시 박음질해서 입고 다녔다. 블라우스도 마찬가지였다. 어느 날, 재단사가 등 뒤에서 브래지어를 확 잡아당기는 장난을 쳤다.
지금이라면 성희롱인데, 당시에는 그런 개념이 없었다. 그런데 블라우스가 너무 낡아서 그만 찢어지고 말았다. 너무 창피하고 부끄러워서 쏜살같이 다락방으로 올라가서 눈물을 흘렸다. 그 덕분에 판매할 수 없는 약간 흠집 난 블라우스를 재단사에게 하나 얻어 입었다. 나는 하루에도 수십 장의 블라우스를 만들었지만, 돈을 내지 않으면 입을 수 없었다. 요즈음에는 팔리지 않은 옷을 일차로 땡처리하고 그래도 남으면 바자회 하는 곳에 기증도 하지만, 당시에는 그런 재고가 없었다. 무슨 옷이든지 공장에서 만들기만 하면 모두 팔렸다. 그래서 가게 하는 사장들은 돈 벌기가 그만큼 쉬웠다. 실제로, 당시 사장들 중에는 신당동에 호화 주택을 가진 이가 많았다.

나는 잘 알지 못하는 노래였다. 그래도 입으로 웅얼웅얼하며 따라 불렀다. '전태일 동지의 노래'를 부를 때에는 눈에서 눈물이 났고, 가슴이 미어지는 느낌이었다. 이소선 어머니는 조합원들에게 "여러분, 하루에 잠바 몇 장 만드는 것도 중요하지만 그보다 더 중요한 것은 시간 단축을 해서 여러분들이 똑똑해지는 것이다"라고 강조하셨다.

오전 10시쯤 되자 경찰들이 확성기를 3층으로 향하게 하고는 노동교실 안에 있는 우리에게 "지금 해산하지 않으면 전원 구속하겠다"고 협박했다. 건너편 건물 옥상에서는 정보과 경찰들이 사복을 입고 망원경으로 노동교실 안을 들여다보고 있었다. 나는 괜히 이곳에 있다가 잡혀가면 어머니가 걱정할 것 같아서 무섭기만 했다. 내가 다니던 다림사 공장도 걱정이 되었다. '공장 사람들이 내가 이곳에 있는 것을 알면 어떻게 될까' 하는 걱정과, '내일도 공장에 출근을 못 하면 어떻게 하지' 하는 생각에 무섭고 두려웠다.

오후 3시 정도에는 중부경찰서 장 모 계장이 권총을 차고 노동교실 안으로 들어왔다. 장 모 계장은 "이렇게 농성과 데모를 하면 불법"이라며 큰 소리로 당장 해산하라고 했다. 더욱이 이소선 어머니에게는 "아줌마는 노동자도 아니면서 왜 여기 있어? 이곳에서 당장 나가!"라고 소리를 질렀다. 하지만 이소선 어머니는 "노동시간 단축만 해 주면 지금 당장이라도 나간다"며 더 큰 소리로 받아쳤다.

얼마나 시간이 갔는지 모르겠지만, 오후 4~5시쯤 경찰들이 와서 우리들의 요구를 들어준다며, "오늘 저녁 8시부터는 평화시장, 동화시장, 연쇄상가, 통일상가 등에서는 전깃불을 내리겠다"고 했다. 추측건대, 그것은 사장들의 합의가 아닌 정부의 일방적인 통보였을 것이다. 왜냐하면 사용주가 몇 백 명이나 되는 평화시장 사용자 측과의 합의가 그렇게 빨리 이루어졌을 리는 없었기 때문이다. 어찌 되었든 그날 저녁 8시부터 공장 가동을 못 하도록 전깃불을 내리기 시작했다. 내가 최초로 참여한 퇴직금 투쟁과 노동시간 단축 농성은 대성공으로 막을 내렸다.(청계노조 회의 자료 1976: 6, 안재성 2007: 187~216)

## 8시간 노동 쟁취와 임금 인상을 위한
## 와이셔츠 공장 노동자들의 투쟁

1976년 봄 단체협상을 할 때까지 와이셔츠 공장들(다림사, 삼정사, 광진복장, 엠파이어, 대도복장, 진미사 등)은 다른 공장과 마찬가지로 퇴근 시간 없이 점포 물건 팔리는 상황에 따라 일을 했다. 출근 시간은 아침 8시로 일정했지만 퇴근 시간은 정해지지 않았다. 물건이 잘 팔리면 밤 10시, 11시까지 일을 했다. 재단사나 재단 보조 시야게는 그보다 조금 더 늦을 수도 있었다. 미싱사와 시다들을 먼지 보내놓고 밤새 마무리를 해서 새벽에 가게에 가져다주고 돌아와서 겨우 2~3시간 공장 안에서 눈을 붙이는 경우도 많았다. 특히 아동복 만드는 공장에서 그런 일이 흔했다. 휴일은 한 달에 두 번으로, 첫째와 셋째 일요일이었다. 어쩌다 일요일이 다섯 번 있는 달에는 3주 동안 단 한 번도 쉬지 못하고 일을 해야 했다. 더욱이 장사가 잘되는 시기에는 첫째, 셋째 일요일 휴일마저도 반납해야 했다. 그렇게 일을 하다 보니 공장에서 일하는 노동자들의 소원은 "잠 한번 실컷 자 보는 것"이었다. 1976년 당시 와이셔츠 분야는 한 장당 공임 35원의 객공(도급제)으로 일을 하고 있었다. 노동시간 단축 농성을 계기로 와이셔츠 공장들은 도급제에서 월급제로 바꾸기 시작했다.

1976년 봄, 임금 인상 단체협상이 진행될 때 나는 다림사 오야미싱사로 일하면서 노조 활동을 열심히 하다 보니 공장 생활도 모범적으로 해야 한다는 부담을 안고 있었다. 노조 활동 하는 사람이 공장 생활을 모범적으로 하지 않을 경우 "노조에 다니면서 뭐 저래" 할까 봐 최선을 다했다. 단체협상안에 8시간 노동 쟁취가 들어 있었고, 그것을 위해 모터 끄기 운동을 했다. 부담은 그뿐이 아니었다. 1일 8시간 일하는 것은 좋았지만, 저녁 5시 45분쯤 되면 공장장이 우리 앞에 버티고 서서 큰 눈동자를 굴리며 이 사람 저 사람을 주시하기 시작했다. 오후 6시에 끝내지 못하도록 무언의 협박을 하는 것이었다. 이러한 분위기에서 6시에 미싱 모터 끄기 운동은 큰 용기가 필요했다. 더욱이, 오야 미싱사인 내가 먼저 끄는 것이 순서였다. 하지만 눈앞에서 나를 지켜보고 있는 공장장 시선을 피할 수 없었다. 나는 속으로 전태일 생각을 했다. '그래, 전태일 동지는 우리를 위해 목숨도 끊었는데, 해고되면 또 다른 싸움을 해 보지' 하면서 가장 먼저 미싱 모터 스위치를 껐다. 이어서 뚝, 뚜둑, 뚜둑 소리가 연발했다. 함께했던 친구들은

훗날 나에게 "그때 순애 네가 모터를 끄는데 무섭기까지 했다"고
했다. 내가 두렵지 않기 때문에 나서는 것이 아니라, 두렵지만 나
서야 하기 때문에 나서는 것이었다. 그것이 참된 용기이며 그럴
때 아무리 약해도 강해진다는 진리를 나는 노조를 통해서 배웠
다. 조합원들은 내가 모터 스위치를 끄니 연달아 끄기는 했지만
두근거렸다고 말하곤 했다. 사실, 나도 얼마나 마음을 졸였는지
모른다. 오후 6시에 미싱 모터를 끄고 매일 다른 와이셔츠 공장
오야 미싱사들과 그날의 상황을 서로 주고받으며 나는 몸에 날
개가 달린 것처럼 날아다녔다.

당시 지부장은 품목별 조직을 하자고 했다. 나와 와이셔츠 각
오야 미싱사들은 창동 이소선 어머니 집에서 지부장을 만났다.
지부장은 우리들에게 "내일 단체협상이 진행되는데 조합원들이
점심시간에 관심을 보여 주었으면 한다"고 당부했다. 회의가 늦
게 끝나면 이소선 어머니 집에서 자는 미싱사도 있었다. 다음 날
나는 공장으로 돌아가 바로 이런 사실을 전했고, 작년에 퇴직금
싸움 하던 때를 생각하며 이번에는 회의 장소인 동화시장으로
찾아갔다. 이번에도 "단체협상을 성실히 하라", "사용주들은 임
금을 인상하라" 등의 구호를 외치고 노래를 부르며 점심시간을
보냈다. 그러고 나서 자연스럽게 퇴근 후 노동교실에 모였다. 그
날 저녁에 우리들은 그 자리에서 농성을 시작하였다. 속담에 "고
기도 먹어 본 놈이 먹는다"는 말이 있듯이, 작년 퇴직금 싸움과
시간 단축 싸움에서 승리를 맛본 우리들은 무서움과 두려움 없

　　　　　　　　　　　　　　　　　　열세 살 여공의 삶

이 농성을 시작하였다. 시간 단축 때와는 분위기가 달랐다. 밤에 집으로 돌아가려는 조합원들이 별로 없었다. 이때 이소선 어머니는 앞에서 마이크를 잡으시고는 "하루에 와이셔츠 몇 장 만드는 게 중요하지 않다. 여러분들은 이다음에 결혼해서 아들딸 낳고 살아야 할 것 아니냐. 그러면 배워야 하고, 똑똑해야 한다"고 하셨다. 앞의 사회자가 단상에서 누군가와 이야기를 하고 이어서 구호를 외치고 노래를 불렀다. 이번에는 지부장이 마이크를 잡았다. "여러분, 나는 중요하다고 생각하는 것이 세 가지 있다. 첫째, 노동운동을 하려면 3일 동안 잠을 자지 않아야 하고, 둘째, 3일 동안 말을 할 수 있어야 하며, 셋째, 3일 동안 굶을 수 있어야 한다"고 했다. 나는 속으로 3일 동안 굶고 잠 안 자는 것은 할 수 있을 것 같은데 3일 동안 말하는 것은 자신이 없다고 생각했다.

이소선 어머니는 나에게도 나와서 한번 이야기해 보라고 했다. 나는 "열세 살에 평화시장에 들어와서 열심히만 하면 잘살 수 있을 것으로 알고 일만 열심히 했다. 사장들은 1~2년 만에 집도 사고 부자가 되는 것을 우리들의 눈으로 보아 왔다.[1] 나는 투쟁할 때 결근하는 것 말고는 단 한 번도 결근과 지각을 해 본 적도 없다. 나는 아파 죽어도 공장에 가서 죽자 하면서 출근했다. 하지만 이제는 노조 활동을 한다는 이유로 공장장은 나를 어떻게 하면

---

**1**　삼정사 사장의 경우 신당동의 고급 주택에 살고 있었다. 지금은 강남이 부의 상징이라면, 당시에는 신당동이었다. 박정희의 주택도 신당동에 있었다.

해고시킬까만 고민하고 있다"고 했다. 나는 말을 하면서 울기도 했고, 조합원들도 함께 울었다.

그날 이후 이소선 어머니는 나에게 무슨 때만 되면 앞에서 마이크 를 잡으라고 권했다. 나는 혈액형 A형의 아주 소심한 성격이었다. 하지만 앞에서 마이크를 잡으면서부터는 자신감과 용기가 생기기 시작했다. 그런 일이 없었다면 나는 지금도 용기 없는 여자, 수줍음 많은 여자로 살아가고 있을 것이다.

나는 그런 과정을 통해 지난날 내가 생각했던 것들이 얼마나 바보스럽고 어리석었는지를 알게 되었다. 노조를 알기 전에는 나만 열심히 하면 당시에 부의 상징이던 삼일빌딩도 살 수 있을 것으로 기대하며 열심히 일을 했다. 하지만 노조에서 실시하는 교육을 통해 내가 아무리 열심히 일을 해도 잘살 수 없다는 사실을 알게 되면서 나는 더욱더 투쟁에 가담했다. 지난날 내가 바보였기 때문에 전태일 동지가 죽은 것만 같아 죄인 같은 느낌이 들었으며, 전태일의 친구들인 선배들의 피나는 노력에 늘 고개가 숙여졌다. 나의 노력은 헛되지 않았고 싸울 때마다 승리를 맛보았기 때문에 나는 자신감 넘치는 노조 활동가의 길을 걸어가고 있었다.

농성장에 참여한 조합원 중에는 와이셔츠 공장의 조합원들이 대략 60퍼센트를 차지할 정도로 많이 모여 있었다. 와이셔츠 쪽이 많이 모인 것은 각 공장 오야 미싱사들이 적극적인 노조원이었기 때문이었다. 와이셔츠 공장 8~9곳은 이틀 동안 미싱 기

　　　　　　　　　　　　　　　　　　　　　　　열세 살 여공의 삶

계가 돌아가지 않았다. 당시에 평화시장에는 크고 작은 와이셔츠 공장이 꽤 많았다. 우연히도 조합원들은 주로 규모가 큰 공장에서 일하고 있었다. 와이셔츠 쪽 사장들은 노사 교섭 장소와 노동교실을 왔다 갔다 하였고, 최종적으로 와이셔츠 한 장 공임이 35원에서 50원으로 인상되었다. 즉, 37.8퍼센트 인상이었다. 1966년부터 평화시장에서 일을 했지만 그때처럼 월급이 많이 올라 본 경험이 없었다. 그것은 청계노조 역사에서 가장 큰 폭의 임금 인상이었다. 더욱이, 당시에 시다 직불제[2]가 실시되었기 때문에 실제 임금 인상률이 50퍼센트가 넘은 셈이었다. 시다 직불제가 실시되지 않았다면 와이셔츠 공임 장당 50원을 받아 시다 월급을 조금 주고 나머지가 미싱사 몫이 되었다. 하지만 시다 직불제가 되었기 때문에 이제는 50원 공임이 모두 미싱사의 몫이 되는 셈이었다.

평화시장의 노동시간 단축, 퇴직금, 임금 인상 투쟁의 소식들은 급물살을 타고 전파되었다. 동대문 평화시장의 영향으로 남대문의 의류 공장들도 자연스레 근로 개선이 되기 시작했다. 남대문에 다니는 한동네 친구는 나에게 "야! 평화시장에 노동조합 있니?"라고 물었다. 나는 "응" 했다. 그런데 그 친구는 "야! 노동

---

**2** 그동안 시다들은 한 달 동안 일을 하고 월급은 미싱사들에게 받았다. 즉, 미싱사가 도급제로 계산한 월급에서 시다에게 얼마씩 주고 나머지를 자기 몫으로 가져갔다. 1976년 단체협상의 결과로, 시다 월급은 이제 사장이 직접 주게 되었다.

조합 덕분에 우리도 일찍 끝났다"며 좋아했다. 나는 조금 우쭐해서 "그거 우리들이 투쟁해서 이긴 거야" 했다. 그 친구는 "너 그런 데도 가니?" 했다. 나는 노동조합의 필요성을 설명하면서 앞으로 노조 없는 데서는 일하지 말라고까지 했다.

1966년에 삼양사에서 보았던 돼지 모터는 차츰차츰 자취를 감추고 있었다. 이제는 발판을 눌렀다 발을 뗌과 동시에 미싱이 멈추었다. 미싱사들은 이제 공정이 끝날 때마다 미싱 바퀴를 잡을 필요가 없어졌다. 모터뿐 아니라 각종 기계들이 도입되기 시작했다. 삼양사에서는 오바로크만 있었는데 이제는 인타로크도 나왔다. 예전에는 에리(칼라)를 빳빳하게 하기 위해 밀가루 풀이 필요했지만 이제는 밀가루 풀도 사라지게 되었다. 풀이 붙어 있는 쪽을 원단에 놓고 뜨거운 다리미로 눌러 주기만 하면 간편하게 에리 모양이 생겼다. 그런데 다리미로 하면 어떤 쪽은 잘 붙고 어떤 쪽은 덜 붙어 에리 모양이 나지 않았다. 어떤 곳은 공기가 들어가 모양이 멋스럽지 못했다. 이것을 해결한 것이 큰 압축기였다. 이 기계는 다리미 7~8개를 한꺼번에 쓰는 것과 같은 효과가 있었다. 무거운 압축기 안에 에리 8~9개씩 넣고 발로 1~2분만 밟고 있으면 공기 하나 들이기지 않고 일정하게 에리가 붙어 있었다. 신속성과 정확성이 뛰어났다.

1976년 당시 동화시장 옥상에는 근로감독관들이 파견 나와 있었다. 노조에서는 사장들에게 "공장을 운영하려면 일하는 사람들에게 시간 외 근무 수당, 생리 수당, 월차 수당을 주어야 한

　　　　　　　　　　　　　열세 살 여공의 삶

다" 등을 직접 계몽하기 시작하였다. 사용주들은 노동청 감독관들과 노조 간부들에 게 근로기준법의 내용을 지킬 것을 요구받기 시작했다. 공장 노동자들이 노동교실에서 농성을 하면 공장의 미싱은 멈추고, 사용주들은 어떻게 할지 고민하기 시작했다. 객공으로 하면 노동시간 단위로 임금을 주는 것이 아니므로 시간외수당을 계산하기가 어려웠다. 사용주들은 차제에 월급제로 바꾸기로 했다. 그러면서 라인 작업이 시작되었다. 처음에는 시행착오도 많았지만, 월급제는 정착되어 갔다.

그동안 내 월급봉투에는 3번, 7번, 1번이라 쓰인 글자가 전부였다. 1번이라고 적힌 하얀 편지 봉투를 들고 다락방으로 올라와서 먼저 한 달 동안 수첩에 적어 놓은 숫자와 계산이 맞는지 보고, 이상이 없으면 시다 월급을 주고 집으로 돌아가는 것이 순서였다. 간혹 내 수첩 기록과 맞지 않을 경우, 재단사나 공장장에게 확인하고 누구의 계산이 잘못되었는지 확인을 했다. 혹시 내 계산보다 적게 나오면, 나머지는 다음 달에 준다며 넘어가기도 했다. 그럴 때 당장 달라고 말할 수 있는 미싱사는 아무도 없었다.

그런데 단체협약으로 바뀐 급여 체계에 따라 처음으로 받아든 월급봉투에는 이름, 본봉, 월차 수당, 생리 수당, 공제 조합비 하는 식으로 목록이 정리되어 있었다. 난생처음 받아 보는 생리 수당, 월차 수당이었다. 마치 공돈이 생긴 것처럼 기분이 좋았다. 무엇보다 우리가 단결해서 싸운 덕분에 달라진 것이어서 월급봉투 하나에도 나는 만족을 느꼈고, 앞으로도 노조 활동을 더욱더 열심히 해야겠다고 다짐했다. 이렇게 피부에 직접 와 닿는 짜릿한 승리감은 와이셔츠 업계 노동자들이 더 많이 노동교실에 참여할 수 있는 충분한 원동력이 되었다.

월급제로 바뀌고 나서는 매달 월급봉투에 본봉 25,000원으로 기록되어 있다(청계노조 사업 보고 1975: 152). 그동안은 여름철에 비수기로 장사가 안돼서 일이 없으면 월급도 없었다. 노동자들도 도급제인데 일을 안 했으니 월급이 없는 것은 당연하다고 받아들였다. 그런데 월급제로 바뀐 뒤에는 일을 며칠 하지 않았다고 월급을 못 받는 일도 사라지게 되었다. 일정한 액수로 매달 월급을 받으니 생활도 안정되어 가기 시작했다. 처음에는 일을 하지 않고 월급을 받으려니 조금 미안한 마음도 들었다. 하지만 성수기에 그만큼 일을 많이 하지 않는가. 물론, 한계도 있었다. 생리 수당과 월차 수당은 전달에 결근하지 않은 경우에만 나왔다. 나는 결혼 후 공장 생활을 할 때 하루 결근하면 생리 수당, 월차 수당, 하루 일당을 포함하여 3일치가 봉급에서 제외되었기 때문에 딸아이 유치원 생일잔치 날에도 참석을 하지 못했다.

노조를 알기 전, 밤 9시 55분만 되면 라디오 방송에서는 "청소년 여러분! 밤이 깊었습니다. 어서 빨리 부모님이 기다리는 가정으로 돌아갑시다"라는 소리가 나왔다. 그럴 때면 나는 '야! 누구는 가기 싫어서 안 가냐? 집에 보내 줘야 가지'하고 마음속으로 구시렁거렸다. 막차 시간인 밤 11시 20분까지 빵 한 조각도 먹지 못한 채 일하던 내 처지와 방송이 선도하던 청소년의 처지는 너무도 달랐다. 그런데 노조를 통해서 노동시간 단축의 맛을 보았고, 더욱이 와이셔츠 공장 노동자들은 1일 8시간으로 노동시간 단축까지 해냈기 때문에 나는 자신감 넘치는 나, 두려움 없는 나로 다시 태어나고 있었다. 기회만 있으면 이소선 어머니는 우리들에게 "햇빛 하나 없는 캄캄한 지하에서도 조그만 구멍 하나를 내면 그 구멍으로 햇빛이 들어와 살 수 있다"고 하셨다. 그 구멍 내는 일을 내가 해야 된다는 사명감을 나는 온몸으로 실천하고 있었다.

라디오 방송 말고도, 시다 시절부터 내가 오랫동안 저항감을 느껴왔던 일이 또 하나 있었다. 1967년 버스 요금은 일반 10원, 학생 5원[3]이었다. 당시에 학생들은 학교에서 회수권을 한 장당 5원에 구입해 버스를 이용하였다. 하지만 학생들도 회수권이 아니면 일반 요금을 내야 했다. 공장에 다니는 우리들은 회수권을 구입할 수 없었고, 설사 길거리에서 주워서 쓰려고 해도 버스 안내양들은 교복을 입지 않은 학생들에게는 회수권을 받지 않았다. 안내양들은 회수권과 버스 요금을 받으면서 교복을 입지 않은 학생이 5원을 내면 10원을 달라고 했고, 어떤 학생은 학생증을 제시하기도 했다.

그때 내 나이 열네 살이었다. 교복을 입지 못하는 것도 억울한데 버스 요금까지 일반 요금으로 낸다는 사실에 너무 화가 났다.

---

**3**  일반 8원에서 10원 인상, 학생 5원(동아일보 1967. 10. 12.)

나보다 훨씬 나이도 많은 대학생도 5원을 내고 다니는데 나처럼 힘들게 일하는 여공들은 일반 차비로 10원을 내고 다니는 것이 억울하다는 생각이 들었다. 조금 일찍 퇴근하면 10원을 아끼기 위해 2시간씩 걸어 다녔다. 나는 친구들과 점심을 같이 먹는 것이 부담스럽기도 했고, 자존심이 상하기도 했다. 왜냐하면 다른 친구들은 두부조림, 콩조림, 멸치볶음 등을 도시락 반찬으로 싸 왔지만, 나는 김치 혹은 단무지가 전부였기 때문이었다. 그런데 버스 교통비가 5원이라면 하루에 10원이 절약될 것이고, 그 10원으로 우리 가족 여덟 명이 하루 종일 먹을 수 있는 반찬을 살 수 있을 터였다.[4]

---

4 1966년 첫 월급은 700원을 받았다. 하루 버스 요금 20원, 한 달 출근하는 날 28일, 그러면 560원이 한 달 교통비로 지출되었다. 월급에서 교통비를 빼고 남는 것은 겨우 140원이었다. 한 달에 두 번 쉬는 날도 못 쉬게 되면 버스비는 600원, 결국 남는 것은 100원이었다.



열세 살 여공의 삶

# 다림사 '라인 작업'

내가 1971년 다림사에 입사했을 때에는 다른 공장과 마찬가지로 미싱사와 시다가 2인 1조가 되어 일을 했다. 오바로크, 인타로크, 마도메, 시야게, 재단사 등으로 비슷한 구조였다. 1976년 노조와 단체 협상이 진행될 때까지 같은 방식으로 일을 하고 있었다. 앞 절에서 설명한 대로 와이셔츠 공임은 35원에서 50원으로 인상되었다. 당시 신제품의 기술 개발로 인해 새로운 기계들이 도입되기 시작했다.

공장 안에는 인타로크 한대와 압축기 하나가 있었다. 시다들은 압축기 앞 순서를 타기 위해 재빨리 에리 하나를 먼저 가져다 놓고 재단 보조 혹은 시야게에게 "1번이 먼저요" "3번이 먼저요" 했고, 오바로크와 인타로크도 마찬가지였다. 그러다 보니 맨 나중 순서를 받은 시다는 기가 죽기도 했고, 그 미싱사는 할 일이 없어서 때로는 잠깐 쉴 때도 있었다. 왜냐하면 시작과 끝이 비슷한데 순서에 따라 옷 만드는 시간에 차이가 생기므로, 결국 처음 순서를 받은 사람이 월급을 가장 많이 탈 수 있는 불합리한 구조였다. 특히 시다들은 좋은 순서를 받기 위해 늘 긴장하면서 시야게와 재단 보조에게 잘 보이려고 필요 없는 애교를 부리기도 했다.

와이셔츠 공장의 라인 작업 체계 도입과 함께, 앞서 말했듯이 인적 구성비가 바뀐 것은 매우 중요하다. 이전의 진선미 공장에서는 미싱사 1명에 시다 1명씩 고용되었고, 총 미싱사 8명에 시다 8명이 일하고 있었다. 반면, 다림사 공장에서 라인 작업을 실시한 뒤로는 미싱사 8명에 시다가 11명 고용되었다. 이 변화의 의미를 이해하려면 라인 작업이 무엇인지 먼저 알아야 한다.

라인 작업 체계가 도입되기 전과 후는 다음과 같다. 우선, 라인 작업 체계가 도입되기 전에는 옷 한 벌 만드는 과정을 하나부터 열까지 1명의 미싱사와 1명의 시다가 도맡아 하게 된다. 따라서 카오스, 카라(칼라), 주머니 등 옷 한 벌에 필요한 모든 공정—모찌다시 달기, 카오스 만들기, 카라 만들어서 스티치 치기, 앞판에 비끼야시 막기, 주머니 달기, 라벨 달기, 가다와 뒤핀 연결하기, 뒤판과 앞판 연결하기, 소매 만들기, 와끼 인타로크하기, 카오스 달기, 카라 몸판에 연결하기(에리 달기), 미스마끼—을 정해진 순서대로 미싱사와 시다가 한 조가 되어 하루에도 수십 번 반복하는 것이다. 그런데 라인 작업 체계가 도입된 뒤에는 카오스만 만드는 사람, 카라만 만드는 사람, 주머니만 다는 사람 등으로 나뉘게 되고, 시다도 카오스에 필요한 밑작업을 하는 시다, 카라를 만드는 데 필요한 밑작업을 하는 시다 등으로 나뉜다. 그러므로 라인 작업 체계에서는 꼭 미싱사 1명에 시다 1명일 필요가 없다.

다림사에서 라인 작업을 통해 알게 된 사실은 옷 한 벌을 만드는 데 미싱사보다 시다의 노동이 더 많이 필요하다는 점이었다. 삼양사의 미싱사 1명에 시다 1명 시스템은 시다가 쉴 시간이 없을 정도로 억지스러운 것이었다. 그렇다고 미싱사 1명에 시다 2명을 배치할 수도 없었다. 그런데 라인 작업 체계가 도입되면서 비로소 미싱사와 시다의 일이 균형 있게 배분되었다고 볼 수 있다. 그리고 이것은 미싱사도 더 이상 쉴 틈이 없다는 것을 의미한다. 진선미에서 라인 작업을 하지 않을 때에는 시다가 미싱사의 작업 속도를 따라가지 못해서 밥도 못 먹고 일하는데도 일감이 떨어져 미싱사가 기다려야 할 때가 있었다. 그 시간이 미싱사에게는 약간의 쉬는 시간이었다. 그런데 라인 작업을 하게 되면서 미싱사도 시다도 쉴 틈 없이, 마르크스가 말한 것처럼 ‘효율적’으로 일하게 된 것이다.

라인 작업으로 전환된 후 하루 와이셔츠 생산량은 내가 생각해도 엄청난 숫자였다. 진선미의 예를 들면, 미싱사 1명에 시다 1명이 한 팀이 되어 일할 때 어림잡아 와이셔츠 65장을 만들었고, 미싱사와 시다가 각각 8명씩이었으므로 하루 12~13시간 동

안 생산량은 520장이 되었다. 라인 작업을 하는 다림사에는 오
야 미싱사 6명과 보조 미싱사 2명에, 시다는 오야 시다 2명과 보
조 시다 6명, 초보자 3명이 고용되어 있었다. 우리는 하루 작업
시간인 8시간 기준으로 와이셔츠를 800~900장까지 만들어 냈
다. 결국, 미싱사와 시다가 2인 1조가 되어 일을 할 때보다 작업
시간이 짧아졌는데도 생산량은 획기적으로 늘어난 셈이다.

내가 했던 일을 구체적으로 말하자면, 카라 만드는 미싱사가
카라를 만들어서 시다에게 주고 시다가 가위질을 해서 뒤집고
다리미로 다려서 나에게 주면 내가 카라 스티치를 박았다. 하루
에 카라를 700~800개씩 만들었다. 박음질을 하다 보니 내 손가
락 끝의 지문은 없어졌고, 심할 때에는 피가 나기도 했다. 두 번
째 손가락이 피가 나려고 하면 세 번째 손가락으로 일을 했고, 세
번째 손가락 끝에 피가 맺히면 다시 네 번째로 일을 했다. 카라가
무척 빳빳했기 때문에 박음질하는 손이 늘 아팠다. 삼십 년이 지
났지만 지금도 두 번째 손가락 끝은 다른 손가락에 비해 가늘어
보인다. 나는 라인 작업과 분업[1]의 효율성을 알지 못했고, 노조
활동을 열심히 하기 위해서 공장 생활도 더 열심히 했다. 사장들

---

1 첫 번째 사람은 철사를 잡아 늘이고, 두 번째 사람은 철사를 곧게 펴며, 세 번째 사람
은 철사를 끊고, 네 번째 사람은 끝을 뾰족하게 하며, 다섯 번째 사람은 대가리를 붙
이기 위해 끝을 문지른다. 대가리를 만드는 데도 두세 가지의 다른 조작이 필요하다.
대가리 붙이는 것, 핀을 휘게 하는 것, 핀을 종이로 싸는 것 모두가 하나의 전문 직업
이다. 이처럼, 핀을 만드는 중요한 작업은 약 18명의 독립된 조작으로 분할되고 있
다.(애덤 스미스 2007: 8)

                          열세 살 여공의 삶

**<표 2> 에리(칼라Collar) 공정의 분업 과정**

| | | |
|---|---|---|
| 1 | 에리 싱에 패턴 옮겨 그리기 | 시다 |
| 2 | 싱을 원단 한 면에 붙이기(압축기 이용) | 재단 보조, 시야게 |
| 3 | 원단과 싱을 붙인 원단을 함께 박기 | 미싱사 |
| 4 | 시접 정리하여 뒤집기 | 시다 |
| 5 | 에리 스티치 | 미싱사 |
| 6 | 고시* 싱 붙여서 꺾어 다리기 | 시다 |
| 7 | 고시 꺾어 다린 부분을 5mm 정도로 박기 | 미싱사 |
| 8 | 고시와 고시 사이에 에리를 넣고 한꺼번에 박기 | 미싱사 |
| 9 | 고시와 에리 박은 것을 뒤집어서 다리기 | 시다 |
| 10 | 다린 것을 한 번 스티치하기 | 미싱사 |
| 11 | 완성된 에리 아랫부분 시접 정리하기 | 시다 |
| 12 | 몸판과 연결하기 전에 에리에 시루시하기 | 시다 |

* 에리는 보이는 곳을 가리키고, 고시는 목 속으로 들어가는 부분을 말한다.

**<표 3> 초보자(시다)와 미싱 보조가 하는일**

| | | |
|---|---|---|
| 1 | 모찌다시 꺾어 다리기 | 시다 |
| 2 | 소매 끝에 모찌다시 달기 | 미싱 보조 |
| 3 | 카오스 싱과 접착하여 한쪽 꺾어 다리기 | 시다 |
| 4 | 카오스 박기 | 미싱 보조 |
| 5 | 카오스 뒤집어 다림질하기 | 시다 |

도 1일 8시간 노동을 받아들일 수 있었던 것은 하루 10시간 혹은 12시간 일했을 때보다 물량이 더 많이 생산되었기 때문이었다. 노동시간을 줄여도 이윤은 줄어들지 않았다. 평화시장에서 와이셔츠 업계만 1일 8시간이 가능했던 이유 중 가장 확실한 것은 라

인 작업 체계의 도입이었다. 이것은 자본주의 논리가 그대로 적용되고 있음을 증명하는 것이다. 즉, 기업주의 이익과도 맞아떨어졌기 때문에 8시간 노동제는 가능했다. 하지만 더욱 중요한 것은, 우리가 단결하여 6시에 모터 끄기 운동을 했기에 작업 시간 단축이 가능했다는 점이다. 나는 지금도 다림사의 이광숙, 이연수, 박명옥, 정은자 언니 들과 관계를 맺고 있으며, 자녀 혼인할 때 서로 왕래를 하고 있다. 하지만 시다들은 연락처를 알지 못하고 있다. 그때 그 자리에서 눈빛 하나로 통해 주던 조합원들이 너무 그립다. 1976년 봄, 인금 인상 단체협상이 진행될 때 나는 다림사 오야 미싱사로 일하고 있었고, 1977년 감옥에 갈 때까지 거기에서 일했다.

<h1 style="text-align:center">다림사에서의<br>노조 활동</h1>

1976년 추석 무렵에 청계노조 총무부장이 '풍천화섬'[1] 노동자 공순녀에게 5,000원을 주었다는 이유로 구속되자 조합원들은 동부경찰서 앞에서 매일 시위를 벌였다. 점심시간이 되면 나는 다림사의 조합원 28~29명과 함께 동부경찰서로 달려가 시위를 했다.

그때마다 공장장은 "노조 활동도 좋은데 왜 우리 공장만 전체

---

[1] 풍천화섬은 당시 가장 유행했던 폴리에스테르 원단을 만드는 공장이었다. 이 공장은 성수동에 위치해 있었고, 공장 설립 후 1976년까지 기계가 365일 하루도 쉬지 않고 돌아갔다고 했다. 추석인데도 고향을 못 간 노동자들은 추석 명절날 "우리도 명절 때 쉬게 해 달라"며 시위를 하였다. 이때 도움을 준 청계노조 총무부장은 범인 은닉죄로 구속 수감되었다.(청계노조 사업 보고 1977: 70~73, 이원보 2004: 359, 이옥지 2001: 214)

가 가동이 중지되어야 하냐"며 나에게 하소연했다. 공장장은 사장 동생이었다. 그는 "우리 공장의 주동자가 신순애인 줄 알고 있다. 하지만 내가 순애를 해고하면 다른 애들이 벌 떼처럼 달려들 것 아니냐"고 했다. 때론 "순애를 해고하고 싶어도 성실하게 일을 잘하기 때문에 고민"이라고 했으며, "노조만 아니면 최고의 미싱사인데" 하면서 노조 활동 포기를 종용하기도 했다.

나는 그때 '원풍모방' 공장의 1일 3교대를 얼마나 부러워했는지 모른다. 투쟁은 해야 하는데 그럴 때마다 공장의 모든 작업이 중단되는 데 대한 죄책감 때문이었다. 청계노조에서 대의원을 선출하는데 다림사가 속한 동화시장에서만 20명을 뽑게 되었다. 다림사에서 연수와 내가 출마를 했다. 공장장은 "동화시장 대표를 뽑는데, 왜 앞 공장에서는 단 한 명도 안 나가는데 우리 공장에서만 2명이 출마하냐"고 나에게 항의했다. 그래서 나는 대의원 출마를 포기했다. 그런데 1976년 대의원 대회에서 나는 부지부장으로 선출되었다. 이런 결과를 보고 공장장은 "청계노조에 사람이 우리 다림사밖에 없는 것 같다"고 했다.

다림사 공장에는 결혼을 하고 공장 생활을 하는 언니들이 있었다. 그 언니들은 퇴근 후 집에 가서 살림을 꾸려야 했지만, 노조 활동으로 집안일에 소홀할 수밖에 없었다. 그런데도 개인적인 불평을 한 번도 한 적이 없기에 더욱 존경스러웠다. 내가 노조에 가서 소식을 전해 듣고 공장에 돌아오면 곧바로 일을 해야 하기 때문에 시간이 없어서 릴레이식으로 전달을 했다. 내가 옆자

리의 광숙에게 전하면, 광숙이는 다음 미싱사에게, 다음 미싱사
는 또 그다음 미싱사에게, 그다음 미싱사는 은자에게, 은자는 명
옥에게 전하는 식으로 5분도 되지 않아 모든 것이 전달되었다.

동부경찰서 앞에서 구호를 외치고 노래도 불렀지만, 경찰서로
잡혀가면 언제 구호를 외쳤냐는 듯 순한 양이 되었다. 한 대라도
덜 맞기 위한 방법이었다. 경찰관들은 조합원들에게 집이 어디
냐고 물은 다음에 주소지에 따라 청량리경찰서, 동대문경찰서,
서대문경찰서, 남대문경찰서로 나누어 이동시켰다. 나는 오늘은
동대문경찰서, 내일은 서대문경찰서, 또 다음 날은 남대문경찰
서로 옮겨 다니며 훈방 조치를 받았다. 경찰 담당자는 조합원들
에게 "여러분은 지금 불순분자 꼬임에 넘어가 이런 행동을 하는
것이니 불순분자를 잡겠다"면서 우리들은 너무 어리기 때문에
훈방 조치한다고 했다. 경찰 조사관들의 눈에 내 얼굴이 알려져
서 좋을 것이 없다는 것을 나는 알고 있었다. 그래서 나는 오늘은
순애, 내일은 영순, 다음 날은 말숙, 또 다음 날은 은자 등으로 이
름을 바꾸어 가면서 동부경찰서를 쫓아다녔다. 잡혀가면 나이와
이름, 주소 등을 매일 바꾸어서 대답을 했다. 당시에는 전산으로
신원을 확인할 수 없었기에 가능했다.

나는 원풍모방처럼 1일 3교대로 근무하는 부푼 꿈을 꾸었다.
원풍모방 노동자들이 기숙사에서 잠을 자는 것에 비해 평화시장
공장에서는 다락방에서 잠을 잤다. 원풍모방의 시설이 좋았다고
말할 수 없지만 평화시장과 비교했을 때 목욕탕과 식사가 상대

적으로 좋았고, 한 달에 기숙사비가 1,800원으로 자취에 비해서는 상대적으로 싼 편이었다.(이옥순 1990: 44, 김원 2005: 617에서 재인용) 나는 원풍모방 조합원들과 연대 투쟁을 하면서 원풍모방의 근로조건을 알게 되었다. 나와는 달리 그들은 1일 3교대를 했기 때문에 오전 근무하고 퇴근하면 시간적 여유가 있었다.

내가 농성장에 참석하는 날은 다림사 공장의 기계가 멈추기 때문에 공장장에게 미안한 마음이 들었고, 내 몸은 농성장에 있지만 마음은 공장에 가 있었다. 평화시장에는 없었던 3교대 소식을 듣고 얼마나 부러워했는지 모른다. '우리도 1일 3교대가 되면 좋을 텐데', 혹은 '동화시장 옥상에 기숙사가 만들어졌으면' 하는 꿈을 꾸었다. 이렇게 내가 원풍모방 사정을 알 수 있었던 것은 1970년대에 투쟁을 함께했기 때문이다. 다음은 박수정이 기록한 박순희의 말이다.

"1970년대 노동운동은 연대 투쟁하지 않았다는데 1970년만큼 연대 투쟁한 적도 없다. 연대라는 용어를 쓰지 않아서 그렇지, 우리 조합원들 다른 사업장 싸움 때문에 얼마나 두드려 맞고 경찰서를 내 집 드나들 듯이 했는데. 방림방적에서 '한 시간 일찍 출근하고 한 시간 늦게 퇴근하기'라는 새마을운동을 해서 두 시간 임금 착취하려는 것이었다. 그걸 거부하기 위해서 투쟁할 때 우리도 가서 유인물 돌리고 함께했다. 그뿐 아니라 남양나이론, 해태, 롯데, 하여튼 어디든 싸움할 때 우리 조합원들이 끼지 않으면 그 홍보 작업이

되지 않았다니까. 동네 집집마다 유인물 넣고 다니고, 집회라는 집
회는 다 쫓아다녔지. 우린 안간힘을 써서 했어. 그게 연대지."

"그렇게 할 수 있었던 건 노동조합 민주화하면서 열두 시간 맞교
대에서 여덟 시간 3교대로 바뀌었기 때문이야. 열두 시간 일하다
가 여덟 시간 일하니까 일하는 것 같지도 않고 몸이 날아갈 것 같
았어. 그때 조합원이 2,100명이었으니 노동운동에 활발히 참여했
어. 때로는 경찰서에 잡혀 들어가 무진장 맞았지."(박수정 2004: 157)


　　나는 '콘트롤데이타' 농성 현장에 조합원들과 함께 지지 방문
을 했다. 그런데 콘트롤데이타 노조 간부가 고맙다면서 햄버거
를 가지고 왔다. 한 조합원은 "누나, 우리 매일매일 지지 방문하
자"고 했다. 한 번도 먹어 보지 못한 비싼 햄버거를 농성 지원 와
서 먹을 수 있었으니 당연한 말이었다.

# 구속과
# 수감 생활

청계노조 산하 노동교실은 노동자들의 보금자리였고, 노동자들의 꿈과 희망을 이루어 주는 젖줄 같은 곳이었다. 평화시장 노동자들이 퇴근 후에 모여서 중등교육 과정은 물론이고 각종 일반 상식부터 노동법까지 배우는 곳이었다. 그뿐 아니라 청계노조 내 소그룹이었던 아카시아 모임에서는 꽃꽂이 등 수많은 프로그램을 진행했고, 각 방에서 서로 다른 모임이 운영되고 있었나.

1977년 7월 20일 장기표[1] 재판 과정에서 소란을 피웠다는 이유로 이소선 어머니가 '법정 모독죄'[2]로 구속되었다. 이소선 어머니의 연행과 동시에 조합원들의 젖줄 같고 생명줄 같은 노동교실을 원천 봉쇄하고, 건물 주인에게 압력을 행사하기 시작하였다. 건물 주인은 노동교실을 1977년 9월 10일에 비워 달라는 내용증명 통보를 청계노조 앞으로 보내왔다. 조합원들은 노동교실에 담긴 노동자들의 꿈을 포기할 수 없었다. 결국, 뜻있는 몇몇 조합원들이 빼앗기더라도 소리라도 한번 내 보자고 의견을 모았다. 투쟁 날짜는 건물 주인이 노동교실을 비워 달라는 날의 하루 전인 9월 9일[3]로 잡았다.

조합원들은 예정된 9월 9일 점심시간이 되자 삼삼오오 모이기 시작했다. 노동교실 입구에는 경찰 3~4명이 근무 중이었다. 이때 노조 교육부장 이숙희가 노동교실 열쇠를 가지고 있었는데, 경찰에게 무엇인가 꺼낼 것이 있다면서 먼저 올라갔다. 그 뒤를 따라서 노동자들이 밀고 들어갔는데, 경찰들과 큰 마찰 없이 들어갈 수 있었다. 정확한 숫자는 모르지만 한 50~60명 정도가 모였던 것으로 기억한다.

올라가자마자 농성을 위한 준비를 시작하였다. 수돗물이 끊길 것을 대비해 욕조에 물을 받는 조합원도 있었다. 남자 조합원들

---

1  나는 당시에 민청학련 사건으로 구속된 장기표가 누구인지 알지 못했다. 나중에 전태일 동지가 죽고 나서 학생으로서는 최초로 이소선 어머니와 긴밀한 관계를 맺고 지내 온 사람 중 한 명이라는 사실을 알게 되었다. 조합원들과 나는 장기표 재판 방청을 통해 사회 문제, 정치 문제 등을 배울 수 있었다.
2  총무부장 양승조는 '범인 은닉죄', 이소선 어머니는 '법정 모독죄', 나와 조합원들은 '공무 집행 방해죄'였고, 교회 집회에 가서 호소한 여공들은 '예배 방해죄'였다.
3  청계노조 조합원들은 노동교실을 지키기 위해 투쟁한 이 사건을 '9·9사건'이라고 부른다.

은 경찰이 들어올 것을 대비하여 책상과 의자로 바리케이드를 쳤다. 한쪽에서는 〈우리 승리하리라〉, 〈불평불만과 환멸 가득한 이 세상에 너는 무엇을 위해 사는가〉, 〈참된 평화〉 등의 노래를 불렀다. 우리들이 투쟁할 때 꼭 불렀던 노래는 〈전태일 추모가〉였다.

> 지금도 가슴속에 파고드는 소리/ 전태일 동지의 외치는 소리/ 근로기준법을 지켜라 헛되이 말라/ 피맺힌 그 자리에 젊은 피가 끓는다/ 내 곁에 있어야 할 그 사람 어디에/ 다시는 없어야 할 쓰라린 비극

청계노조 조합원들은 행사가 있는 장소에서는 이 노래를 반드시 불렀다. 그날도 추모가를 부르면서 한없이 울었다. 전태일 동지가 목숨을 바친 것도 기가 막힐 일이었지만, 그의 뜻이 담긴 노동교실을 지키려는 우리가 이번 투쟁으로 구속될지도 모른다는 불길한 예감이 들었기 때문이었다. 하지만 구속이 두려워 농성을 포기할 수는 없었다.

오후 두세 시가 되자 요란한 호두라기 소리와 함께 소방차노 도착했다. 소방차의 호스는 옆 건물 옥상으로 끌어올려지고 있었다. 나는 소방차가 왜 오는지 이유를 몰랐다. 잠시 후 소방관들이 호스를 들고 물을 뿜어 대기 시작했고, 그 거센 물줄기에 바리케이드로 사용했던 재단판이 무너지고 말았다. 소방 호스의 물

대포가 노동교실 안으로 쏟아져 들어오기 시작했고, 노동교실 안은 아수라장이 되었다.

소방차 물대포의 위력은 대단했다. 바리케이드로 사용한 큰 재단판도 소용이 없었다. 이때 나는 물대포에 맞아 창문 끝까지 밀려났다. 창문이 없었다면 아마 밖으로 떨어졌을 것이다. 그런 광경을 본 조합원들은 흥분하기 시작했다. 조합원 신광용이 할복을 시도했고, 3층에서는 민종덕이 아래로 떨어졌지만 4층에 있던 우리들은 그 사실을 알지 못했다. 할복을 시도한 조합원 신광용의 몸에서는 피가 계속 흐르고 있었다. 청계노조 지부장은 경찰들이 마이크를 잡고 약속한 "어머니도 풀려날 것이고 어떤 피해도 없이 해결될 것"이라는 말을 믿었고, 그에 따라 6~7시간 정도 지나서 우리는 해산하기로 했다. 조합원들과 나는 바로 중부서로 연행되었다.

그 농성이 있던 9월 9일 오전에 내가 중부경찰서 장 모 계장을 어떻게 만났는지 기억에 없지만, 10분 정도 대화를 나누었던 기억은 있다. 그가 점심을 먹고 가라고 했지만 나는 약속이 있다고 경찰서를 나와 노동교실 농성장으로 갔다. 몇 시간 후 중부서로 연행된 뒤에 장 모 계장은 나를 보자마자 "이 쌍년아! 밥 먹고 가라니까 약속 있다더니 이 짓 하려고 그랬냐"며 따귀를 사정없이 때렸다. 그의 손바닥이 벌게질 정도였다. 그 덕분에 나는 고막 천공이라는 '훈장'을 얻었다. 그렇게 나를 때리고도 장 모 계장은 분이 풀리지 않았는지 "쥐새끼만한 것들이 모두 빨갱이 짓만 하고 있다"고 소리를 지르며 윽박질렀다.

문제는 그날이 하필 9월 9일이었다는 점이다. 9월 9일은 북한에서 국경일로 제정된 '조선민주주의인민공화국 수립일'이라고 한다. 담당 경찰관은 누가 9월 9일로 하자고 했는지 대라고 했다. 나는 "건물 주인으로부터 9월 10일까지 노동교실을 비워 달라는 요구를 받았기 때문"이라고 이야기했지만, 경찰관은 "너희들이 한 행위는 북한에서 좋아하는 행동"이라고 추궁했다. 나는 당시에 북한 사람들은 무서운 괴물이라고만 알고 있었다. 나는 우리들의 노동교실을 돌려달라고 했는데 어째서 빨갱이 행동이라는 건지 앞뒤가 맞지 않는다고 생각했지만, 맞을까 봐 아무 소리도 못 했다. 경찰이 나에 대한 구속영장을 청구했지만 기각되었다. 그러자 처음부터 다시 하자면서 수십 차례 같은 이야기를 반복했다. 2차 구속영장도 기각되었다. 그러자 이제는 아예 내가 노조를 알게 된 시기부터 조사를 하기 시작했다. 노동시간 단축 농성, 와이셔츠 공장 임금 투쟁, 1976년 노조 총무부장 구속과 관련하여 동부경찰서 쫓아다니면서 시위했던 것과 장기표 재판 방청, 1977년 7월 10일 민종진 가스 질식 사건[4]까지도 모두 조사했다. 결국, 나는 구속되었다.

중부경찰서 유치장 안에는 작은 창문이 있었다. 창문으로 어머니와 오빠가 돌아가는 것을 우연히 보았고, 나는 한없이 울었다. 중부경찰서에는 대학생들도 잡혀 왔다. 경찰 담당자는 학생들이 "화장실 가고 싶다"고 하면 조금 전에 다녀왔더라도 다녀오라고 하였다. 하지만 내가 화장실 가고 싶다고 하면 욕부터 퍼붓기 시작했다. "야, 쌍년아, 참아! 너희들 때문에 지금 우리들이 쉬지 못하는 것 안 보여, 이 개 같은 년아" 했다.

중부서 유치장은 원형으로 되어 있었기에 경찰관이 하는 이야기를 모두 들을 수 있었다. 유치장에 있었지만 통방을 하려면 할 수 있었다. 학생들이 통방을 하면 경찰관들은 모르는 척하기도 했다. 하지만 우리 조합원들이 통방을 하면 불호령이 떨어졌다. "야! 거기 뭐냐? 여기가 너희들 안방인줄 알아?" 했다. 학생들은 긴급조치로 구속이 되었지만 면회도 할 수 있었다. 하지만 경찰들은 나와 조합원들에게는 단 하루도 면회를 시켜 주지 않았다. 나는 속으로 정말 억울하다고 생각했다. 데모하고 잡혀 온 학생들도 똑같이 '빨갱이'들이라고 하면서도 대학생들 대하는 태도와 노동자들 대하는 태도가 180도 달랐다. 나는 밖에서 차별받은 것도 억울한데 경찰서에 와서까지 차별을 받고 있다고

---

**4**  협신피혁은 가죽 제품 만드는 공장이었다. 제품을 만드는 과정에서 폐수 처리를 해야 하는데, 기계로 처리하는 것보다 사람이 직접 하는 쪽이 비용이 절감된다는 사실을 사장은 알고 있었다. 사장의 지시로 폐수 처리장 청소를 하러 간 노동자 세 명이 처리장에 들어간 지 30분도 되지 않아 질식하는 소동이 벌어졌고, 결국 병원으로 이송되었다. 그중 한 명인 민종진은 목숨을 잃고 말았다. 하지만 회사는 유가족과 동료들에게 하루빨리 장례식을 치르고 해결하자는 제안만 했다.
이 소식을 전해 들은 노동자들이 힘을 모아 생명과 노동자의 소중함을 알리기 위해 민종진 장례식에 참석하였다. 참석 노동자들은 영등포의 노동청에 몰려가 항의 시위를 벌였다. 시위 과정에서 경찰과 대치하였는데, 청계노조 조합원 박재익이 동맥이 끊어지는 사고를 당하고 나는 현장에서 질식해 병원으로 후송되었다.

생각하니 화가 나서 참기 힘들었다. 못 배우고 가진 것 없다는 것 때문에 멸시받으며 묵묵히 참으며 일했는데, 유치장에서까지 차별을 받는 것은 정말 견디기 힘든 또 하나의 고통이었고, 자존심이 상했다.

나는 경찰서 유치장에 있던 12일 동안 가족 면회 한번 못 해 보고 서대문구치소로 이송되었다. 포승줄로 묶여 굴비처럼 앞뒤 사람과 사람 사이에 엮여 있는 내 모습을 가족이 볼까 봐 두려웠다. 내가 도대체 무엇을 잘못했기에 이곳까지 와야 하나 생각하니 그저 억울하기만 했다. 집에서 걱정하시는 어머니를 생각하니 더욱 눈물이 났다. 문득 '이럴 때는 가족이 없었으면' 하는 생각도 들었다. 노동교실은 나에게 제2의 인생을 시작할 수 있게 한 곳이기 때문에 두려울 것이 없지만, 가족에게는 그저 미안하고 죄송스러울 뿐이었다.

교도관들은 구치소에 도착하자마자 옷을 벗으라고 했다. 벗지 않으려고 우물쭈물했더니 교도관들이 반말로 소리를 지르며 "빨리 벗지 못해!" 했다. 나는 벗지 않을 수 없었다. 그 수치와 모멸감은 이루 말할 수 없었다. 입 속 혹은 항문 같은 곳에 무엇인가 숨겨 들어온 것을 입수하기 위함이라는 것을 나중에 알았다. 함께 교도소로 넘어온 미결 재소자들과 함께 목욕탕에서 샤워를 할 수 있었다. 불과 3분의 샤워였지만, 경찰서에 있던 12일 동안 한 번도 못 씻었기에 그 2~3분이라도 물의 소중함을 느낄 수 있었다. 무엇보다 씻지 못해 사타구니가 아팠는데, 씻고 나니 아프지 않아서 모멸감이 좀 사라졌다.

그렇게 교도소 생활이 시작되었다. 감방에는 나보다 먼저 들어온 여자 미결수가 12명 있었다. 부부 싸움을 하다가 남편이 사망한 사건으로 들어온 사람이 있었는데, 그 사람이 방장[5]이었다. 그 방장은 나에게 "죄명이 무엇이냐"고 물었다. 내가 "특수 공무 집행 방해"라고 대답하자 방에 있던 다른 수감자들은 "그게 무슨 죄야?", "무엇 하다가 잡혀 왔냐?"고 물었다. 데모하다가 왔다는 대답에 모두 의아한 눈으로 쳐다보았다.

교도관은 직책상 나를 감시했을 것이다. 며칠 동안 나를 주시하던 교도관은 "신순애! 너 정말 데모하고 왔니?" 하면서 "너, 누구 대신 왔지?"라고 추궁했다. 배움에 목이 말랐고 그 목마름을 해소해 준 곳이 바로 노조였다. 노동교실에서 조금씩 배워 가는 것은 재미와 즐거움이었고, 행복하고 당당한 노조 활동가로 사는 것이 좋았다. 내 개인은 보잘것없고 힘이 없지만, 조합원들과 함께하면 무엇이든지 얻을 수 있었다. 그렇게 자신감이 넘쳤기에 시위를 한 것인데 죄인이 되어 이곳에 와 있었고, 나는 어떠한 변명도 하고 싶지 않았다. 나중에 왜 그런 말을 하냐고 물어보았더니, 교도관은 내가 순진하고 착하게만 보여 시위를 할 것 같은 과격한 사람으로는 보이지 않았다고 했다.

---

**5** 방장은 왼쪽 가슴에 '방장'이라는 노란색 명찰을 달고 있었다. 방장은 12명의 반장이나 다름없었다. 무슨 일이 있으면 교도관에게 알리는 것도 방장의 역할이었다.

아침 6시에 울리는 나팔 소리가 기상 신호였다. 감방 안에서는 각자의 담요를 정리하고 방 점호를 준비한다. 점호 준비는 각 방마다 미결수들이 두 줄로 맞춰 앉아 기다리는 것인데, 교도관이 출입문의 창문에 대고 "몇 명?" 할 때 방장이 "12명입니다"라고 대답하면 아침 점호가 끝이 났다. 점호가 끝나면 아침 세면을 하러 마당으로 나갔다. 이때 줄을 서서 가야 하는데, 중간중간 옆방 미결수들과 통방을 하기도 한다. 나는 함께 들어온 조합원과 마주치면 눈으로 인사를 대신했다. 미결수들에게는 세수를 할 수 있도록 물 한 바가지와 1~2분 정도의 시간이 주어졌다. 미결수들과 나는 고양이 세수를 하고 다시 줄을 서서 감방으로 돌아왔다. 식구통[6]으로 1인당 500밀리리터 정도의 물병이 들어온다. 그 물의 3분의 1은 같이 먹고, 나머지로 머리를 감았다. 약 500밀리리터 병 두 개로 세 명이 머리를 감았다. 물론 교도관 모르게 감는다. 그러고 나면 아침식사가 들어온다. 복도에서 식구통 안으로 미결수 숫자만큼 콩과 쌀보리가 섞인 밥이 들어온다. 그러면 안에서는 비닐을 깔고 밥을 받는다.

감방 안의 공간은 2~3평도 안 되는 좁은 공간이었다. 그 좁은 공간에서 나는 인간적인 사랑과 감동을 경험했다. 내가 들어가기 전부터 감방 안에는 규율이 있었다. 그날 재판이나 검사 접견

---

6  식구통은 직사각형 모양으로 약 20센티미터 정도 되는 구멍이다. 밥, 국과 반찬, 접견 때 들어온 간식 등이 모두 그곳으로 들어온다.

    열세 살 여공의 삶

이 있는 미결수에게 우선권을 주는 것이 규율 중 하나였다. 아침 세수하러 갈 때에는 가장 먼저 감방 문을 나갔고, 밥이 식구통으로 들어올 때에도 가장 먼저 들어오는 것은 재판받을 미결수 혹은 검사 접견 미결수가 받았다. 그런데 그다음 순번은 나였다. 재판받을 사람, 검사 접견 있는 사람이 없는 날은 내가 첫 번째였다. 세수하러 갈 때에도 내가 가장 먼저 갔고, 아침밥도 가장 먼저 받았다. 각 방마다 들어오는 밥을 첫 번째로 받는 것이 무슨 의미가 있을까 싶지만 그 나름대로의 우정과 사랑이었다. 방장은 "너는 사회에서 좋은 일을 하다가 이곳에서 고생을 하니 우리들이 그렇게 하기로 했다"고 하였다. 나는 그 말을 듣고 가슴이 울컥하였다. 그들 중에는 면회도 오지 않는 미결수가 상당수 있었다. 그들은 누군가가 매일 나를 면회 오고, 때로는 나도 모르는 사람이 영치금도 넣어 주는 것을 보면서 뭔가 다르다고 여겼을 것이다. 그곳에는 운전 사고로 들어온 아주머니도 있었다. 그 아주머니에게는 계란이 20개씩 들어오곤 했는데, 그러면 한 사람당 한 개씩 나누어 주고 나머지는 본인이 먹었다. 그런데 나만 특별히 하나 더 주는 것 아닌가. 나는 다른 미결수들에게 미안해서 눈치를 보았는데, 아주머니는 내게 "너는 이곳에서 몸보신을 해서 나가서 더 좋은 일을 하면 된다"고 하였다.

방장은 교도관들이 나를 특별히 주시하고 있다는 사실을 알고, 누군가 아프면 교도관에게 "선생님, 우리 방 신순애가 감기 기운이 있어요"라고 했다. 그러면 다른 사람이 아프다고 할 때보다 훨씬 빨리 약을 조달해 주었기 때문이다. 때로는 "선생님, 신순애가 너무 물이 먹고 싶대요"라고 하면 교도관은 못 이기는 척하면서 물을 가지고 왔다. 하지만 나는 기분이 나쁘지 않았다. 내가 그곳 감방 안에서 누군가에게 도움이 될 수 있다는 것이 오히려 기분 좋았다.

지금도 내 기억에 남아 있는 미결수가 있다. 그 아이는 열여덟 살이었다. 그 여자아이는 판사 집에서 5년간 식모살이를 하고 있었는데 판사가 귀여워해 주었다. 그러자 판사 부인이 질투를 느끼고 여자 아이를 때렸고 아이는 맞지 않으려고 몸을 피했다. 그런데 그 판사 부인이 넘어지면서 뇌진탕으로 사망하였다. 그 아이는 과실치사로 구속 수감되었다. 나는 마음속으로 '재수가 없어도 저렇게 없을까' 하면서도 나보다 조금 어린 그 소녀에게 마음이 갔다.

감옥에서 처음 먹어 본 음식도 있었다. 우엉, 연근, 양파를 넣은 간장 장아찌였다. 물론 양파는 알고 있었지만, 우엉이나 연근은 교도소 안에서 처음 먹어 본 음식이다. 내 가족들에게는 좀 미안했지만, 교도소 생활은 실컷 잠잘 수 있게 해 주었고, 때 되면 밥도 주었다. 내 마음대로 할 수 없다는 것만 빼고는 불편한 세 별로 없었다. 감옥 생활을 나만 그렇게 생각하지 않았다. 1978년 구속된 원풍노조 여성 노동자 장남수의 글을 보자.

저는 많지 않은 기간이지만 구치소 생활을 하면서, 우리 노동자들

　　　　　　　　열세 살 여공의 삶

이 얼마나 비참하게 살아왔는지를 재삼 확인했습니다. 감옥이라고 하면 죄를 지은 사람을 수감해 놓은 곳이므로 무척 살기 힘들고 고통스러운 곳인 줄 알았습니다. 그러나 저희들에게는 그렇지가 않더군요. 구치소에서는 적어도 먹고 잠자는 생활의 기본 문제가 해결되며, 무엇을 먹을까 무엇을 입을까 걱정할 필요가 없습니다. 저는 가장 근로조건이 우수하다고 평이 난 원풍모방 기숙사에 있었습니다. 그러한 저희 기숙사 식당 부식보다 구치소가 더 낫더군요. 그래서 우리 노동자들은 죄인보다 못하다는 것을, 수감된 사람들이 먹는 음식보다 더 못한 음식을 먹으며 방세 걱정, 연탄 걱정으로 쪼들리며 인간 이하의 생활을 해 왔다는 것을 뼈저리게 느꼈습니다.(장남수 1984: 116~117)

내가 구치소에서 연근과 우엉을 처음 먹어 본 것처럼, 1970년 당시 공장 노동자들의 대부분은 고된 노동에도 불구하고 제대로 먹을 수 없었다.

9·9사건으로 구속된 사람은 신순애, 이숙희, 임미경, 신승철, 김주삼이었다(이태호 1984: 104, 청계노조 사업 보고 1978: 11). 함께 구속된 임미경은 당시 열네 살이었다. 그런데 정부는 나이 어린 소녀를 구속시키기 위해서 주민등록번호까지 조작하여 임미경을 구속시켰다. 이런 사실은 2003년 명예회복 신청 과정에서 드러났다.

# 노조 문화 활동

'아카시아회'는 청계노조 산하 모임 중 가장 규모가 컸다. 청계노조는 1970년 11월 13일의 전태일 동지 분신 이후, 고인의 유언을 받아 주지 않으면 장례를 치르지 않겠다는 유가족 이소선 어머니와 전태일 동지 친구들인 '삼동회'[1] 회원들의 죽음을 각오한 노력 끝에 설립되었다. 당시에 전태일 동지 친구들은 청계노조만 생기면 모든 것이 다 되는 줄 알았다고 한다. 하지만 청계노조가 얻은 것은 평화시장 옥상의 사무실(4~5평) 입구에 걸린 '전

---

[1] '삼동회'는 전태일 동지가 평화시장에서 근로조건을 개선하기 위해서 만든 모임이다. 평화시장, 동화시장, 통일상가의 3개 상가를 대표한다는 의미로 '삼동회'라고 처음에는 불렀다. 하지만 전태일 동지는 근로기준법이 있는데도 알지 못한 것을 분개하며 '우리들은 바보'라는 뜻에서 모임 이름을 '바보회'로 바꾸었다.



열세 살 여공의 삶

국연합노동조합 청계피복지부' 간판이 전부였다. 삼동회 회원들도 나중에 알았지만, 노조는 조합원이 30명 이상 모여야 만드는 것인데 당시에 조합원은 전태일 친구들뿐이었다.

1970년 당시에 청계노조 간부들은 조합원을 조직하기에 가장 좋은 방법은 그룹별 모임을 만드는 것이라고 생각했고, 그러한 모임들을 만들어 가기 시작했다. 노조에서는 간부 한 사람이 한 소그룹을 지도하는 식으로 모임을 만들기 시작하였다.

당시에는 한 달에 첫째·셋째 일요일만 겨우 쉴 수 있었고, 장사가 잘될 때에는 그 두 번의 휴일마저도 반납해야 했다.[2] 이러한 제한된 조건하에서 소모임들은 6월 첫째 일요일에 야유회를 가기로 결정하고 준비하였다. 그날은 마침 현충일이었다. 하지만 평화시장 노동자들에게는 국경일 역시 휴일이 아니었다.[3] 소그룹 회원들 중 공장에 출근하는 회원만 제외하고 대부분이 그날 야유회에 참석했다.

현충일 야유회에서 많은 이야기가 오갔다. 한 회원이 "각자의 소그룹들이 있지만 그룹별로 서로 얼굴도 잘 모르니 한 달에 한 번씩 모두 만나 서로 정보도 교환하고 필요한 상식도 배우자"고

---

2  1972년 11월부터 1973년 5월까지 첫째 일요일과 셋째 일요일에 쉬지 않은 업체는 486개 사업장이었다(청계노조 사업 보고 1973: 60). 당시 옷 공장에서 휴일은 한 달에 한 번 정도였다고 한다. 그나마 바쁠 때는 그것도 없었다.(정현주 2006: 56)
3  1976년, 풍천화섬 노동자들은 "우리들도 명절에 고향 가게 해 달라"며 시위를 하였다. 풍천화섬 공장은 1년 365일 기계가 단 한 번도 쉬지 않았다.

제안했고, 그곳에 모인 회원들은 모두 찬성했다. 그다음으로 전체 회원들의 모임 이름을 무엇으로 할까 고민했다. 그때가 마침 아카시아 꽃이 필 무렵이었는데, 회원 중 한 사람이 "아카시아 향기가 이렇게 우리들을 즐겁게 해 주는데, 우리 회원들이 노동조합을 모르는 미싱사, 시다들에게 아카시아 향기처럼 노동조합의 뜻을 전달하자"는 의미에서 '아카시아회'로 할 것을 제안했다. 그렇게 해서 전체 모임 이름이 '아카시아회'가 되었다. 하지만 중앙정보부(현 국정원) 요원들은 "왜 하필 번식력이 강한 아카시아로 했냐"며 트집 아닌 트집을 잡기도 했다.[4]

## 아카시아회 임원 선거와 소식지

학생들은 학교에서 총학생회장이나 학급 회장을 뽑으면서 민

---

[4] 정보부 형사들이 우리를 주시하고 있던 시기여서 빠르게 번져 가는 아카시아회의 활동을 알게 된 중부경찰서 정보과 형사가 회장인 나를 만나자고 하였다. 죄를 지은 것은 없지만 왠지 두렵고 겁이 났다. 어느 다방에서 만나니 "아카시아 명칭을 누가 시었느냐?"고 물었디. "내기 지었다"고 하니 "그 뜻과 의미가 무엇인지 아냐?"고 물었다. "본래의 뜻과 의미는 모르지만 개인적으로 아카시아 향기가 좋아 아름다운 향기로 주위 동료들에게 좋은 모습과 꽃송이처럼 좋은 열매를 맺고자 한 것이다. 그 뿌리는 노조에 두고 있다"고 했다. 순수하고 여성스러운 생각으로……. 그러나 이 형사가 말하는 의미는 달랐다. "아카시아 나무는 번식력이 강하고 가시가 있어 사람들을 다치게 한다"고 하였다. 그러면서 "너희들의 모임은 강하고 독성이 있으며 다른 뜻(이념적인 것)을 가지고 있지 않느냐?"고 반문하면서 은근히 경계하는 눈치를 보였다.(유경순 2011: 41)



열세 살 여공의 삶

주주의를 배운다. 청계노조 조합원인 여성 노동자들은 노동조합 모임을 통해서 민주주의를 배웠다. 아카시아회도 민주주의 학습장의 하나였다. 임원 선출은 무기명 투표로 했으며, 과반수가 되어야 회장이 되었다. 1차 투표에서 과반수가 안 되면 2차 투표를 했다.

초대 회장은 유정숙이었고 김봉순, 이숙희, 전덕순이 차례로 그 뒤를 이었다. 그들에 이어 나는 1976년에 아카시아회 회장이 되었다. 회장이 되면 꼭 해야 하는 일이 1년에 두 번 나오는 회지의 회장 인사말을 쓰는 것이다. 나는 회장으로 선출되고 나서 '10년이면 강산도 변한다'라는 제목으로 난생처음 글을 쓰게 되었다. 지금은 그 아카시아 회지가 남아 있지 않지만, 그 내용을 떠올려 보면 다음과 같다.[5]

나는 밤 10~11시에 퇴근하고 집에 가기 위해 동대문 버스 정류장에서 버스를 탔다. 그 정류장 가는 길에 제과점이 있어서 늘 그곳을 지나게 되는데, 제과점 빵 냄새가 어찌나 맛있게 나는지 나는 속으로 다짐을 했다. 일류 미싱사만 되면 저 빵을 실컷 사먹어야

---

[5]  아카시아 회지는 약 50~70페이지였으며 회원들에게 필요한 노동 상식, 혹은 공장에서 경험한 생활 수기 등을 싣기도 했다. 무엇보다 이 회지는 회원들 중심으로 만들었으며, 각 소그룹별 회장이 건의 사항을 원고로 받아 회지에 실었다. 내가 회장을 할 때 8회 소식지를 만들고 있었다. 나는 이 글을 준비하면서 혹시 누군가에게 아카시아회 회지가 있는지 찾아보았지만 현재까지 발견하지 못했다.

지. 하지만 10년이 지난 지금 강산은 변했으나 나는 아직도 저 비싼 빵을 먹을 수가 없고, 미싱 기술자가 되었지만 내 꿈은 사라지고 오히려 내 온몸은 병마와 싸우고 있다.


## 월례 회의


　내가 회장을 할 때 아카시아회 산하 소그룹은 콩나물, 달무리, 민들레, 포플러, 비둘기, 물망초 등이 있었고, 전체 회원은 90~100명 정도였다. 각 소그룹은 7~8명 정도씩 모임을 하고 있었다. 각 소그룹은 매주 한 번씩 만나서 서로 안부를 물었고, 비둘기 소그룹의 경우에는 부채춤을 배웠다. 아카시아회는 한 달에 한 번 노동교실에서 월례 회의를 했다. 회의 때마다 여성들에게 필요한 기본 상식과 꽃꽂이 교양 강좌 등을 주제로 외부 강사를 초빙하여 강의를 듣기도 했다. 1976년 내 회장 임기 중에는 '가정법률상담소' 곽배희 선생님이 가족법 강의를 해 주시기도 했다. 강의를 해 주신 곽 선생님은 신인령 선생님의 소개로 만나게 되었디. '그리스찬 아카데미' 사무실이 장충동 경동교회 안에 있었는데, 그곳에서 근무하시던 신인령 선생님은 여성 노동자들의 요구를 잘 들어주셨다. 그런 사실을 알고 있던 나는 신 선생님을 찾아가서 강의를 부탁했고, 그렇게 해서 곽배희 선생님도 만날 수 있었다. 강의료는 무료였으며, 오히려 선생님이 요구르트와

빵을 사 오셔서 맛있게 간식을 먹으면서 들었다.

곽배희 선생님의 강의 중 지금도 잊지 못하는 내용이 있다. 선생님은 "여러분이 앞으로 결혼해서 잘 살면 아무 문제가 없다. 하지만 이혼할 경우에는 달라진다"고 전제를 하시고 예를 들어 설명하셨다. 결혼해서 아내가 열심히 저축하고 아껴서 냉장고를 구입했다고 하자. 그런데 이혼하게 되면 그 냉장고의 소유권은 남편에게 있다는 것이다. 당시에 냉장고는 여자가 알뜰살뜰하지 않으면 구입할 수 없는 물건이었다.

아카시아 회원들은 "노동법은 지키지 않아서 문제고, 가족법도 문제가 있다"고 수군거렸다. 당시에는 "만약에 백만 원이 생긴다면 일순위가 냉장고를 구입하는 것"이라는 말이 있을 만큼, 냉장고는 부의 상징이었다. 물론 결혼해서 사이좋게 지내면 아무 문제가 없지만 앞일을 누가 알까 하면서, 회원들은 "우리 살아 보고 냉장고 사자"라며 까르르 까르르 웃었다. 지금 떠올려 보면 너무나 바보 같고 순진한 우리들이었지만, 그 당시에는 아무도 그런 것들을 가르쳐 주지 않았기 때문에 배운다는 것은 '신비' 그 자체였고 즐거움일 따름이었다.


**연소 근로자 위안 잔치**


아카시아회의 연례행사 중 12월에 열리는 연소 근로자 위안 잔치는 가장 큰 행사였다. '연소 근로자'는 평화시장에서 일하는 14세 미만을 대상으로 하였고 주변에서 추천을 받았다. 회원이 추천하기도 했고, 노조 간부가 추천하기도 했다. 그렇게 해서 일요일 하루 그들을 즐겁게 해 주는 행사였다. 연소 근로자 위안 잔치를 하려면 우선 기금 마련이 제일 큰 문제였다. 지금처럼 어느 기관에서 찬조금을 받을 수 있는 것도 아니었으며, 청계노조에서조차 받을 수 없었다.

초창기부터 내려온 아카시아회 전통은 연소 근로자 위안 잔치를 9월부터 준비하는 것이었다. 그 준비 중 한 가지가 퇴근 후 길거리에서 귤을 판매하는 것이었다. 회원들은 공장에서 퇴근한 후 청계노조 사무실에서 귤 바구니를 받아 들고 길거리에 나서서 행인들을 상대로 귤을 팔았다. 회원들은 어디에서 배웠는지 휘장까지 두르고 귤 판매를 했다. 어떤 분은 좋은 일을 한다면서 만 원을 주기도 했고, 어떤 분은 귤은 받지도 않고 100원, 200원씩 주기도 했다. 당시에 만 원은 시다들의 월급보다도 많았다.

"아카시아회 회원들은 1973년 5월~7월까지 첫 수익 사업으로 바자회를 개최하였다. 물품은 회원들이 직접 만든 각종 의류부디 베게 키비, 수예품, 스킬 자수, 안구 등 구입해서 판매한 것도 있었다. 그때 수익금이 490,460원에 달했다."(청계노조 사업 보고 1974: 111~115) 1973년 당시 시다 월급은 6,000원에서 7,000원 정도였다. 그런 시절에 아카시아회 수익금 490,460원은 엄청나게 큰돈이었다. 시다 70명이 한 달 내내 쉬지도 못하고 일해서 받은

     열세 살 여공의 삶

돈과 같았다.

1976년, 아카시아회 회원들은 연소 근로자 위안 잔치를 하기 위해 준비 모임을 열었다. 회장인 나와 부회장 최옥분, 서기 강춘옥과 각 소그룹 회장 등 임원 중심으로 준비 모임이 이루어졌다. 그날 행사 진행자는 누구로 할 것인지, 프로그램은 어떻게 할 것인지, 다과와 음식은 어떤 것으로 할지 의논하였다.

사회는 이순자가 보기로 했다. 순자는 키는 작지만 목소리가 정확하고 야무지게 사회를 잘 봤다. 특히 순자가 "뒷동산 언덕에 작은 새 두 마리가 살았습니다. 한 마리는 비둘기였고, 또 한 마리는 종달새였어요. 비둘기가 비둘비둘 하고 날아오니까 종달새가 종달종달 날아왔어요. 한참 있다가 비둘기가 비둘비둘 날아가니까 종달새도 종달종달 날아갔어요. 안녕하세요. 안녕하세요. 사이좋게 놀았어요"<sup>6</sup>라고 노래하며 율동까지 하는 모습은 TV의 〈뽀뽀뽀〉에 나오는 사회자보다 훨씬 재능 있어 보였다. 나

---

**6** 이순자의 "뒷동산 언덕에 비둘기……"와 같은 노래 가사가 민담처럼 사라질 것을 염려해 이 글에 수록하는 것은 내 작은 보람이기도 하다. 고향 못 가는 친구들이나 동료들을 위해 추석 달맞이 행사를 치러 노조원들을 서로 격려하고 동지애를 다진 사례는 어디에도 기록되지 않았는데, 더욱이 청계노조 하면 마치 투쟁만 하는 곳처럼 알고 있는데 이렇게 다양하게 배우고 친교를 맺고 있었다는 것에 의미가 있다. 무엇보다 '불쌍한 여공'으로 묘사되고 있는 그들이 이렇게 다채로운 교육과 친교 활동을 하고 있었다는 것은, 우리들이 주체적으로 하나하나 '만리장성'을 쌓아 올리듯 활동했다는 것을 확인한다는 점에서 의미 있다. 우리들은 힘들었지만 노조를 통해서 재미를 느끼고 행복했다. 아카시아회 월례회에서 신부 부케 만들기를 배운 순자는 친구들 결혼하는 데 부케를 직접 만들어 선물하기도 했다. 그러나 이러한 것조차도 정부는 허락하지 않았다.

1977년 1월에 열린 연소 근로자 위안 잔치 기념 사진

는 지금도 주변에 어린아이들이 있으면 그때 순자가 했던 것처럼 혀를 반쯤 내밀고 이 노래를 하는데, 그러면 아이들이 아주 좋아한다.

나와 영순이가 맡은 일은 절편 떡을 해 가지고 오는 것이었다. 쌀을 사 와서 씻고 불려 노동교실에서 가장 가까운 신당동까지 머리에 이고 가서 떡이 다 될 때까지 기다렸다가 다시 머리에 이고 왔다. 유림빌딩 노동교실에서 신당동까지 걸어서 편도 20분, 왕복 40분을 머리에 이고 다닌 것이다. 지금은 전화 한 통으로 모든 것이 해결된다. 하지만 당시에는 우리가 하지 않으면 지게 아저씨에게 품삯을 주고 운반을 해야 했기 때문에, 한 푼이라도 아



열세 살 여공의 삶

끼기 위해 결국 직접 머리에 이고 가서 해 올 수밖에 없었던 것이다. 시골에서 내 어머니는 물동이를 이고 가볍게 걸어갔던 것 같은데, 나는 5분 정도 지나면 뒤통수가 아파서 미칠 것 같았다. 하지만 우리들이 무엇인가 할 수 있다는 생각에 그 정도는 감내했다.

잔치 당일 회원들이 준비한 부채춤도 선보이고, 장기 자랑도 하고, 떡·과자 등도 나누어 주면서 하루를 재미있게 놀았다. 그때 부채춤으로 유명했던 긴 머리 소녀는 지금 50대 아줌마가 되었다. 하지만 나는 아직도 그녀를 그 당시의 귀여운 소녀로 느끼고 있다. 선물로는 양말과 따뜻한 앙고라 장갑을 준비했는데, 그냥 나누어 준 것은 아니고, 수건돌리기 게임을 해서 술래가 된 연소 근로자에게 노래를 하게 한 뒤에 잘하면 잘하는 대로, 또 못하면 못하는 대로 골고루 나누어 주었다. 물론, 받지 못한 사람이 없도록 돌아가는 길에 꼼꼼히 챙겨 주었다. 이날 참석한 연소 근로자는 70~80명 정도였다.


## 어머니날 행사


나는 회원들에게 연소 근로자 위안 잔치도 좋지만 어머니날 행사도 해 보자고 제안하였고, 회원들도 좋은 생각이라며 다음 해에 행사를 준비하였다. 연소 근로자 위안 잔치와 비슷했지만 대상이 달랐기에, 준비에서도 조금 차이를 두어야 했다. 사회자는 이순자를 따라올 친구가 없었으므로 계속해서 그가 사회를 보았고, 회원들은 노래·장기 자랑·부채춤 등으로 어머니들을 즐겁게 해 드렸다. 점심은 국수를 회원들이 직접 삶아서 대접했으며, 반찬 등은 회원들의 집에 있는 것 중 한 가지씩 가지고 오자고 했다.

떡을 준비하기 위해서는 쌀을 불릴 커다란 다라이(대야)가 필요했다. 집이 가까운 회원이 노동교실에 가져다 놓았다. 전날 쌀을 사서 그곳에 씻어서 불려 놓고 행사 당일 아침 일찍 노동교실에 도착해서 불린 쌀을 머리에 이고 신당동 떡집까지 가야 했다. 방앗간에서 절편이 다 되면 떡을 머리에 이고 노동교실까지 왔다. 그때 함께 행사를 준비한 임원들은 행사를 마치고 사진까지 찍었다.[7] 내 어머니 사진은 단 한 장도 남아 있지 않다. 아니, 단 한 장도 찍지 못했을 것이다. 그런데 어머니날 행사를 마치고 사진을 찍었는데 그 추억의 사진을 이영순이 가지고 있어서 나의 어머니 사진을 유일하게 볼 수 있었고, 그것은 작은 기쁨이었다. 옛날 흑백 사진이지만 어머니 얼굴을 볼 수 있어서 즐거웠다. 이런 사진을 간직해 준 친구가 고맙다.

청계노조에서 활동하던 때 나는 유난히 사진 찍히는 것을 꺼렸다. 그러한 이유를 2022년 개봉한 다큐멘터리 〈미싱타는 여자

---

7 그 추억의 사진은 이영순이 가지고 있다가 안재성(2007) 책 앞에 싣기도 했다.

     열세 살 여공의 삶

어머니날 행사 기념 사진. 뒷줄 오른쪽에서 두 번째 분이 나의 어머니시다.

들〉을 촬영하면서 다시 떠올리게 됐다. 노조 활동 시절에는 각종 행사 때마다 사진을 찍었고, 행사가 끝나면 사진 샘플을 전지에 붙여놓고 조합원들에게 신청을 받았다. 갖고 싶은 사진 수만큼 장당 100원에서 150원을 담당자에게 내면 며칠 뒤 사진을 받을 수 있었다.

하지만 소녀가장이었던 내게 사진값은 적지 않은 부담이었다. 결국 가질 수도 없는 사진을 찍는 일이 무슨 소용인가 하는 마음이 들었고, 사진기만 들이대면 몸과 표정이 먼저 굳곤 했다. 지금도 그때를 떠올리면 사진기 앞에서 작아지던 마음이 떠오른다.

## 추석날 행사

　연소 근로자 잔치와 어머니들을 위한 잔치 외에도 아카시아회 회원이었던 우리 자신을 위한 행사도 있었다. 노동자로 일하며 명절에 고향에 가지 못하는 설움은 앞서 잠시 언급한 바 있는데, 당시에는 매우 흔한 일이었다. 고향에 가기 위해 차표를 끊어 놓았는데도 사장이 임금을 주지 않는 바람에 빈손으로 내려갈 수 없어서 포기하는 노동자들이 많았다. 아카시아회 회원들은 고향에 가지 못한 조합원들을 위로할 겸, 그들과 함께 추석 날 창덕궁에서 장구, 북 등을 치면서 고향에 못 간 아쉬움을 잠시 잊고 즐겁게 보냈다. 우리들은 이 행사를 달맞이 행사라고 했다. 그때 재미있게 강강술래를 하다가 고궁에서 너무 시끄럽게 논다고 쫓겨났다. 우리는 포기하지 않고 다음 해에는 금곡릉[8]으로 갔다. 창덕궁에서 50~60명이 재미있게 놀았던 것이 소문이 나서 금곡릉에는 200여 명이 모였다. 회원들이 한 사람 혹은 두 사람 공장 친구들을 데리고 왔다. 그 전해에 창덕궁에서 쫓겨난 일이 있기에, 우리들은 매표소 입구에서 아주 멀리 떨어진 곳으로 가서 강강술래를 하면서 신나게 놀았다. 이날 모두 어머니 한복, 올케 한복, 언니 한복을 빌려 입고 왔다. 한복을 입고 강강술래를 하는데 앞사람 혹은 뒷사람의 발끝에 한복이 걸려 밑단이 찢어져서 격

<hr>

8　경기도 남양주 금곡동에 있는 홍릉과 유릉을 통틀어서 이르는 말

　　　　　　　　　　　　　　　　열세 살 여공의 삶

정하는 회원도 있었다. 하지만 문제가 되지 않았다. 찢어진 한복들은 이튿날 공장에 출근해서 점심시간에 감쪽같이 손질을 해주었고, 한복을 돌려받은 사람들은 오히려 새 옷이 되었다며 좋아하기도 했다. 행사에 함께했던 조합원들 중에는 그때의 추억을 잊지 못하는 이들이 많다.

# 고(故) 조영래 변호사

조영래는 『전태일 평전』을 쓰기 위해 어릴 때부터 평화시장에서 일한 노동자를 만나고 싶어 했다. 이소선 어머니는 그 적격자로 나를 선택했다. 1976년 봄 어느 날, 어머니는 나를 데리고 강남에 있는 봉은사로 갔다. 거기서 한 사람을 만났는데, 어머니는 "김 씨 아저씨라고만 알고 있어라"고 소개했을 뿐, 신분은 알려주지 않았다.

그가 노동자가 아니라는 사실은 첫눈에 알 수 있었다. 피부는 백옥처럼 희었고, 손은 부잣집 도련님처럼 곱기만 했다. 그와 나는 정기적으로 만날 약속을 잡았다. 예컨대, 매주 수요일에는 밤 8시, 일요일에는 낮 12시에 보기로 했다. 수요일에 못 만난 주에는 일요일에 만나는 식이었다. 당시에 나는 그가 학생이리라고 직감했을 뿐, 서울대 학생인 줄도 몰랐다. 그때 그는 '민청학련' 사건으로 수배 중이었지만 그 사실 또한 나는 알지 못했다.[1] 우리는 주로 서오릉이나 녹번동 주변에서 만났다. 일요일에 만나면 중국집에서 나는 짜장면을 먹고, 조영래는 울면을 먹었다. 나를 만날 때면 그는 꼭 신문을 들고 와서 식사를 하면서 그것을 읽었다. 신문을 보다가 예컨대 '물가(物價)'라는 글자가 나오면 "이 글자는 자주 나오는데" 하고 짚어 보였다. 그러고는 그다음 만날 때에 같은 글자를 어김없이 찾아서 복습을 하도록 알려 주었다. 그때 그가 알려 준 한자로 '경제(經濟)', '근로자(勤勞者)' 등이 있었다. 세월이 많이 지났지만, 그때 그가 가르쳐 준 한자는 지금도 잘 쓰지는 못 해도 읽을 수는 있다.

일요일에 만나 점심을 먹고 나면 주변에 있는 묘지에서 신문을 깔고 앉아서 이야기를 나누었다. 길게는 3~4시간을 내리 묘 앞에서 보낼 때도 있었다. 그때 내 나이 스물두 살이었는데, 남의 묘 앞에서 이야기를 하는 게 싫었다. 속으로 '아니, 왜 이렇게 묘지에서 이야기를 하는 거지?' 싶었다. 내 조상 묘도 아니고 전혀

---

1 이런 사실들은 1979년 10·26 이후 만났을 때 그가 말해 주어서 비로소 알게 되었다. 조영래뿐 아니라 1970년대에 청계노조와 관계를 맺은 학생·지식인들은 이름을 알려 주지 않거나 가명을 쓰는 것이 보통이었다. 그들 중 대부분이 정부의 요시찰 대상이거나 수배 중인 인물들이라, 실명을 썼다가 혹시 우리가 경찰이나 정보기관에 잡혀갔을 때 이름을 대면 문제가 될 수 있었기 때문이다. 그래서 예컨대 조영래나 장기표를 나와 조합원들은 그냥 김 씨 아저씨, 박 씨 아저씨라는 식으로 알고 있었다. 그때 우리 조합원들 사이에는 "일기 쓰지 말고 머리에 넣어라", "머리에 넣고 노트에는 적지 말라"는 말들이 떠돌았다.

모르는 남의 묘를 찾아서, 그것도 제사를 지내는 것도 아니고 서너 시간씩 앉아서 이야기를 나누다니, 도무지 이해가 안 되었다. 그래도 그곳이 싫다는 말은 차마 하지 못했다. 조영래가 그때 수배 중이었다는 사실을 나중에 알고서야 주위의 시선을 피하려고 묘지를 이야기 장소로 택했으리라는 점을 이해할 수 있었고, 그의 생각을 오해한 데 대해 미안한 마음도 들었다.

어느 일요일이었다. 그날도 어김없이 중국집에 가서 나는 짜장면, 그는 울면을 시켜 먹은 뒤 조영래는 "오늘은 좋은 곳에 가 보자"고 하였다. 그가 말한 좋은 곳이란 '교보문고'였다. 나는 여의도광장만큼이나 넓고 책이 그렇게나 많은 서점은 처음 보았다. 그 많은 책이 신기하기도 했고, 여기저기 둘러보는 재미도 있었다. 하지만 시간이 지나자 이런저런 구경도 지루해지기 시작했다. 그 4~5시간 동안, 조영래는 아무 말 없이 마치 고장 난 로봇처럼 한자리에 꼼짝 않고 서서 책만 보고 있었다. 나는 무엇을 해야 할지 몰라서 힘이 들었고, 더욱이 서점에 그렇게 오래 있는 것이 이해가 되지 않았다. 그가 오래도록 책을 고르고 있을 때 나는 지루했고 배도 고파 왔지만 차마 빨리 가자고 말할 용기는 없었다. 마침내 그가 책 7 8권을 들고 계산대로 갔다. '저 많은 책을 한꺼번에 사려는 건가' 하는 의문이 들었다. 서점을 나온 그는 나에게 "이거, 집에 가서 시간 나면 한번 읽어 봐요" 했다. 나는 당황했다. 나에게 사 주려고 그렇게 오랫동안 책을 골랐다고는 생각도 못 했기 때문이었다. '왜 이렇게 시간을 끄나' 속으로 불만을 품었던 것이 미안했다. 나는 어정쩡하게 인사를 하고 집으로 돌아왔다.

그전에는 책을 몇 페이지만 읽으면 졸려서 집어던지곤 했다. 그리고 실은 피곤해서 책을 볼 여력도 없었다. 그런데 조영래가 사 준 책은 읽을수록 재미가 있었다. 내가 밤새 책을 읽는 것을 본 어머니는 "그렇게 공부가 하고 싶으냐?"고 물으시더니 "집주인 눈치가 보인다"고 하셨다. 전기 요금이 많이 나오면 어쩌나 하는 걱정 때문이었다. 그 뒤로 나는 공장 일을 마치고 집에 돌아와서 밤에 촛불을 켜고 책을 읽었다. 그때 읽었던 책을 다 기억하지는 못하지만 『죄와 벌』, 『마더 존스』, 『난장이가 쏘아올린 작은 공』 등은 지금도 기억난다. 교보문고에 갔을 때에도 그는 수배 중이었다. 그런데도 나를 위해 위험을 무릅쓰고 서점에 갔던 것이다.

그다음 만났을 때, 그는 지난번 책은 좀 읽어 보았냐고 물었다. 내가 다 읽었다고 하니 그는 깜짝 놀랐다. 그 많은 책을 벌써 다 읽었냐며 의아해했다. 사실, 나를 위해 책을 사 준 데 대한 고마움 때문에 열심히 읽기도 했지만, 무엇보다 재미가 있었다. 아마 그전에는 내 눈높이에 맞지 않는 책을 읽은 탓에 책에 흥미를 느끼지 못했던 듯하다. 나는 그렇게 조영래를 통해 내게 맞는 책을 알게 되었고, 그 뒤로는 스스로 책을 사서 읽기도 했다.

조영래는 만날 때마다 "사람은 건강이 우선"이라면서 내 건강을 염려했다. 나는 평화시장에서 함께 일하던 친구가 아파서 고향으로 내려가는 것을 직접 보면서도 그저 친구 개인의 문제인 줄로만 알고 있었다. 더욱이, 나는 노조를 알기 전에는 작업환경의 심각성도 알지 못했다. 하지만 조영래는 그 심각성을 알았기에 나의 건강을 염려하였다. 그가 내게 "건강검진을 한번 받아 보라"고 여러 번 권했지만, 나는 "우리는 병원 못 가요"라며 흘려듣고 말았다. 이유는 하나였다. 당시에 평화시장 미싱사의 월급이 10,000~15,000원이었는데, 엑스레이 한 번 찍는데 7,000원이나 했다. 보름 정도를 일해야 엑스레이를 찍을 수 있었기 때문에, 우리는 아파도 돈이 없어서 병원에 가지 못했다. 또, 혹시 진찰을 받아 이상이 발견된다 해도 치료를 받을 엄두를 낼 수 없었다. 몸이 아파서 병원에 가면 의사는 내게 "너무 무리했으니 잘 먹고 푹 쉬라"고 했다. 그러면 나는 속으로 '쉬고 싶어도 못 쉬어요'라고 힘없이 중얼거리고 말았다.

1978년 8월의 무더웠던 어느 날, 조영래는 제과점에서 만나자고 했다. 그동안 계속 만났지만 제과점은 처음이었다. 광화문의 유명한 빵집이었는데, 물어물어 찾아갔다. 약속 장소에 가 보니 그는 벌써 와 있었다. 그런데 옆 자리에 여자가 한 분 앉아 있었다. 그 여자분은 나와 가볍게 인사만 하고 돌아갔다. 나는 '그냥 아는 분이겠거니' 하고 곧 잊어버렸다. 그런데 그다음 만났을 때 조영래는 "지난번에 제과점에서 만난 사람은 이화여대병원 내과 의사"라면서, "그 의사가 진찰을 받아 보는 게 좋겠다"고 했다면서 진찰을 받아 보라고 다시 권유했다. 그는 내게 그 여자분의 약력

　　　　　　　　　　　　　　　　　　　　　　　　열세 살 여공의 삶

도 알려 주었다. 그분은 김매자 선생으로, 1977년 의사시험에서 전국 1등을 해서 원래는 대통령 훈장을 받았어야 했는데 긴급조치 9호로 구속된 전력이 있어서 받지 못했다는 것이다. 그러면서 조영래는 평화시장에서 이대병원이 가까우니 병원에 가서 공중전화만 하면 바로 만날 수 있을 것이라고 했다. 내가 별 반응을 보이지 않자 그냥 가서 검사만 받아 보라고, 검사 결과 이상이 없으면 얼마나 다행이냐고 나를 설득했다. 그래도 내가 행동으로 옮기지 않자 이소선 어머니까지 나서서 가 보라고 권유를 하셨다.

나는 못 이기는 척 이대병원을 찾아갔다. 병원에 도착해 공중전화 박스에서 조영래가 알려 준 번호로 전화를 하니 김매자 선생이 바로 알아들었다. 응급실 복도에서 잠시 기다리자 김 선생이 와서 나를 접수대로 데리고 갔다. 엑스레이를 찍고는 김 선생과 헤어져 다시 노조 사무실로 왔다. 며칠 후 조영래를 만났다. 조영래는 김 선생한테서 연락이 왔다면서, 나의 경우 결핵이 심한 것은 아니지만 치료를 받아야 한다고 했다.

나는 병원 응급실 복도에서 다시 김 선생을 만났다. 그는 약 이름을 적어 주면서 병원 올 때 약국에서 사 오라고 했다. 내가 약을 사 가면 김 선생이 응급실 복도에서 그 약을 주사로 놓아 주었다. 김 선생이 우리 사무실로 전화를 해서 "오늘은 점심시간이 어려우니 퇴근시간에 오라"고 할 때도 있었다. 퇴근시간에 찾아가서 같은 방법으로 전화를 하면 김 선생이 바로 달려왔다. 하루는 주사를 놓은 김 선생이 내게 저녁시간이 되었으니 식당에서 저녁을 먹고 가라고 했다. 나는 그를 따라 병원 구내식당에 갔다. 직원 식당이었다. 김 선생이 표(식권)를 두 장 내고 식판을 내게 주더니 앞장을 섰다. 탕수육이 담긴 통 앞에서는 "고기를 많이 먹도록 해요" 하며 식판 수북이 집게로 탕수육을 덜어 주었다. 같은 식탁에 앉아 밥을 먹는데 탕수육이 참 맛이 좋았다. 내 먹는 모습을 본 김 선생은 "더 먹을 수 있으면 더 먹어요" 했다. 김 선생은 정말로 마음이 따뜻한 분이었다. 나는 약 6개월 동안 매일 약물 주사를 맞았고, 그 이후에는 약을 복용했다.

그렇게 조영래의 소개로 알게 된 김매자 선생은 나에게 어떻게든 도움을 주려고 애를 썼다. 평화시장 노동자들이 자기 건강을 너무 돌아볼 수 없는 여건이라, 자신의 몸에 대한 기본 상식을 알려 주고 싶다고 했다. 나는 조합원들에게 그런 교육을 해 주겠다는 의사 선생님이 계시다고 알렸다. 조합원들이 좋다고 했지만, 함께 교육받을 공간이 없었다. 김 선생은 당시에 성균관대학교 주변에 있던 '유권자연맹' 공간을 알선해 주었고, 우리는 그곳에서 우리 몸에 관한 기본 교육을 받았다. 김 선생의 강의는 아주 쉽고 재미있었다. 그 후에 나는 김 선생님 댁을 몇 차례 방문한 적이 있다. 그동안의 도움에 대해 감사하는 마음으로 찾아본 것인데, 번번이 더 큰 사랑을 안고 돌아왔다.

평화시장에서 일하는 사람들은 대부분이 나처럼 결핵을 앓았다. 열악한 환경에서 하루 종일 옷에서 날리는 먼지를 마시며 일해야 했으니 폐가 성할 리 없었다. 그것을 증명이라도 하듯,



열세 살 여공의 삶

내 남편의 폐에도 결핵의 훈장이 남아 있다. 지금도 엑스레이를 찍으면 의사가 "결핵을 앓은 사실이 있나요?"라고 꼭 확인을 한다. 노조 활동을 하다가 구속되었던 전과가 내 호적에 평생 따라 붙듯이, 결핵 또한 평생 지워지지 않을 흔적을 내 몸에 남긴 것이다.

나는 치료를 받으면서도 노조 활동을 열심히 했고, 조영래도 계속 만나고 있었다. 그러던 중에 하루는 그가 "건강을 생각해서 좀 쉬는 게 어떠냐?"고 내게 권했다. 그는 내게 지학순 주교가 운영하는 요양원에 들어가서 좀 쉬고, 치료도 하고 공부도 하라고 했다. 나는 생각해 보고 말고 할 것도 없이 거절했다. 조영래는 앞날을 생각해서 좀 쉬고 건강도 좀 챙겨서 재충전의 기회를 가지라는 뜻으로 권했던 것이지만, 나는 길게 보지 못했다. 무엇보다, 노조 활동을 쉬는 것을 받아들일 수 없었다. 그러자 이창복 선생이 노조 사무실로 찾아와 똑같은 권유를 하셨다. 나는 "지금은 그럴 때가 아니에요"라며 거절했다.[2]

---

[2] 세월이 흘러 조영래는 변호사가 되었고, 나는 결혼해 며느리·아내·엄마로서 자리를 지켜야 했다. 1990년 12월 13일이었다. 그날도 나는 미싱을 밟으며 여성용 남방을 열심히 만들고 있었다. 미싱을 할 때면 항상 라디오를 들었는데, 방송 진행자가 인권 변호사 조영래의 별세 소식을 알렸다. 나는 내가 알던 그 조영래가 아니기만 바라며 장례식장인 여의도 성모병원 영안실로 갔다. 왜 하필 그인가? 나는 세상이 원망스러웠다. 무슨 잘못이 있기에 이렇게 빨리 간 걸까? 받아들일 수 없었다. 무엇보다, 지난날 내가 아플 때 그렇게 애써 준 사람이 병상에 누운 사실조차 알지 못했던 자신이 너무 한심스러웠다. 알았더라도 달라질 것은 없었겠지만, 그를 위해 기도 한 번 하지 못한 채 그저 일만 하고 있었다는 사실이 나를 더욱 힘들게 하였다.

## 난생처음 수세식 화장실을 보다

1977년 봄쯤으로 기억된다. 노조 활동을 하면서 알게 된, 그때 대학생이던 ○○○ 야학 선생님이 나를 구의동 자택으로 데리고 갔다. 그러면서 "우리 집은 텔레비전에 나오는 그런 집"이라며 놀라지 말라고 미리 당부했다. 그 집은 대문부터가 우아하고 고급스러웠다. 문을 열고 들어가니 마당에는 파란 잔디가 널찍하게 깔려 있었다. 잔디 사이로 난 돌로 된 길이 현관까지 이어져 있었는데, 정말 아름다워 보였다. 나는 당황했지만 태연한 척하려고 애써 표정 관리를 하고 있었다. 텔레비전에서나 보았던 광경이 내 눈앞에 펼쳐져 있었다. 현관으로 들어가니 거실에는 널찍한 마루가 깔려 있었다. 집 안 곳곳에 내가 읽을 수 없는 한문으로 꾸민 병풍이 자태를 뽐내고 있었다. '아아, 이런 집도 정말 있구나!' 그저 신기하기만 했다. 2층으로 올라가는 계단은 반짝반짝 윤기가 나는 나무로 만들었다. 선생님은 2층으로 올라가면서 내게 따라오라는 신호를 보냈다. 나는 화장실에 가고 싶어서 어디 있냐고 물어보았다. 선생님이 손가락으로 위치를 알려 주는데, 집 밖이 아닌 거실이라 놀랐다. 내가 그때까지 본 화장실은 다 집 밖에 있었기 때문이었다. 거실 화장실에 들어가서는 욕조를 보고 또 한 번 놀랐다. 대중목욕탕 가는 돈 안 들어서 참 좋겠다 싶었다. 또한 언제든 마음대로 목욕을 할 수 있다는 사실이 부러웠다. 게다가, 그 집 화장실이 뚝방촌 우리 집보다 훨씬 더 커

보였다. 욕실과 수세식 화장실을 처음 보노라니 그전에 고향 아주머니가 했던, "서울 가니까 화장실에서 깨끗한 물이 졸졸 나오더라"는 말이 실감 났다. '얼마쯤 돈이 있으면 이런 집에서 살 수 있을까? 얼마 동안 모으면 이런 집을 장만할 수 있을까? 내 평생에 이런 집에서 한번 살아 볼 수 있을까?'라는 생각이 저절로 들었다. 꿈에서도 볼 수 없었던 광경이었다.

그 얼마 전에 조영래를 만났을 때 들은 말이 문득 생각났다. 그는 "부잣집에서는 바구니 같은 데다 돈을 놔두면 돈을 세지도 않고 자식들이 학교에 갈 때 집어 간다"고 했다. 나는 그 말을 듣고 "진짜요? 설마, 그런 데가 어디 있어요?"라고 묻고 또 물었지만 조영래는 그런 집이 있다고만 했다. 그때 나는 그가 한 말을 결코 믿을 수 없었다. 하지만 이제 그 말이 사실일 수도 있겠다는 생각이 들었다. 평화시장에서 하루 15~16시간씩 열심히 일을 하는 노동자들로서는 꿈도 꿀 수 없는 집을 내 눈으로 보았으니까.


## 그리운 '써니텐 할아버지'

노조 활동을 하며 만난 사람들 중에 기억에 남는 분이 또 있다. '써니텐 할아버지'다. 할아버지는 진정증(머리떨림병)으로 머리를 떠셨는데, 당시에 유행하던 "흔들어 주세요, 써니텐!"이라는 라디오 광고에서 힌트를 얻어, 나와 조합원들은 그분을 '써니텐 할

아버지'라고 불렀다.(그러니, 그때의 우리는 할아버지의 아픔을 제대로 이해하지 못했던 셈이다.) 40여 년이 지난 오늘도 나는 할아버지의 성함조차, 어딘가에 살아 계신지 아니면 이미 돌아가셨는지조차 알지 못한다. 하지만 그분이 우리에게 베풀어 주신 사랑만큼은 지금도 기억하고 있다.

청계노조에서는 조합원들의 조직을 강화하기 위해 야유회를 자주 갔다. 야유회에 가서 놀이도 하고, 협동과 친교 활동을 통해서 동지애와 신뢰감을 키우기도 했다. 아카시아회에서도 야유회를 갔는데, 그때마다 할아버지는 각종 음료수를 사 들고 와 우리에게 기쁨을 주셨다. 어느 날, 할아버지는 나와 조합원들 앞에서 이소선 어머니에게 "자식 농사 잘 지으신 어머니가 부럽다"면서 당신은 자식 농사를 잘못 지었다고 탄식하셨다. 자식들을 교육 많이 시켜 의사며 판사, 검사 만들어 놓았더니 좋은 일 하는 게 아니라 허가 난 도둑질만 하고 있다는 것이었다. 그분은 나와 조합원들이 "어머니, 어머니" 하며 이소선 어머니를 따르고 노조 활동을 같이하는 것을 부러워하고 계셨다.

1978년 11월의 어느 날, 이소선 어머니는 나와 몇몇 조합원들을 종로 2가에 있는 엄청나게 큰 음식점으로 데리고 갔다. 음식점에는 다른 곳에서 노조 활동을 하는 사람들도 와 있었다. 그날 나는 난생처음 고급 중국집을 구경하였다. 웨이터(서빙) 4~5명이 왔다 갔다 하면서 식탁에 앉아 있는 손님들 시중을 드는데, 그 분위기가 나를 긴장시켰다. 머리에 하얀 모자까지 쓴 웨이터는 아주 깔끔하고 멋스럽게까지 보였다. 나와 조합원들이 다니던 평화시장 주변 짜장면 집에서는 볼 수 없는 광경이었다. 우리는 중국집에 가면 짜장면이나 짬뽕, 우동을 시켜 먹었다. 그 일반 중국집도 자주 갈 처지는 못 되어서, 친구 생일 아니면 함께 일하는 동료가 아파서 밥을 못 먹을 때에나 갈 수 있었다.

써니텐 할아버지는 자리에서 일어나 "여러분들이 대한민국 노동자들을 위해 희생과 고생을 무릅쓰고 앞장서서 투쟁하시는데 오늘 맛있는 저녁 한번 대접하고 싶었다"며, 맛있게 먹고 열심히 노동운동에 앞장서 민주화에 이바지하자고 하셨다.

식탁 위에는 삼각형으로 접힌 하얀 보자기가 한 자리에 하나씩 놓여 있었다. '이건 어디에 쓰는 걸까?' 알 수가 없어 눈치를 보아하니 음식을 흘렸을 때에 대비하라는 것 같았다. 식사 시작 전에 먼저 웨이터가 앞접시를 가져다 놓기 시작했다. '빈 접시는 또 왜 몇 개씩 주는 거야?' 정말이지, 알 수 없는 일의 연속이었다.

웨이터가 커다란 흰 접시에 음식을 담아 와서 뭐라고 이름을 대며 앞접시에 덜어 주는데 무슨 말인지 알아들을 수가 없었다. 게다가 음식 양이 너무 적었다. 큰 수저로 한 숟가락도 안 될 것 같았다. 조금 얌전하게 먹어도 세 젓가락이면 끝날 것 같았다. 그런 우리 속마음을 짐작하셨는지, 할아버지가 "계속 음식이 나올 거니까 천천히 많이 들어요" 하셨다. 잠시 사이를 두고 이름 모를 먹음직스러운 음식들이 계속해서 나왔다. 마치 도깨비방

망이로 만들어 내는 것 같았다. 그런데 그 많은 음식 중에 내가 먹어 본 음식은 단 한 가지도 없었다. 한 조합원은 식사를 마치고 나서 내게 "누나, 태어나서 이렇게 신기한 음식은 처음 먹어 봤다"며 싱글벙글했다. 사실, 코스 요리는 지금도 나와 같은 노동자들은 먹기 힘들다. 한 끼 식사 값이 너무 비싸기 때문이다. 그러니, 40년 전에 나와 조합원들이 그런 음식이 있다는 것조차 몰랐던 것은 당연했다.



열세 살 여공의 삶

# '여공 선생'의
## 독특한 한글교실

나는 1977년 9월 9일 노동교실 되찾기 농성을 하다가 구속되어 약 1년을 서대문구치소에서 살았고, 1978년 5월 집행유예로 출소하였다. 출소 3~4개월 후에는 노조 부녀부장으로 상근하기 시작했다. 하지만 1977년에 노동교실을 정부에게 빼앗긴 뒤 노조원들이 퇴근 후 모일 수 있는 공간이 없었다. 노조 사무실은 좁아서 만날 수 있는 공간이 되지 못했다. 노조원들은 주변 교회 공간을 빌려 모였다. 평화 모임은 초원교회, 동화모임은 경동교회 등에서 일주일에 한 번 정도는 교회 측 배려로 장소를 제공받았다.[1] 하지만 정부의 압력으로 교회에서도 노조원들이 쫓겨나고

---

1   평화모임은 박재익 담당, 동화모임은 신순애 담당, 초원교회는 전태삼 담당이었다.

말았다. 다방에서 모임을 할 수도 있겠지만, 커피 한 잔 값이 짜장면 값보다 비싼 다방을 이용할 수는 없었다. 결국, 노동자들은 모임을 짜장면 집에서 해야 했다. 하지만 짜장면 값도 적은 돈이 아니었다. 나는 어떻게 하면 노조원들과 만날 수 있는 장소를 마련할까 고민하다가 결정을 내렸다. 5만 원을 들여 평화시장에서 가까운 동대문구 창신동에 조그마한 쪽방을 하나 얻었다. 10원을 아끼기 위해서 평화시장에서 중랑교까지 2시간을 걸어 다니던 나에게 5만 원은 큰돈이었다. 부엌도 없고 2평이 채 되지 않는 방이었다. 하지만 그곳에서 아카시아 소그룹들이 매일 만났다. 나는 윤자가 생각나 일주일에 하루는 한글반을 하자고 아카시아 회원들에게 제안했다. "우리, 한글부터 다시 배우자"고 했다. 조그맣게 시작할 생각이었는데 무려 7명이나 모였다.

윤자는 내가 1966년에 처음 평화시장의 삼양사에 입사해서 7번 시다 생활을 했을 때 옆에 있던 1번 시다로 만난 아이었다. 윤자는 라벨을 준비하는 과정에서 M 자가 되게 가위질을 해야 하는데 자꾸 W 자로 해서 야단을 맞았다. 그렇게 가위질을 해서 미싱사에게 주면, 미싱사는 "이거, 쓸 수 없으니까 빨리 가서 라벨 다시 빌아 와"라고 혼을 냈다. 1번 시다인 윤자가 다락방에서 내려가 재단사에게 다시 라벨을 달라고 하면 재단사는 "야, 병신아, 라벨 하나도 제대로 못 하니" 하면서 혼을 냈다. 그러면 1번 시다인 윤자는 울면서 라벨을 들고 다락방으로 올라왔다. 올라와서는 빨리 다시 라벨을 잘라 주어야 하는데, 윤자는 어디를 잘

   

라야 하는지 몰라 쩔쩔맸다. 나는 어느 날 "1번 시다! 너는 왜 라벨을 잘못 잘라서 혼이 나니?" 하고 물었다. 1번 시다는 나에게 "나, 한글도 모르는데 영어를 어떻게 알아?" 했다. 그 말에 나는 "그럼 내가 라벨을 잘라 줄게" 했었다. 그렇게 해서 그 1번 시다의 이름을 알게 되었다. 당시에는 옷의 사이즈가 S, M, L, XL, XXL, 이렇게 다섯 종류가 있었다. XL은 L 자를 보고 자르는데문제가 없었다. 하지만 윤자는 M 자는 자꾸 헷갈린다고 했다. 나는 윤자에게, 앞으로 M 사이즈 일감을 받아 오면 내가 잘라 주겠다고 했다. 그때 윤자는 일감을 받으러 가면서 속으로 '제발 M 사이즈의 일감만 주지 말기를' 바랐다고 한다. 하지만 하루에 몇 번씩 받아 오는 일감 중에 한두 번 정도는 M 사이즈를 받아 왔다. 긴장한 탓인지 윤자는 번번이 실수를 했다. 윤자의 얼굴이 지금도 기억난다. 계란형의 얼굴에, 코는 오뚝하고, 얼굴에는 여드름이 조금 있었고, 머리는 뒤로 묶고 다녔다. 키는 나보다 조금 컸다. 만약 M 자가 아니었다면 나는 윤자라는 이름도 모르고 있었을 것이다. 삼양사에서 약 4년 동안 일을 했지만 윤자 말고는 아무도 이름을 모른다.

　수업은 일주일에 한 번 하기로 하였다. 야학 선생님은 누가 좋을까? ○ ○ ○ 선생님께 부탁할까 고민하고 있었다. 그런데 조합원들이 나에게 무엇인가 할 이야기가 있으면서도 말하지 않고 있다는 느낌이 들었다. 감수성이 예민한 사춘기에 중학교 과정도 아닌 한글을 남자 선생님에게 배운다는 것이 스스로 부끄럽기도 하고 자존심이 상할 만도 했을 것이다.

나는 나이가 들어 당시 조합원들의 느낌을 깊이 공감할 수 있는 경험을 했다. 2003년 2월 하순경 중학교 검정고시 등록을 하려고 학원에 갔을 때였다. 상담자는 나에게 "초등학교 졸업장을 가지고 와야 한다"고 했다. 없다고 했더니 초등학교부터 해야 된다고 하였다. 나는 초등학교 검정고시에 합격하기 위해 학원 선생님이 낸 시험을 보았다. 한글을 읽어 보라고 했고, 노트에 덧셈과 뺄셈, 곱하기 나누기를 해 보라고 했다. 선생님이 묻는 것은 쉽게 대답했다. 선생님은 "앞으로 남은 50일 동안 열심히 하면 합격할 수 있겠다"고 말했다. 하지만 초등학교 검정고시 공부를 시작하려니 기분이 썩 좋지는 않았다. '도둑질' 하다 들킨 사람처럼, 누가 나를 볼까 봐 전전긍긍했다. 30년 전에 한글반 운영하면서 교사를 알아보는 과정에서 조합원들이 보였던 떨떠름한 표정이 떠올랐다. 나는 중·고입 검정고시를 마치고 대입 검정고시를 준비할 때가 되고 나서야 주변 사람들에게 자신 있게 검정고시 공부한다고 말할 수 있었다.

나는 함께 배운다는 마음으로 나와 함께 공부하자고 제안했다. 조합원들의 얼굴 표정이 밝아진 것을 느낄 수 있었다. 그래도 명색이 선생이 되었으니, 수업 준비를 어떻게 하면 좋을지 고민에 고민을 거듭하였다. 지금은 컴퓨터 한글 자판으로 프린트하면 되겠지만, 당시에는 컴퓨터도 없어서 가리방[2](프린트)으로 밀어서 작업을 해야 했다. 처음에는 가리방으로 프린트를 하기 위

  열세 살 여공의 삶

해 뾰족한 철필로 써야 했다. 나는 그 일을 잘하지 못해서 노조 사무실 직원과 다른 간부의 도움을 받았지만 계획과 기본안은 내가 준비했다.

첫날은 노동자들이 자주 보고 사용하는 상호부터 쓰기로 했다. 그래서 교안은 '다림사, 삼정사, 연희사, 현대사, 중림사, 복진사, 예진사, 미진사'부터 시작했다. 7명의 조합원들은 처음에 8절지 프린트를 받아 들고 약간 놀라는 표정이었다. 그들은 내가 'ㄱ, ㄴ, ㄷ, ㄹ'부터 시작할 줄 알고 있었다고 했다. 글자를 잘 모르지만 매일 보는 상호를 그들은 아주 재미있게 읽기 시작했다. 평상시에 늘 쓰던 낱말들이었다. 소리 내어 읽기를 하면서 설명도 빠뜨리지 않았다. "나는 다림사에서 일했던 것 알지? 명희는 연희사에서 미싱사로 일하지. 선희는 복진사에서 오야 미싱사지. 삼정사에서는 공순녀가 일하지. 현대사에서는 미선이가 일하고, 죽림사에서는 재덕이가 일하지. 예진사에서는 예진이가 일하지. 미진사는 명옥이가 일하는 데인 거 알지?"[3] 이렇게 설명하면서 따라 쓰고 읽게 했다. 숙제도 내주었다. 주변 친구가 일하는 상호를 2개 이상 알아 오기로 했다. 놀랍게도 다음 주에 모두 숙제를 해 왔다. 지금은 이름이 잘 기억나지 않는 조합원인데, 그녀는 상호를 쓰기 위해서 평화시장 점포를 돌아다녔다고 했다.

---

2  청색 타자 원단에 철필로 수작업이 끝나면 프린트해서 사용했다.
3  그때 수업 자료로 썼던 상호는 정확하지만, 사람들 이름은 가명으로 썼다. 그들이 이 글을 보게 될 수도 있기 때문이다.

두 번째 수업은 사람 이름으로 준비를 해 갔다. '신순애, 공순녀, 최선희, 김예진, 박미선, 박재덕, 박명옥'. 그렇게 공부를 시작하니 조합원들은 아주 재미있어했다. 다음 숙제는 부모님 이름 써 오기로 했다. 부모님이 돌아가시고 안 계신 친구에게는 형제 이름을 써 오게 했다. 어떤 조합원은 공책에 4~5페이지를 숙제로 해 오곤 했다. 어떤 조합원은 가족 모두의 이름을 적어 오기도 했다.

세 번째는 동네 이름으로 준비를 했다. '중랑교, 홍제동, 은행동,[4] 딸기원,[5] 창신동, 신당동, 문화촌, 창동 등이었다. 조합원들은 매일 버스를 타고 다니면서 보아 온 글자들이라 익숙하게 공부할 수 있었다. 선희는 "언니, 버스 타고 다니면서 매일 보는 동네 이름인데, 내가 이렇게 바보인 줄 몰랐다"면서 아주 재미있어했다. 숙제는 조합원들이 더 재미있어했다.

네 번째는 재단사, 미싱사, 시다, 재단 보조, 사장, 오바로크, 재단판, 미싱판, 시다판 등 공장에서 사용하는 이름들이었다. 조합원들은 결석하는 사람도 없었고, "오늘 숙제는 원단 써 오기로 하자"고 먼저 제의하기도 해서 다음 모임 때 면, 마, 에이원저지,[6] 폴리에스데그,[7] 청 등을 써 오기로 했다.

다섯 번째는 옷 이름을 준비했다. 남방, 바지, 바바리, 청바지,

<hr>

4  현재의 성남
5  현재의 구리시 교문동
6  면 10%, 폴리에스테르 90%를 혼합한 섬유 원단

　　　　　　　　열세 살 여공의 삶

블라우스, 아동복, 신사복, 숙녀복 등이었다. 조합원들은 너무 재미있게 읽기 시작했다. 무엇보다 본인들이 매번 보아 왔던 글자들을 그동안 써 보지 않았다는 것에 대해 스스로 "야, 우리들은 바보인가 봐" 했다. "우리, 방산시장으로 공책 사러 가자" 하는 조합원들도 있었다. 방산시장은 종이류 도매시장이었다. 그곳에 가면 시중 점포보다 훨씬 값이 쌌기 때문에 점심시간에 2명이 가서 공책을 10권씩 사 오기도 했다.

여섯 번째 시간에는 평화시장, 동화시장, 통일상가, 신평화시장, 남대문, 동평화시장 등을 배웠다. 어떤 조합원은 이 낱말들을 받아 들고 "야, 너무 재미있다"고 신을 내면서 "야, 우리, 위문편지도 한번 써 보자"고 하기도 했다. 이날 숙제는 동네 시장 이름을 써 오기로 했다. 그런데 다음에 확인해 보니 재미있게도 청량리시장, 동대문시장, 영천시장 등이 숙제의 전부였다. 백화점을 적어 온 조합원은 아무도 없었다. 어쩌면, 그 당시의 조합원들과 나는 백화점은 아예 상상도 못 했던 것 같다.

일곱 번째부터는 문장으로 수업을 진행했다. '신순애는 중랑교 뚝방에서 살고 있다.', '공순녀는 문화촌에 살고 있다.' 하는 식이었다. 한 조합원은 '우리는 시골 처녀이다.'를 어떻게 쓰느냐고 묻기도 했고, 그러면 그 자리에서 써 주기도 하였다. 숙제는 복습하기와 생각나는 글 써 오기였다. 비록 맞춤법과 문법에는 잘 맞

---

**7**  면 35%, 폴리에스테르 65%를 혼합한 섬유 원단

지 않았지만, 조합원들은 혼자 힘으로 숙제를 아주 잘 해 왔다. '나는 어제 저녁때 고기를 먹었다.', '아버지가 생선을 가지고 왔다.' 등을 써 오기도 했다.

그다음 시간에는 '최선희는 창신동에 살고 있다.', '김예진은 성남 은행동에 살고 있다.' 등을 공부했다. 공책에 있는 것을 소리 내서 읽어 보기로 했다. 그다음 주는 '최선희는 신당동에 살고 있다.', '박명옥은 딸기원에 살고 있다.' 등이었다. 그다음은 '신순애는 노조 사무실에서 부녀부장 직책으로 조합원들을 만났다.', '공순녀는 와이셔츠를 만들고 있다.', '공순녀의 아버지는 노동일을 하신다.' 등으로 이어졌다. '박명옥 아버지는 침을 놓을 줄 아신다. 그래서 동네 아픈 사람을 치료하신다.', '선희 어머니는 평화시장 내에서 국수 장사를 하신다.', '명희네 가족은 할아버지와 할머니도 함께 사신다.', '미선이는 오빠와 함께 자취한다.'를 공부하고 숙제를 해 오게 하였다. 그런데 숙제가 아주 재미있었다. '재덕이 동생은 싸움을 잘한다.', '미선이는 잘 때 이빨을 갈며 잔다.', '명옥이 아버지가 술을 너무 많이 마신다.' 등이었다. 그다음에는 '신순애 오빠는 군대에서 다쳐서 아프시다. 그리고 신순애는 다림사에서 와이셔츠 만드는 미싱사였다.', '명희는 여희사에서 미싱사로 일하고 있다.', '선희는 복진사에서 오야 미싱사로 일하고, 삼정사에서는 공순녀가 일하다가 며칠 전에 영등포로 이사갔다.' 같은 이어진 문장을 공부했다.

그다음에는 국어 책으로 공부를 했다. 국어 책은 집에 조카나

친척이 있는 경우에는 집에서 얻어 오고, 없는 조합원들은 헌 책으로 준비하기로 했다. 조합원들은 "그럼 우리가 점심시간에 헌 책방에 한번 가 본다"고 했다. 그런데 점심시간에 사무실로 찾아왔다. 여섯 권뿐인데 어떻게 하냐면서 나에게 상의했다. 일단 여섯 권이라도 사고 다른 서점에도 알아보자고 했다. 다음 주 공부하는 날, 조합원들은 일곱 권 모두를 구해 가지고 왔다. 6개월 정도 하니 국어 책을 술술 읽기 시작했다. 이들은 1980년 4월 퇴직금 투쟁 때 적극적으로 참여했다.

나는 사무실 업무도 보면서 퇴근 시간 뒤에 한글반을 운영해야 했기 때문에 시간 내기가 결코 쉽지 않았다. 하지만 그 어떤 모임보다 우선해서 모임을 운영했다.

한글을 모르는 문맹은 평화시장만의 현실은 아니었다. 당시에 한국 사회의 학력 수준이 높은 편이 아니었음을 통계자료를 통해 확인해 볼 수 있다.

보건사회부에 따르면 1955년에 문맹 47.5%, 국문 해득 35.5%, 초등학교 졸업률은 15.2%였다(보건사회부 1963, 정진성 2004: 50에서 재인용). 이화여대 사회학과의 조사(1962년)에서도 60명의 조사 대상 가운데 무학 38.88%, 한글 해독 가능자 23%, 국졸 30%, 중졸 3.8%로 유사한 결과를 보였다. 또한 이상하가 인용한 경찰 집계도 문맹 12%, 초등학교 중퇴 26%, 국졸 43% 등으로 큰 차이를 발견하기 어렵다.(김인건 1966, 이상하 1967: 178, 김원 2006: 141에서 재인용) 청계노조 사업 보고서에서는 조합원 8,168명 중 미취학

4.44%, 국졸 67.97%, 중졸 21.36%, 고졸 4.09%, 대졸 0.17%로 기록하고 있다(청계노조 사업 보고 1973: 31~39).

앞의 통계자료를 보더라도 문맹 비율이 꽤 높았음을 알 수 있다. 하지만 실제 학력은 조사 내용보다 더 낮았을 것이라고 생각한다. 설문 조사를 할 때 사람들은 자신의 학력보다 한 단계 이상씩 올려서 답하기 때문이다. 학력이 낮은 것이 부끄럽다고 생각하기 때문이다. 특히, 자녀를 학교에 보내면서 쓰게 되는 부모 학력란의 경우에는 더욱 그랬다. 나의 경우, 아이의 학력란에 '초중퇴'라고 써서 보냈다. 그런데 담임 선생님으로부터 연락이 왔다. 선생님은 왜 학력을 제대로 쓰지 않았냐고 물었다. 직업란에 당시 직업인 상담소 상담원이라고 쓴 것을 보고 당연히 내 학력이 높을 거라고 생각한 선생님이 내가 학력을 잘못 썼다고 생각하신 거였다.

평화시장에서 일하는 여공들은 국민학교 졸업, 혹은 국민학교 중퇴가 대부분이었다. 간혹 중학교 졸업자도 있었다. 학교를 다닐 수 있는 가정이었다면 평화시장에 오지 않았을 것이다. 혹시 오더라도 몇 달 하지 못하고 그만두었을 것이다. 내가 만난 대부분의 여공들은 부모님이 계시더라도 실질적으로는 자기가 가족을 부양하는 소녀 가장들이었다. 한글반은 청계노조에서 더 적극적일 필요가 있었다. 왜냐하면 W와 M을 구분 못 해서 매일 혼나는 심정을 누구도 헤아려 줄 수 없었기 때문이다. 한글을 몰라 쩔쩔매는 친구들을 옆에서 보았기 때문에 나는 한글반을 운영했

  열세 살 여공의 삶

던 것이다.

신설동 '수도학원'에 가면 지금도 한글반이 운영되고 있다. 분명히 그 속에 지금은 50~60대 중년이 된, 과거에 평화시장에서 일했던 여공도 있으리라고 본다. 여기 이렇게 쓰지 않았다면, 내 한글반 운영 경험은 '민담'처럼 사라져 버릴 에피소드였다. 이종구는 "민중의 실제 이야기가 야담으로 남는 악순환을 끊어야 한다"(이종구 2010: 314)고 지적한다.

나의 한글반 운영과 같은 여성 노동자들의 이야기는 '투쟁사'가 아니라는 이유로 역사에서 사라지는 경우가 숱하다. 청계노조에 대한 연구가 대부분 지식인들에 의해 이루어졌던 것처럼, 역사를 기록할 능력과 지식이 없었던 이들의 역사는 사라지거나 지식인들의 시각으로만 기록되었다.

# 퇴직금 투쟁,
## 근로기준법 이상을 쟁취하다

1980년 초 봄, 혼미한 안개정국과 경제위기 상황을 뚫고 대학생들의 민주화 투쟁 시위가 열기를 뿜는 가운데 1979년 10월 26일 사태 이후 침묵을 지키던 노동자들도 투쟁에 나섰다(이원보 2005: 276). 1979년 10월 박정희 사망 이후에 사람들은 민주화에 대한 높은 기대를 가지고 있었다. 1980년 3월 말경부터 서울시청 광장과 서울역에 학생들이 모이기 시작했다. 조합원들과 나도 그 대열에 끼어 시위를 함께 하기도 했다. 스크럼을 짜고 시위를 하면서 서로 소속을 확인하기도 했다. 조합원들과 나를 알아본 동국대 학생들은 바깥쪽보다 안쪽이 더 안전하다며 우리를 시위 대열의 가운데에 끼워 주고 함께 시위를 했다. 노조에서 투쟁과 시위를 하면 어린 시다들을 보호해야 하는 입장인데, 그곳에서는 학생들이 나를 챙겨 주니 기분이 묘했다. 시위 해산 후에 각 대학으로 옮겨 가기도 했다. 내가 낀 시위 대열은 동국대학 캠퍼스로 돌아왔고, 그 학생들과 잔디밭에 앉아 담소를 나누기도 했다.

누군가 나에게 노조 활동 중에 가장 잊을 수 없는 일이 무엇인지 물어본다면, 나는 자신 있게 1980년 4월 4일부터 15일까지 있었던 10인 이상 사업장 퇴직금 투쟁을 이야기할 것이다. 평화시장은 노동 조건이 열악하고 형편없는 곳으로 알려져 있다. 1970년 11월 13일 전태일 동지가 외쳤던 "근로기준법을 지켜라"라는 구호를, 조합원들은 그 후 10년 동안 청계노조 투쟁에서 외쳤다. 하지만 1980년 투쟁은 근로기준법 이상의 것을 쟁취하는 성과를 거두었다.

당시의 근로기준법에 의하면 상시 고용 인원이 16명이 되어야 퇴직금을 받을 수 있었다.[1] 그런데 1980년 노조의 투쟁으로 10명 이상인 사업장에서도 퇴직금을 받을 수 있게 되었다. 청계노조는 탄생 10주년에 걸맞게 성장하고 있었다. "10년이면 강산도 변한다"는 말처럼, 그즈음에는 제법 틀이 잡혔다고 할 수 있었다. 10인 이상 사업장 퇴직금 쟁취 투쟁에는 청계노조 탄생 이후 최대인 3,500명의 인원이 농성에 참석했고,[2] 계획과 준비도

---

**1** 근로기준법 제48조(퇴직금 제도) 16인 이상, 공포 시행일 1974년 12월 24일(윤욱현 2003: 171)
**2** 청계노조 사업 보고 1980: 79

철저하게 진행되었다. 그 투쟁을 위해 노조 간부와 노조원들은 힘을 총집결했다.

그동안 주먹구구식으로 대응해 왔던 사용자들 역시 제법 체계를 갖추어 가고 있었다. 전에는 없었던 임금 대장이나 근로계약서 같은 것들을 공장에 하나하나 비치하기 시작했다. 물론 노조와 사용자 간에 노사협의회가 구성되면서 시작된 일들이기는 했지만, 사용자들도 조금씩 배워 가기 시작했다는 것만은 분명하다.

16명 이상인 사업장에서는 퇴직금을 지급해야 한다는 법 조항 때문에 사용자들은 머리를 쓰기 시작했다. 사용자들은 여름철 비수기에 여공 한두 명에게 "여름에 일이 없으니 한두 달 푹 쉬었다가 추석에 다시 일하자"고 꾀를 냈다. 인원수를 16명 이하로 줄여서 퇴직금을 주지 않으려는 심보였다.

물론 이를 좋아하는 여공들도 있었다. 월급제가 시행되면서 사용자들은 비수기에 일이 없어도 노동자들을 공장 안에 있게 했다. 사실, 할 일 없이 공장에서 노는 것도 하루이틀이지, 매일 와서 빈둥거리는 것도 결코 쉬운 일이 아니었다. 그러니 나오지 말라는 말이 좋을 법도 했다. 당시는 '해고' 개념도 없던 때였다. 나중에 사용자의 속셈을 알고서 분개하기 시작한 것이 10인 이상 사업장 퇴직금 투쟁의 발단이 되었다. 이런 과정을 거쳐 1980년 4월 봄, 노조에서는 임금 인상과 퇴직금 문제에 초점을 맞추게 되었다.

  열세 살 여공의 삶

　노사협의회에 참여한 노조 측 노사위원들은 5~6회의 협상을 거듭해도 성과가 없자 "오늘도 무산되면 회의장에서 돌아오지 않겠다"며 준비를 했다. 그것은 점거 농성과 단식투쟁을 의미했다. 그 당시에 단식투쟁이라면 정말 물 한 모금도 먹지 않고 무작정 버티는 식이었다. 그러니 2~3일만 되면 쓰러지는 조합원이 생기기 일쑤였다. 병원에 제일 먼저 실려 가는 것은 늘 나였다. 그래서 이번에는 영양식을 좀 챙겨 먹으면서 버티자고 제안했다. 우리는 각자 주머니에 땅콩을 한 주먹씩 가지고 들어갔다. 하지만 이번에도 나는 이틀 만에 또 쓰러져 병원으로 후송되었다. 그리고 포도당 주사를 6~7시간 맞은 뒤 다시 노조 사무실 농성장으로 합류했다. 나중에 알았지만, 내가 병원으로 후송되기 전에 조합원들도 노조 사무실에서 농성을 하고 있었다. 노사협의 장소인 동화시장 옥상에서 농성을 하고 있던 노조의 협상 대표들도 내가 병원으로 후송된 뒤 노조 사무실로 가서 조합원들과 합류했다.

　우리는 회의를 통해 일단 장기 파업이 필요하다고 의견을 모았다. 옥상에 비닐 천막을 치고 그곳에 쌀가마니를 수북이 쌓아 놓기로 했다. 그리고 단식투쟁을 하지 말고 먹으면서 싸우자고 의견을 모은 뒤, 옥상에 큰 가마솥 두 개를 걸어 놓고 밥을 해 먹기로 했다. 내가 밥 책임자가 되었다. 나는 남자 조합원 몇 명과 노조 경리와 함께 중부시장으로 갔다. 그곳에서 김과 참기름, 소금, 단무지 등을 사고 쌀 20가마를 배달시켰다. 물론 장작도 구입을 했다. 가마솥에 밥하는 것은 어릴 적에 시골에서 가마솥에 밥하는 것을 본 기억을 되살려 장작을 지폈다. 처음에는 불을 세게 지피고 밥이 끓어서 넘치면 불을 완전히 빼냈다가 5~10분 정도 지난 뒤에 다시 은근하게 뜸을 들였다. 그러자 어릴 적에 어머니가 해 주시던 것처럼 타지도 않고 밥이 아주 잘되었다. 가마솥 뚜껑을 열고 다 된 밥 위에 참기름, 소금을 넣고 비벼서 큰 김 한 장에 밥을 넣고 주먹밥을 만들었다. 큰 김 한 장에 밥이 두 공기 정도 들어갔다. 그 주먹밥에 반찬은 단무지가 전부였다. 그렇게 주먹밥들을 만들어 조합원들에게 배달했다. 큰 가마솥 두개 로 밥을 해도 늘 부족했다. 남자 조합원들은 하나 더 먹기 위해 "순애 누나"를 연발하기도 했다. 그때 수없이 만들었던 주먹밥을 생각하면 지금도 손에서 참기름 냄새가 나는 것 같다.

옥상에서 그렇게 밥을 짓고 있자면 농성장에서 연락이 오기도 했다. "부녀부장, 와서 한 말씀 하소." 그러면 나는 밥하던 것을 잠시 놓아두고 농성장으로 들어가서 마이크를 잡았다. 이때 나는 제법 아는 척을 했다. "여러분, 우리 지난번 영국 노동 역사 슬라이드 보셨지요? 영국에서 노동자 권리는 노동자가 스스로 찾은 깃처럼, 우리 권리도 우리가 찾읍시다" 하면 조힙원들은 빅수를 쳤다. 나는 할 말이 없거나 다음 말이 생각이 나지 않으면, "여러분, 나는 지금 여러분과 내가 먹을 밥을 해야 합니다. 조금 있다가 또다시 만나요" 하고 슬그머니 빠져나오기도 했다.

당시의 정치 분위기에서 노동자들의 시위나 농성에 관한 소

                                    열세 살 여공의 삶

식은 언론에 단 한 줄도 실리지 않았다. 검열이 심한 상황이었다. 언론사에 연락을 하면 기자들이 오기는 했지만, 어떤 신문에도 청계노조 사건에 관한 기사는 한 토막도 나오지 않았다. 그래서 우리는 국내 언론사 기자들을 믿지 않았다. 심지어 어떤 기자가 인터뷰를 요청하면, "아니, 기사 한 줄 나오지 않는데 무슨 인터 뷰?" 하면서 거절하기도 했다. 사실이 그랬다. 1977년 9월 9일 투 쟁 때에도 우리는 한국 기자들은 아예 부르지 않았다. 오히려 외 국 기자들을 더 불렀다. 훗날, 외국에 있다가 돌아온 오빠 친구가 오빠에게, "너희 동생, 혹시 평화시장에서 데모했냐?"고 물었다 고 한다. 오빠 친구는 외국에서 신문에 실린 내 이름과 얼굴을 보 고 '설마 쟤가 순애일까' 의아해했다는 것이다.

그렇게 농성을 시작하고서 10일 정도 지나 지부장이 노사 합 의한 내용을 가지고 돌아왔을 때, 조합원들과 함께 못 추는 춤이 지만 신나게 춤을 추었다. 노사 합의안에는 10인 이상 사업장은 퇴직금을 지급한다는 내용이 들어 있었다. 우리는 12일 동안의 싸움을 통해 진한 승리를 맛보았다. 훗날 한 사장은 "처음에는 우 리만 손해 보는 거라고 생각했는데 그런 것을 통해 노동자들이 가능하면 이직하지 않고 한 공장에 있으려고 하니 오히려 이익 이 되었다"(안재성 2007: 378~401)고 하기도 했다.

농성은 끝이 났지만 또 다른 싸움이 우리를 기다리고 있었다. 이후 웃지 못할 사건들이 계속 발생했다. 농성에 참여한 조합원 들이 계속해서 해고를 당하는 일은 말할 것도 없고, '삼정사'는 일요일 날 조합원들 몰래 장충동으로 이사를 해 버렸다. 삼정사 공장은 통일상가에 있었다. 그 사장은 상가 안에서 공장을 하면 노조 요구를 모두 수용해야 하기 때문에 그것을 피하려면 상가보다는 가정집이 훨씬 편리할 것이라고 판단하고 일요일에 몰래 이사를 했다.

그곳에서 일하던 한 미싱사는 한글반 공부를 함께 한 조합원이기도 했다. 그중 한 어머니는 농성하는 동안 너무 수고하고 고맙다며 화곡동에서 평화시장까지 잡채 한 들통을 해 오기도 했었다. 삼정사 조합원들은 월요일에 출근하여 공장 문이 잠겨 있는 것을 발견했고, 조합원들이 점포로 가니 사장은 "장충동으로 이사를 했으니 그곳으로 출근하면 된다"고 했다. 조합원들이 장충동으로 출근하는 것은 아주 불편했다. 무엇보다도 노조의 간섭을 회피하는 데 그 숨은 목적이 있었기 때문에, 조합원들은 공장 이사를 받아들일 수 없었다. 조합원들은 노조로 달려와서 대책 회의를 했다. 이 싸움은 노조와 삼정사 조합원들이 흔들리지 않아서 쉽게 승리할 수 있었는데, 삼정사가 공장을 원상 복귀하는 것으로 마무리되었다.(청계노조 사업 보고 1980: 89)

하지만 대부분의 노동자들은 공장이 다른 곳으로 이사를 가면 그냥 따라가거나, "저는 그럼 못 다녀요" 하고 그 공장을 포기하고 말았다. 공장을 포기하는 노동자는 다시 일자리를 찾아야 했다. 이때 노조원이었다는 사실이 밝혀지면 또다시 해고되기 일쑤였다.

     열세 살 여공의 삶

　승리의 감동은 오래가지 못했다. 곧바로 전두환 정권이 민주
노조를 없애기 시작하면서 노조를 강제해산시켰기 때문이다. 전
두환 정권은 1981년 1월 5일 청계노조를 시작으로(부르스 커밍스
2001: 542), 1982년 원풍모방노조까지 강제해산시켰다. 정부는 민
주노조들을 강제해산시키거나, 노노 갈등 등으로 조작하여 노조
스스로 해산하게 만들거나, 집행부 전원을 구속 수감하여 노조
의 존립을 위태롭게 하였다. 심지어 정부 말을 듣지 않는 노조 간
부나 조합원들을 삼청교육대로 끌고 가기도 했다. 청계노조 조
합원 중에도 삼청교육대로 끌려갔다 온 뒤 후유증으로 목숨을
끊은 사람이 있었다. 이원보에 따르면, 태양금속 노동자 이용만
도 삼청교육대 후유증으로 사망하였다(이원보 2004: 653).

1980년 5월 말 출범한 국가보위비상대책위원회(국보위)는 노동조합 활동을 전면 금지시키고 노동운동에 대한 대대적인 탄압에 나섰다. 그 방향은 기존 어용노조 간부의 청산과 민주노조의 파괴, 그리고 노동관계법 개악을 통한 제도적 통제 강화였다. 신군부는 노동청을 통해 8월 21일 '노동조합 정화 지침'을 시달했다. 신군부는 중앙정보부 등 관계 기관들이 선정한 191명의 정화 대상자에 대해 9일 18일부터 노조 간부직을 사퇴하고 현장에 복귀하라고 명령했다.(이원보 2005: 280~283) 신군부 정권은 민주노조 파괴 작업의 사전 단계로 12월 8일 민주노조 간부 및 조합원들(원풍모방 40명, 반도상사 6명, 서통 6명, 한일공업 4명, 태양금속 4명, 청계피복 9명, 삼성제약 4명, 섬유노조 1명)을 연행하였다. 계엄사로 끌려간 이들은 목숨을 위협하는 협박과 폭행 속에서 사표 쓰기를 강요당했고, 일부는 삼청교육대로 끌려가 혹독한 시련을 당했다.(윗글: 283) 군사정권은 1981년 1월 5일 청계피복노조에 대한 해산명령을 시작으로 1982년 9월 27일 원풍모방까지 민주노조를 모두 파괴했다(윗글: 284).

1980년 12월 8일 정보기관원 7~8명이 청계노조 사무실에 들어왔다. 그들은 노조 간부 전원을 연행하려고 했다. 기관원과 이야기를 나눈 지부장은 "간부 전원이 다 가야 한다"고 했다. 그들은 혹시나 노조 간부들이 도망갈까 봐 노조 간부 사이사이에 끼어들었다. 1층 청계천 입구에는 검은색 승용차 7~8대가 있었다. 기관원들은 노조 간부들을 승용차에 나누어 태웠다. 승용차에 타자마자 내 눈을 가렸다. 나는 왜 가리는지, 또 어디로 가는지도 묻지 않았다. 아니, 물을 수가 없었다. 나중에 알았지만, 그곳은 삼각지에 있는 합동수사본부(합수부)였다. 속으로 1980년 4월 4일부터 15일까지 농성 때문일 것이라고 생각했다.

신군부는 '광주항쟁'을 무력으로 진압하여 수많은 광주 시민의 목숨을 앗아갔다. 그처럼 엄중했던 시기였던 만큼, 끌려가는 것에 대한 두려움도 컸다. 승용차가 이동하는 동안의 30~40분 가까이 그들도, 나도 아무 말도 하지 않았다. 승용차는 어떤 건물 입구에 멈추었다. 건물 앞에서 눈가리개를 풀어 주었다. 승용차가 멈추자 노조 간부 한 명당 정보 요원들 두 명이 붙어 우리를 끌고 갔다. 그들은 지하 계단으로 나를 데리고 갔다. 몇 발자국

가지 않아 어떤 문을 열고 들어갔고, 다시 몇 발자국 가서 또 다른 문으로 들어갔다. 이런 일이 열 번 이상 반복되었다. 그들을 따라가기만 했는데도 어지러웠다. 그곳에서 풀어 줄 테니 집에 가라고 해도 하루 종일 헤맬 것 같았다. 같이 온 다른 노조 간부들은 어디로 갔는지 발자국 소리도 들리지 않았다. 그곳은 천장이 굉장히 높았고, 마치 무슨 미로 영화를 보고 있는 것처럼 마음은 불안하기만 했다. 어디선가 문이 열리고 다시 닫히고 하는 반복은 나를 긴장과 두려움, 공포에 떨게 했다. 무서운 영화 속의 주인공이 된 것 같았다. 벽과 천장은 모두 하얀색이었다.

그렇게 해서 도착한 곳은 한 평쯤 되어 보이는 작은 독방이었다. 방 안에는 조그마한 책상과 군인들이 쓰는 야전침대가 하나씩 있었고, 침대 위에는 군용 담요 2장이 놓여 있었다. 조금 시간이 지나자 여자 군인이 속옷을 가지고 들어와서 "야, 경찰서에서 속옷 주냐? 안 줬지?" 했다. 경찰에 잡혀가면 속옷을 안 주지만 자기들은 준다는 뜻이었다. 나는 '이 와중에도 저렇게 생색을 내고 싶을까' 생각했다. 말은 하지 않았지만, 군복과 속옷은 분명 국고의 세금으로 마련한 것일 텐데 마치 사비로 사 주는 것처럼 생색을 내고 있으니 그저 쓴웃음만 입가에 맴돌았다.

한 평도 안 되는 천장에 형광등이 있었고, 책상 밑에서 위로 형광등을 켜 놓아서 그냥 앉아만 있어도 눈이 부셔서 눈 뜨기가 힘들었다. 조그만 책상에 마주 앉아서 진술을 준비하는데 손만 뻗으면 얼굴이 닿을 정도였다. 담당자는 내 이름과 주소를 묻고 나

　　　　　　　　　　　　열세 살 여공의 삶

서 "너, 솔직하게 대답해. 너네 평화시장 새끼들은 쥐도 새도 모르게 죽일 수도 있어" 했다. 그는 "지금 우리는 서울대 학생도 말 안 들으면 대학을 없애 버릴 수도 있다"면서, "너네 평화시장 새끼들은 쥐새끼만도 못하다"며 조롱하고 협박했다.

나는 구속될 경우의 형량을 속으로 헤아려 보았다. 1977년 9월 9일 노동교실 되찾기 농성을 하다가 구속되어서 징역 3년에 집행유예 5년의 실형을 받았고, 합수부에 잡혀간 그때는 집행유예 기간이었다. 이제 다시 구속되는 것은 기정사실이구나 생각했다. 하지만 조사가 노조 간부들만으로 끝날 것 같지 않았다. 조합원들까지 구속시키려고 하면 어쩌나 하는 생각이 들었다. 특히 '올봄에 10인 이상 퇴직금 농성하는 동안 누구누구 참여하였는지 조합원들의 이름을 대라고 하면 어쩌나' 하는 고민에 빠졌다. 나로 인해 누군가가 잡혀 들어오는 일만은 하지 말아야지 하고 속으로 다짐했다.

담당자는 하얀 백지에 큰 글씨로 '조화순'이라고 써 놓고 이 사람을 아느냐고 물었다. 나는 아는 사람이라고 대답했다. 언제 어디서 어떻게 알게 되었냐고, 마치 낚시꾼이 무슨 월척이라도 낚은 것처럼 흥분하며 담당자는 다시 물었다. 나는 평화시장 건널목에서 만나서 인사 정도 했다고 말했다. 그것은 사실이었다. 나는 조화순이라는 사람을 산업선교회 목사이자, 동일방직 사건에서 노동자들을 도와준 목사 정도로 알고 있었다. 그래서 가볍게 인사만 했을 뿐이다. 담당관은 마치 낚싯줄이 끊어질 때처럼 허

탈해하면서 나에게 "이 생쥐 같은 년", "이 쌍년! 너, 거짓말하면 죽을 줄 알아" 협박을 하였다. 그렇게 4~5시간이 흘러갔다.

그들은 3교대로 근무하는 것 같았고 담당자들이 바꿔 가면서 들어왔다. 덕분에 나는 잠을 한숨도 자지 못했다. 책상 밑에서 위로 켜진 눈부신 백열등 때문에 잠을 자라고 해도 잘 수 없었다. 형광등 빛 때문에 내 눈에서는 눈물이 흘러내렸다. 한 담당자는 혼잣말로 "쥐새끼만도 못한 애들을 어떻게 하라는 건지" 하면서 책상에 걸터앉기도 했다. 담당자는 "야! 저 윗사람들은 너네가 바다에 큰 상어인 줄 알고 있는데, 내가 보기에는 말이야, 개미만도 못한 것 같은데 어쩌냐, 이년아!" 한다. 아마도 윗사람들이 큰 사건이 터질 것을 기대했지만, 조사 과정에서 너무 시시했던 것 같다. 내 귀에는 옆방인지 어딘지 알 수 없지만 남자들이 고문을 견디지 못하고 비명을 지르는 소리가 계속 들렸다. 소리를 듣는 것 자체가 고문이고 위협이었다. 소리만으로는 같이 끌려온 노조 간부인지 아닌지 알 수 없었다. 한 담당자가 종이와 볼펜을 가지고 들어왔다. 담당자는 나에게 "평화시장에서 데모에 187번을 가담했다"고 쓰라고 했다. 나는 속으로 '내가 이렇게 데모를 많이 했나' 생각했다. 하지만 더 무서웠던 것은 따로 있었다. 뭔가 잘못 써서 혹시 조합원이라도 더 잡혀 올까 봐 두려웠다. 설령 내게 아무 잘못이 없다고 해도 두렵고 무서운 곳이 합수부였다. 심지어 여성 노동자들 사이에는 경찰서에 잡혀가면 '성고문'을 당할 수도 있다는 말이 유언비어처럼 난무하였다. 경찰들은 여성 노동자들을 진압한다는 명목으로 뒤에서 겨드랑이에 손을 넣고 끌어안으면 서 앞가슴을 잡고 마구 흔들었다. 여성 노동자들은 아프다고 소리쳤지만 소용없는 일이었다. 나는 여군이 속옷을 가지고 들어왔을 때 겁부터 났다. 아마도 이 자리에서 강간을 당할지도 모른다는 두려움이 있었다. 그런 두려움을 조합원들에게까지 주고 싶지 않았다. 더욱이, 수사관들은 "아무것도 모르는 병신, 빨갱이"라면서 서슴없이 욕을 했다. 수사관들은 나를 무시하는 눈으로 보고, 한심하다는 표정을 내비치기도 했다. 마치 옛날에 노비를 사람 취급하지 않던 것과 흡사했다. 한쪽에 놓여 있는 야전침대에 언제 쉬게 하려는지, 조사받는 동안 단 일 분도 누워 보지 못했다.

담당자는 내가 조합을 알게 된 때부터 하나도 빠짐없이 쓰라고 했다. 다른 조합원들을 끌어들이기 위함이라는 것을 너무 잘 알고 있기에 쓸 수가 없었다. 어차피 나는 구속 수감이 되더라도 조합원만은 지키자는 각오를 하면서 종교인은 아니지만 하느님을 찾았다. 이 위기를 잘 넘길 수 있도록 도와 달라고 간청했다. 그리고 잠시 생각했다. '노동조합은 노동교실을 통해서 알게 되었다'고 시작하면서 고민하는데, 좋은 생각이 떠올랐다. 나는 "저, 한글 잘 모르는데요"라고 했다. 담당자는 따귀부터 한 대를 때리고는 너무 기가 막히는지 아무 말도 하지 않고 한 10분을 나를 죽일 듯이 노려보다가 분을 참지 못하고 밖으로 나갔다. 잠시 후 다시 돌아와서 "거짓말을 하면 오늘 죽을 수도 있어, 이 쌍년아” 했다. 그는 “다시 한 번 묻는데, 빨리 써!” 했다. 나는 “한글을 모르는데 어떻게 써요?” 하면서 오히려 자신 있게 대답했다. 담당자는 다시 밖으로 나갔다. 아마도 내 고향 남원 용정국민학교에 확인을 하고 다시 돌아왔을 것이다. 담당자는 나에게 “한글도 모르면서 무슨 데모야, 이 쌍년아” 했다. 그래서 나는 안도의 숨을 쉬면서 오히려 당당하게 말했다. “저는 데모한 적 없어요. 월급이 너무 적어서 월급 좀 더 달라고 했고, 하루에 작업 시간이 너무 길어서 작업 시간도 줄여 달라고 했어요” 했다. 담당자는 “이 쥐새끼보다 못한 년을 어떻게 하지” 하면서 한숨을 쉬기도 했다. 담당자는 내가 한글을 모른다는 사실에 마치 길거리에서 똥을 밟은 것처럼 어이없다는 표정으로 나를 무시하기 시작하였다.

담당자는 직접 문답하는 식으로 내 앞에서 쓰기 시작했다. 담당자가 “노조는 어떻게 알았어?” 하고 묻는다. 나는 1975년 청계노조에서 중학교 과정을 무료로 가르쳐 준다는 팸플릿을 보고 직접 찾아갔다고 말했다. 담당자는 “그럼 노동교실에서는 무엇을 공부시켰나?” 하고 물었다. 나는 국어, 영어, 수학, 사회, 한문, 음악, 이렇게 주 5일 시간표가 있었다고 대답했다. 담당자는 “쌍년아, 한글을 모르는데 어떻게 공부를 해?” 했다. 나는 쓰는 것은 모르고 읽는 것은 할 수 있다고 대답을 했다. 담당자는 “그럼 데모는 언제 참여했나?”고 물었다. 나는 1975년 12월 23일 시간 단축 요구할 때 참여했다고 말했다. 담당자는 질문을 하고 쓰다가

   열세 살 여공의 삶

문득 화가 치미는지 "야, 개 같은 년아!" 하면서 다시 언성을 높였다. 담당자는 한두 가지 질문하고 욕을 하였고, 따귀를 때리는 것도 빼먹지 않았다.

야간 담당자는 갑자기 처음 질문한 것을 다시 질문했다. 내가 "오전에 대답했는데 또 해야 하나요" 하면 또다시 욕을 하면서 내게 "너는 한글도 모르면서 그런 데는 왜 참석을 해 가지고 이 고생을 하냐"고 했다. 기회를 놓치지 않고 더 바보처럼 보이려고 "나에게 공부를 거저 알려 주는 곳이 있어야지요"라고 했다. 어떤 담당관은 나에게 "야, 이거, 내가 불쌍해서 하는 말인데[1] 노조만 가지 않으면 내가 학교 보내 줄게" 했다. 나는 속으로 '잘하면 풀려날 수도 있겠구나' 하는 생각이 들었고, '더 바보짓을 하면 되겠다'고 생각했다.

그래서 약간 덜떨어진 아이처럼 "궁금한 게 있는데, 다른 방에서 들리는 신음 소리, 저건 무슨 소리예요?" 하고 물었다. 담당관은 다시 "쌍년아, 알 것 없어. 너도 거짓말하면 저렇게 맞을 수 있어!" 한다. 다시 담당관에게 "누가 저렇게 거짓말을 해요?" 했더니 담당관은 "알 것 없어"라고 대답했다. 그렇게 20일 동안 육군 합동수사본부에서 조사를 받았지만, 오히려 담당자가 더 힘들어

---

[1] 김원의 연구를 보면, 합동수사본부에서 조사를 받던 한 간부는 돈도 권력도 없으면서 노조를 하는 청계노조 간부들을 '불쌍하다'라는 단어로 표현했다고 진술했다. 그러나 신군부는 "단체는 모이기만 하면 떠드는 것"이라고 규정하고, 총칼로라도 청계노조를 해산시킬 것이라고 공언했다고 전해진다.(김원 2004: 133)

했다. 상부에서는 조사를 해서 사건을 확대하고 싶은데 막상 조사해 보니 별 내용이 없어서 고민하는 모습이 역력해 보였다.

조사가 끝나고 담당관은 나를 고깃집으로 데리고 갔다. 가 보니 끌려갔던 청계노조 간부 중 일부만 있었다. 나중에 알았지만, 지부장과 다른 간부들은 일주일 후에 풀려났다. 하얀 접시에 담겨 나온 쇠고기에는 윤기가 흘렀다. 태어나서 그렇게 먹음직스럽게 보이는 쇠고기는 처음이었다. 하지만 내 자존심이 허락하지 않아서 쇠고기를 먹지 않았다. 앞의 담당자는 "야, 왜 안 먹어?" 하면서 여전히 반말로 일관했다. '싸라기 반 토막만 먹었나'[2] 싶었다. 그곳에 있는 것 자체가 굴욕스러웠다. 합수부 조사원들은 맛있게 먹는데, 그곳에 앉아 있던 노동자들은 하나같이 먹지 못했다. 자리에 죽 앉아 있는데 노조 조사통계부장이 보이지 않았다. 나는 몹시 궁금해서 앞에 있던 담당관에게 "조사통계부장은 왜 없어요?"라고 물었다. 담당관은 "걔는 아직 더 있어야 해" 했다. 나중에 알았지만, 조사통계부장의 책상 서랍에서 30~50페이지 분량의 광주항쟁 유인물이 나와서 그것을 누구에게 받았는지, 왜 책상에 넣어 두었는지 조사하기 위해서였다. 조사통계부상은 우리보나 보름쯤 뒤에 나왔다. 합수부에서 풀려났지만 바로 집으로 돌아가지 못했다. '새마을연수원'에 가서 4박 5일 동

---

2  싸라기 부스러기를 말한다. 노동자들에게 반말을 하는 사람들에게 빗대서 쓰던 은어였다. 가난한 집에서는 방앗간에서 정상적인 쌀값의 20퍼센트 정도면 싸라기를 살 수 있었다. 그 싸라기로 죽을 끓여 먹었다.

                                        열세 살 여공의 삶

안 '반공' 교육을 받아야 했다.[3] 그때 난생처음으로 애국가를 4절
까지 불러 보았다.

3  그곳이 수원 새마을연수원이라는 사실은 몇 년이 흐른 뒤에야 알 수 있었다.

# 소결

(小結)

1970년대 유신독재 체제에서 여성 노동자들은 개별 사업장을 중심으로 자주적 노조를 건설하거나 황색노조를 민주화하여 열악한 노동조건의 개선과 노동기본권 회복을 위해 어렵고 힘들게 투쟁하였다(강인순 2009: 7). 그러나 그 투쟁의 과정에서 공유했던 생활·문화와 경험의 차원이 노동자의 정체성과 자의식을 형성하는 데 어떤 영향을 끼쳤는지는 쉽게 간과되는 부분이다. 이 장에서는 힘없고 보잘것없는 한 여공이 1975년 '중등 과정 무료'라는 팸플릿을 통해 노조와 전태일을 알게 되고, 근로기준법을 알게 되는 과정을 서술했다. 노동교실은 한 명의 여공에 불과하던 나를 당당한 노동자로 성장하게 하였다. 혼자는 나약하지만 조합원들과 함께하면 무엇이든지 할 수 있다는 자신감도 얻었다.

 열세 살 여공의 삶

그 과정을 통해 당당하고 부끄럽지 않은 노조 활동가로 실천하는 삶을 살게 되었다.

노조 활동 그 자체가 보람이고 기쁨이었다. 노조원들과 함께 했던 시간은 오랜 시간 나를 지탱하게 하는 소중한 추억이 되었다. 그곳에는 교육이 있었고, 문화가 있었다. 지금도 조합원들과 함께 공부했던 한글반을 좀 더 오래 못 한 것이 아쉬움으로 남는다. 전태일이 그토록 지키고자 했던 근로기준법은 노조에서 학습을 통해 내 머릿속에 각인되었다. 지금도 나는 "제42조 근로시간, 제48조 퇴직금" 하는 식으로 당시의 근로기준법을 외울 수 있다.

나조차도 '과연 가능할까' 의심을 품고 시작한 시위와 투쟁이었지만, 조합원들에게 예상하지 못했던 승리를 안겨 주었다. 혼자서는 큰소리 한번 내 보지 못한 개인에 불과했지만 노동시간 단축, 임금 인상, 퇴직금 받기 운동, 1일 8시간 노동제 쟁취 등은 모두 조합원들의 단결이 만들어 낸 승리였다.

객공의 변화를 중심으로 1960~1970년대 평화시장 봉제 공장의 작업장 문화를 다룬 박승현은 평화시장에서 다른 공장과 달리 와이셔츠 공장의 노동조건이 양호했던 이유를 '원래' 그러했던 것처럼 서술하고 있다.

와이셔츠 공장은 라인 작업의 특성 때문에 적어도 스무 명 이상이 고용되어 평화시장 내에서는 규모가 큰 편이었고, 일하는 사람들

은 객공들에 비해 한 공장에서 오랫동안 일했다. 오전 8시에 시작
해서 오후 8시에 끝나는 12시간 근무제로 퇴근 시간도 일정한 편
이었고, 미싱사와 시다의 관계나 미싱사끼리의 관계가 객공제에
서처럼 '살벌'하지 않았다.(박승현 2005: 43)

그러나 앞에서 살펴본 바 있듯, 우리의 경험은 와이셔츠 공장
이 노동조건이 원래 양호했거나, 미싱사와 시다의 관계가 '살벌'
하지 않았던 것이 아님을 확인해 주고 있다. 다시 말하면, 그것은
평화시장 와이셔츠 공장 조합원들이 60퍼센트 이상 투쟁에 참여
하여 이루어 낸 결과물이었다. 1976년에 이르러 8시간 노동시간
을 현실화한 것도, 다락방이 아니라 라인 작업을 하게 된 것도
'저절로' 이루어진 것이 아니라는 점이 중요하다. 그것은 명백히
"다락방을 철폐하라", "8시간 노동제를 준수하라"는 청계노조의
연대 투쟁이 이루어 낸 성과였다.

아래에 제시하는 자료들은 1960~1970년대에 내가 겪었던,
다락방을 비롯한 작업장의 변화를 그림으로 재현한 것이다. 그
림들에서 드러나는 변화는 청계노조의 연대 투쟁이 어떠한 영향
을 미쳤는지를 보여 준다.

박승현은 〈그림 1〉에 대하여 "신발 벗어 두는 공간을 빼고는
들어가면서 바로 다락이 있기 때문에 1층과 다락의 공간은 크기
가 거의 같다"고 설명하고 있다. 이 그림은 내가 1966년 삼양사
에서 일할 때의 모습과 같다. 〈그림 1〉에서 박승현은 "미싱 작업

　　　　　　　　　　　　　　열세 살 여공의 삶

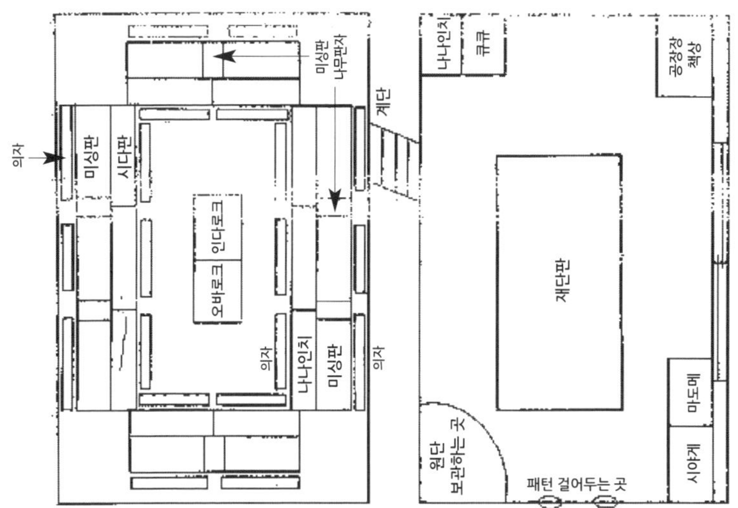


〈그림 1〉 1960~1970년대 평화시장 봉제공장 내부 구조(박승현 2005: 20)

을 하기 위해서 미싱판과 미싱판 사이에는 나무판자를 대어 공간을 늘여 쓸 수 있게 했다"고 확인해 준다. 이 부분도 내가 경험한 것과 같다.

박승현은 또한 "시다판과 미싱판 높이를 같게 제작하여 사용했고, 시다가 의자에 앉아서 일을 했다"고도 설명하고 있는데, 다락방에 관한 이 설명은 사실과 다르다. 〈그림 4〉에서 보듯이 미싱판의 높이는 57센티미터, 시다판 높이는 30~40센티미터였다. 시다들은 〈그림 3〉처럼 무릎을 꿇고 일을 하다가, 미싱사가 다음 작업 일감을 요구하면 무릎 꿇은 상태에서 허리만 펴고 일어나

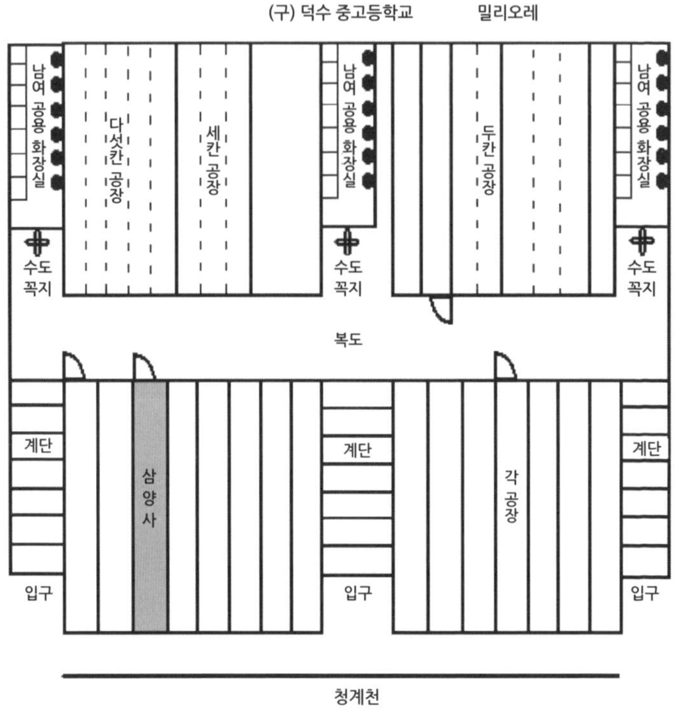


〈그림 2〉 평화시장 3층 복도에서 본 모습

미싱판에 일감을 올려 주었다.

박승현의 말처럼 시다가 의자에 앉아서 의자 옆에 물건을 놓고 일을 하게 된 것은 1976년에 다림사에서 라인 작업이 시작되면서부터이다. 그때 다락방이 없어졌기 때문이다. 다시 말하면, 다림사 공장에서 다락방이 없어진 뒤에야 비로소 박승현이 말한



열세 살 여공의 삶

〈그림 3〉 시다는 하루 종일 이런 자세로 일함

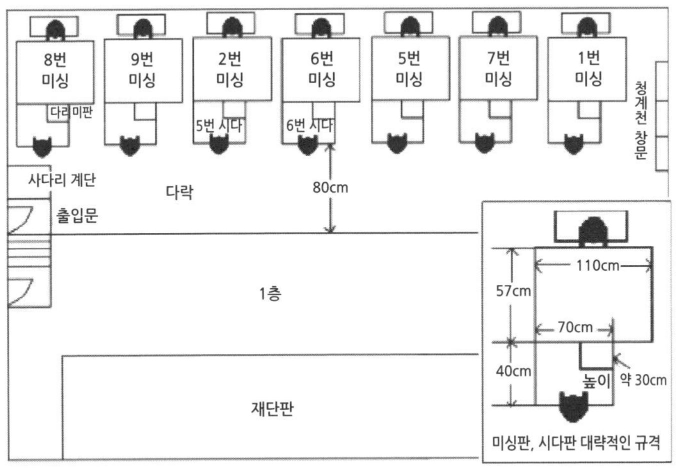


〈그림 4〉 삼양사 공장 1층과 다락방
(주 : 미싱판과 미싱판 사이의 공간을 조금 넉넉하게 그렸다.)

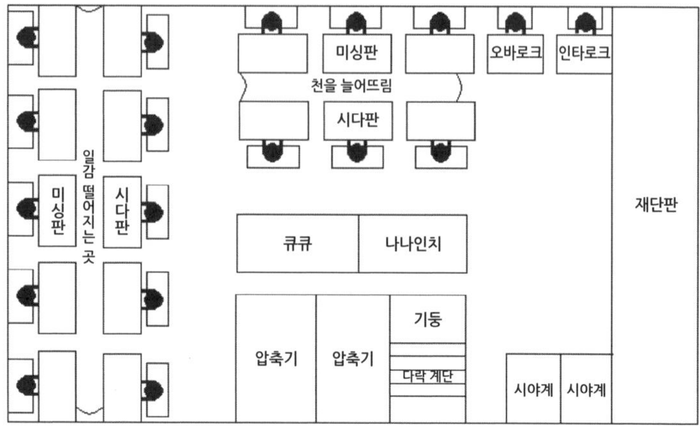



〈그림 5〉 화진사 1층 내부

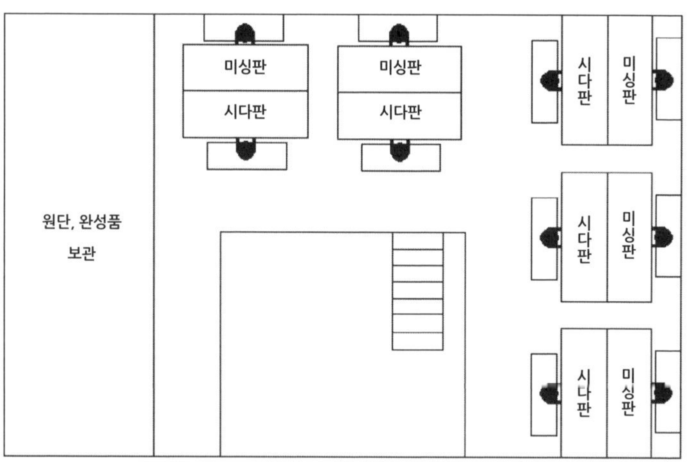



〈그림 6〉 화진사 공장 다락방



열세 살 여공의 삶

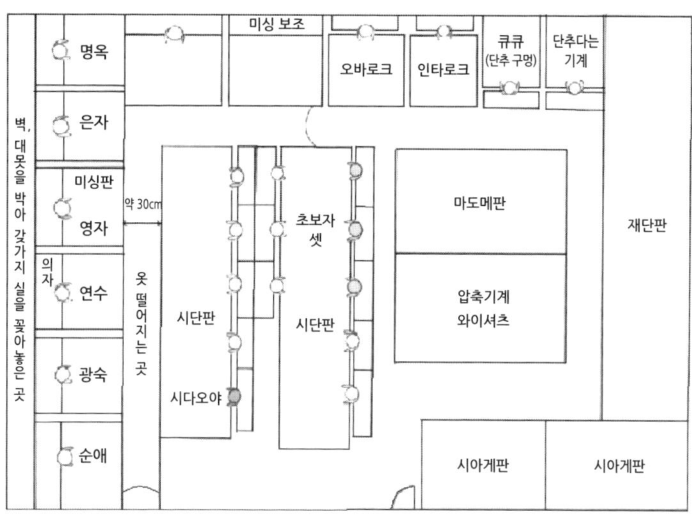


〈그림 7〉 1976년 다림사 공장 내부

"시다들은 의자에 앉아서 옆 공간에 일감을 두기도 하고 일하는 작업 공간으로 쓰기도" 하는 공장이 되는 것이다(〈그림 7〉). 하지만 같은 시기에도 중부시장 같은 곳은 여전히 다락방이 존재했다.[1]

화진사는 통일상가에 있었다. 어둡고 가파른 계단을 올라 공장 안으로 들어가면 1층에 미싱판과 시다판 각 8개와 오바로크,

1 당시에 그곳에서 일을 했던 이승숙은 "다락방에서 그냥 재웠어요"(유경순 2011: 193)라고 말했다. 이승숙은 1963년생으로 초등학교를 졸업하고 평화시장에 들어왔다. 이승숙은 1978년에 평화시장에서 일을 하기 시작했다. 다시 말하면, 1978년에 중부시장 곳곳에는 여전히 다락방이 존재했다. 노조 활동의 영역에서 벗어난 공장 지역에서는 다락방이 상당 기간 계속되었으리라 추측한다.

인타로크, 큐큐, 나나인치, 압축기 판들이 자리 잡고 있었다. 출입문 옆에는 큰 시야게판 두 개와, 그 옆으로 재단판이 길게 놓여 있었다.(〈그림 5〉) 다락방에는 미싱판과 시다판 각 5개가 기역 자 모양으로 배치되어 있었다. 다락방 왼쪽, 다시 말해 1층의 미싱판과 시다판 자리 바로 위쪽 공간에는 물건을 만들 원단과 완성품 옷들을 보관하는 창고가 있었다.(〈그림 6〉) 1층의 큐큐, 나나인치, 압축기 자리만큼은 다락방 바닥이 없었다. 결국, 〈그림 4〉의 삼양사 다락방 바닥 면적이 1층 바닥 면적의 98퍼센트였다면, 화진사 다락방 바닥 면적은 1층의 60~70퍼센트 정도였다.

이상을 통해 본 1976년까지의 작업장 변화, 즉 다락방의 철폐와 동시에 실시된 라인 작업의 도입은 적지 않은 의미가 있다. 앞에서 서술한 바 있듯, 라인 작업 이후 일감 배분과 관련된 재단사의 횡포는 사라지게 되었다. 재단 보조의 일도 훨씬 줄어들었고, 미싱사와 시다의 일은 보다 균형 있게 배분되었다. 무엇보다 다락방이라는 비인간적인 노동환경을 없앤 것은 성폭력을 비롯한 서열화한 권력 구조에 대한 여성 노동자들의 일상적인 종속의 근원을 어느 정도 잘라 낸다는 것을 의미했다.[2] 8시간 노동시간의 쟁취의 작업장이 변화는 공장 내의 권력관계뿐 아니라 여성 노동자들 사이의 관계 또한 변화시켰다.

---

[2] 평화시장의 일상에서 여성으로서 겪어야 했던 어려움에 대해서는 5장에서 자세히 서술할 것이다.



열세 살 여공의 삶

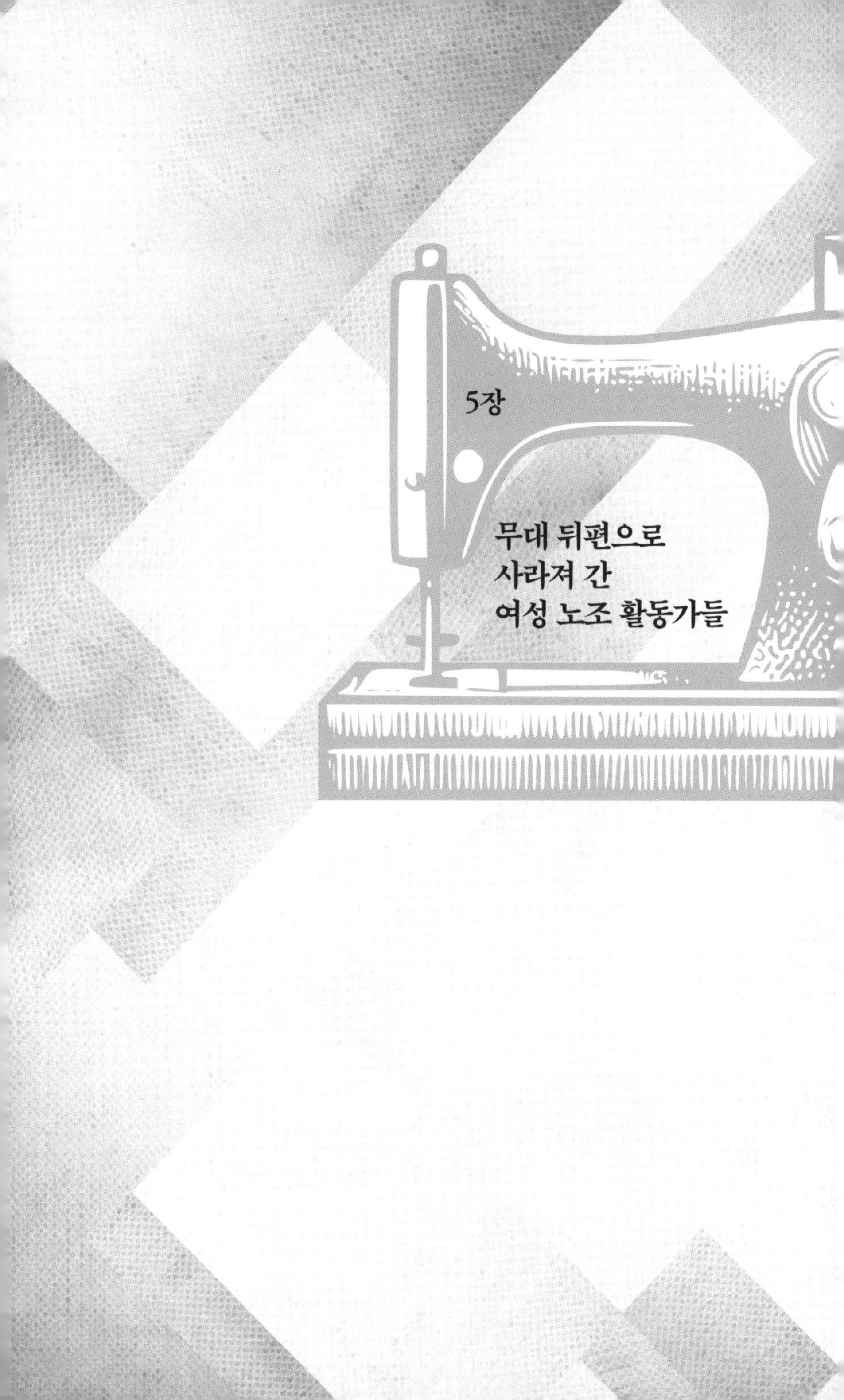

5장

무대 뒤편으로
사라져 간
여성 노조 활동가들

이중의 억압 구조에 갇혀서 숨죽이며 살아갈 수밖에 없었던 것이

대부분의 여성 노동자의 현실이었다.

당시에 여성 노조 활동가들은 마음속 깊이 맺힌

이야기를 드러내 놓고 할 수 없었다.

드러낼수록 더 큰 피해와 손해를 보았기 때문이다.

여성 노조 활동가들은 스스로 그만둔 것이 아니라

외부의 강제에 의해 어쩔 수 없이 무대 뒤편으로 사라져 갔다.

　　이번 장에서는 1970년대에 노조 활동에 적극적으로 참여했던 여성들이 역사의 무대 뒤편으로 사라져 간 이유를 살펴보고자 한다. 김원은 이와 관련된 1970년대 여성 노동자 운동 연구에서 다음과 같은 주류 담론이 존재한다고 보았다. '대부분 여성이어서 가족으로 돌아갔다', '산업구조가 대공장 남성 노동자 중심으로 변화해 가는 과정에서의 필연적 현상이었다', '스스로의 이념적 한계를 극복하지 못했다', 혹은 '일시적인 브나로드 운동 같은 흐름이었다' 등이 그것이다(김원 2005: 97). 이러한 논의들에 어느 정도 수긍하는 여성 노동자들도 있을 것이다. 많은 여성 노동자들이 '여성'이어서 가족으로, 일상으로 돌아갔던 측면이 분명 있기 때문이다. 하지만 가족으로 돌아갔다고 해서 의식이 달라진 것은 아니다. 다만, 이중의 억압 구조에 갇혀서 숨죽이며 살아갈 수밖에 없었던 것이 대부분의 여성 노동자의 현실이었다. 당시에 여성 노조 활동가들은 마음속 깊이 맺힌 이야기를 드러내 놓고 할 수 없었다. 드러낼수록 더 큰 피해와 손해를 보았기 때문이다. 여성 노조 활동가들은 스스로 그만둔 것이 아니라 외부의 강제에 의해 어쩔 수 없이 무대 뒤편으로 사라져 갔다. 그러도록 강제하는 역할을 한 사람들은 정부 당국과 경찰 담당자, 사용자 또는 공장장이었다. 혹은 노조 활동에 호의적이지 않은 가족들, 가족 구성원의 노조 활동으로 인해 직간접 피해를 본 부모나 형제자매가 적극적으로 노조 활동을 막는 경우도 있었다.

같은 경험도 성별에 따라 다르게 평가받는 경우가 많다. 투옥의 경험이 그렇다. "남성의 투옥은 그의 가족에게 재앙을 의미하겠지만, 여성의 투옥은 단순히 불편하다는 정도에 불과했다"(이태호 1985, 전순옥 2004: 92에서 재인용)고 평가되기도 한다. 전순옥의 연구에서 정치학자인 최장집은 "여성 노동자들은 쟁의행위를 했다는 이유로 해고당하더라도 돌아갈 집이 늘 있었고, 그곳에서 결혼을 준비하거나 다른 일자리를 알아볼 수 있었기 때문에 집이 없어서 떠돌아다닐 염려가 없었다"(전순옥 2004: 92)고 말한다. 이러한 논의는 일부 학자들의 남성 중심적 편견을 그대로 보여준다. '여성의 투옥'이 '단순히 불편한 정도'로 사고되는 것도 그렇거니와, 1970년대 여성 노조 활동가들이 대부분 생계 부양자였다는 역사적 사실을 고려하지 않고 있다. 열성적인 여성 노조 활동가들이 사라져 간 이유에 대해 주류 담론 속에 가정된 편견은 첫째, 여성 노조 활동가들의 경험과 현실을 무시하고 있으며, 둘째, 여성 노조 활동가 개인의 선택을 넘어서는 사회적 강제를 보지 못한다는 점에서 문제가 있다.

우리나라 경제성장이 박정희 정권 시기인 1970년대부터 압축적으로 이루어졌다는 것에 반론을 제기할 사람은 없다. 정부 당국과 기업들은 '일은 시키는 대로, 월급은 주는 대로' 받으라고 강요했다. 이에 참다못한 '여공'들은 "배고파 못 살겠다"며 농성을 했고, 그런 '여공'들에게 정부 당국은 '빨갱이' 낙인을 찍고 '블랙리스트'를 만들어 상처를 입혔다. 한국 사회는 오랜 기간 동안 '여공'들의 상처와 고통을 보듬어 줄 생각이 없었다. 정부 당국은 '산업 역군'으로 이용하다가 말을 듣지 않으면 '빨갱이'로 둔갑시켰다. 나는 그러한 역사를 똑똑히 기억하고 있는데, 정부 당국은 망각하고 있는 것 같다. 문제는 이런 일들이 나뿐 아니라 1970년대 여성 노조 활동가들에게 거의 예외 없이 공통적으로 적용되었다는 데 있다. '빨갱이', '블랙리스트', '성고문', '성폭력', '경제적 어려움'이 여성 노조 활동가에게 예외 없이 닥쳐올 때 그것들은 '어쩔 수 없었던 개인의 불행'쯤으로 여겨졌다. 이러한 사실들을 내 경험과 조합원들, 친구 혹은 후배들의 경험을 통해 보여 주고자 한다.

# '빨갱이'라는
# 사회적 낙인

열성적으로 노조 활동을 했으나 바로 그 경험 때문에 말 못 하고 숨죽이고 살았던 이들이 내 주변에 숱하게 많다. 1981년 '아프리 사건'[1] 이후 나는 도피 생활을 하면서 정부 기관이 가하는 경제적, 정신적, 육체적 고통을 감내해야 했다.

4장에서 언급했듯이, 1980년 5월 말 출범한 전두환의 국가보위비상대책위원회(국보위)는 노동조합운동을 전면 금지시키고, 노동 운동에 대한 대대적인 탄압에 나섰다. 신군부는 노동청을 통해 8월 21일 노동조합 정화 지침을 시달했다. 신군부는 중앙

---

**1** 1981년 1월 5일 전두환 정부가 청계노조를 강제해산시킨 것에 항의하기 위해 미국 노총 산하 기구인 아시아·아메리카자유노동기구(AAFLI; 아프리) 사무실에서 시위를 벌였다.

     열세 살 여공의 삶

정보부 등 관계 기관들이 선정한 191명의 정화 대상자(정화 대상자 121명, 자진 사퇴자 70명)에 대해 9월 18일부터 노조 간부직을 사퇴하고 현장에 복귀하라고 명령했다. 여기에는 민주노조운동과 노조 민주화에 앞장섰던 주요 간부들이 모두 포함되었다. 이들은 원풍모방, 콘트롤데이타, 반도상사, 서통, 고려피혁, 세진전자, 삼성제약, 대한전선, 대한중기, 동양강철, 신한주철, 원풍농기구, 롯데물산, 아폴로보온병, 고미반도체 등에서 활동하던 노조 간부들이었다. 민주노조 간부들은 정화 조치를 거부했다. 신군부 정권은 민주노조 파괴 작업의 사전 단계로 1980년 12월 8일 민주노조 간부 및 조합원들을 연행하였다. 계엄사로 끌려간 이들은 목숨을 위협하는 협박과 폭행 속에서 사표 쓰기를 강요당했고, 일부는 삼청교육대로 끌려가 혹독한 시련을 당했다.(이원보 2005: 282~283)

　1970년대부터 노동운동을 하는 노동자들에 대한 정부의 이데올로기 공세가 심해졌다. ‘깡패’, ‘미친개는 몽둥이가 약이다’, ‘여자와 북어는 3일에 한 번씩 두들겨야 정신을 차린다’, ‘불순 세력’, ‘위험 분자’, ‘제3자 개입’, ‘빨갱이’, ‘블랙리스트’ 등의 언설만 보아도 그것을 알 수 있다. 박정희 정권은 ‘선 성장 후 분배’의 경제개발 전략을 수행하기 위해 노동관계법을 전면 개정하여 노동자들의 저항을 차단하고자 했다. 이른바 ‘배제와 동원’의 노동정책이었다. 권력과 자본의 공세는 시간이 갈수록 거세졌다. 노동자들은 ‘산업 역군’이라는 미명 아래 ‘일은 시키는 대로, 품삯은 주는 대로'의 무권리 상태에 처했다. 전태일의 분신은 반(反)인간, 반(反)노동자적인 고도 성장 신화의 허구성을 폭로했다. 하지만 정부와 자본가들은 전태일을 '깡패'로 몰아갔다. 정부는 노동자들을 억압하기 위해 경찰 출신이 필요했다. 박정희 정권이 경찰 간부를 노동청장으로 임명한 사건을 이원보는 다음과 같이 평가하고 있다.

1963년 노동청 출범 이래 10명의 청장 가운데 7명이 경찰 간부 출신이었다. 노동조합에 대한 감시와 통제는 주로 중앙정보부 몫이었지만 노동청, 경찰, 보안사령부 등에서도 경쟁적으로 이루어지고 있었다. 노동자들의 저항을 짓누르기 위한 다양한 수법이 사용됐다. 일부 노동자들은 때로는 '불순세력'으로 몰려 사직 당국의 엄중한 문초를 받기도 했다. 이에 견디다 못 해 노동자들은 1970~79년 사이에 844건의 부당노동행위 구제 신청을 노동위원회에 냈다. 이는 노동자들의 부당노동행위 구제 신청률의 변동에서도 확인할 수 있다. 1970년 69.2%에서 매년 급격하게 떨어져서 1978년에는 25.9%까지 낮아졌다.(한국노총 1979, 이원보 2005 : 201~224에서 재인용)

1975년 12월 23일 '노동시간 단축' 농성을 하고 있을 때, 당시 중부경찰서 장 모 계장은 농성장에 들어와서 농성하는 우리 노동자들에게 "국민소득 1인당 1,000달러 시대만 되면, 여러분의



열세 살 여공의 삶

요구를 다 들어주겠다"고 했다. 그러면서 "이 안에 '불순 세력'이 있는데 그 사람을 색출해서 용서하지 않겠다"고 했다. 이옥지의 말을 빌리면, 경찰은 조합원들의 집을 찾아다니며 '노조는 빨갱이 단체다'라는 등의 허위 사실을 늘어놓으며 협박하였다(이옥지 2001: 362). 이영순 조합원 등의 집으로 와서 부모님께 한 번만 더 데모하는 데 참여하면 쥐도 새도 모르게 없애버리겠다고 위협했다(청계노조 사업 보고 1977: 52).

또 다른 사연도 있다. 1975년 2월 5일 노동교실 개관식 때 청계노조에서 초청장을 만들었다. 하얀색에 자주색 점선으로 띠를 두른 디자인의 초청장이었다. 그런데 정부 당국은 당시의 지부장 최종인을 데리고 가서 "누가 초청장에 자주색으로 점선을 둘렀냐?"며 "빨갱이들이나 하는 짓을 했다"고 조사를 벌이기도 하였다.[2]

내가 9·9사건으로 감옥에 있을 때의 일이다. 어머니는 구치소에서 나를 접견하면서 "차라리 도둑질을 하고 들어갔으면 어떻게 해 볼 텐데"라고 하셨다. 내가 서대문 구치소로 이송되고 난 뒤 어머니가 당시에 중앙정보부에 다니던 친척분을 찾아가 답답한 사정을 이야기하니 그분은 "알아보고 말씀드리겠다"고 했고, 며칠 후 집으로 찾아와서 어머니에게 "이 사건은 청와대에서 하는 일이니 그냥 계세요"라고 했다고 한다. 이것은 내가 직접 경

2  http://cafe.daum.net/cheonggyeyouth(청계노조에서 활동했던 동지들의 카페)

험한 사실이다. 국정원에 따르면, 청계노조는 전태일 사건 이후 특별 관리 대상이었다(국가정보원 2007: 340).

그만큼 당시의 노동운동은 이념의 색깔 공세에서 자유로울 수가 없었다. 다음의 글을 보면 그 사건의 재판 과정에서도 이념 공세를 펼쳤음을 알 수 있다.

**판사** "피고인들은 북괴의 배후 조종을 받고 행동한 것은 아닌가?"

**김주삼** "결코 그렇지 않습니다."

**신승철** "노동운동을 빨갱이의 짓으로 몰지 마십시오. 검사는 농성 현장의 주변에서 이북의 삐라가 나왔으므로 북괴에 이로움을 주었다고 합니다. 저는 삐라가 나온 것이 과연 사실인지 아닌지 모르겠습니다. 그러나 판사님! 삐라가 뿌려졌으므로 노동운동을 할 수 없다면 북한(北韓)의 위협이 있으므로 민주주의를 하지 말라는 말과 무엇이 다르겠습니까?"

**이숙희** "저는 초등학교에서부터 공산주의가 나쁜 것이라고 배웠습니다. 저희들은 그들의 조종을 받은 일이 없습니다."

**신순애** (울면서) "억울합니다. 나는 재판정에 와서 '삐라' 운운하는 말을 처음 들었습니다. 우리들은 피땀 흘려 일하며 노동자들의 권익을 찾겠다고 한 것인데 빨갱이로 몬다면, 판사님까지 그렇게 물으신다면, 우리들은 누구에게 호소해야 합니까?"(방청석에서도 울음소리가 터져 나옴)(이태호 1984: 104)



열세 살 여공의 삶

검사 논고 과정에서도 우리들을 보고 피고들은 아무것도 모르는 청소년들이 직업전선에 뛰어들었다가 길을 잘못 들어 죄를 범하게 된 것이 가슴 아프다는 상투적인 위로로 시작한 검사의 논고는 이들이 프롤레타리아혁명의 이론에 따라 소규모 폭동을 일으켰으므로 엄벌에 처해야 한다는 결론에 이르렀다. 9·9사건에 관한 내용을 담은 북한의 삐라가 관악산과 남산 등지에 뿌려져 있었다는 것이었다. 이에 신순애가 나는 빨갱이가 아니며 빨갱이를 만난 적도 없다고 항변하다가 분에 못 이겨 기절해 버렸다.(안재성 2007: 340)

나는 1978년 6월 7일 징역 1년 6월에 집행유예 3년을 선고받고 석방되었다(청계노조 사업 보고 1979: 9). 출소해서 일을 시작하니 공장에 출근하면 중부경찰서 담당 형사가 나를 주시했고, 퇴근하면 동대문경찰서 정보과 형사들이 수시로 감시하였다. 당시에 나는 셋째 오빠와 조카 둘, 올케 언니, 어머니와 함께 전세에 살고 있었는데, 오빠는 나에게 "형사들이 아침저녁으로 집을 드나들어 주인 보기 창피해서 못 살겠다"고 하소연을 했다. 결국 어머니와 내가 따로 방을 얻어서 나가 살기로 했고, 얼마 후인 1978년 6월 13일 동대문구 중화동에 방 한 칸을 얻어서 어머니와 살았다. 오빠와 함께 살 때에는 매일매일 조카들을 보고 오빠도 볼 수 있었지만, 국가권력의 횡포에 못 이겨 헤어져 살아야 했다. 나의 마음이 그럴진대 어머니는 아들과 손자가 얼마나 보고 싶었을까 생각하니 지금도 가슴이 아려 온다.

새 집은 부엌이 마음에 들었다. 부엌에 수도꼭지가 있어서 한겨울에 찬 바람 부는 마당에서 세수를 하지 않아도 된다는 사실에 기뻤고, 마음대로 수돗물을 쓸 수 있다는 것이 좋았다. 부엌 연탄아궁이 위에 하얀 타일이 깔려 있어서 깨끗해 보였다. 그동안은 시멘트로 아궁이를 바른 곳에서 살았다. 이사하기 얼마 전에 친구 집에 놀러 갔을 때 그 집에서 본 부엌의 하얀 타일이 너무 마음에 들어 그런 부엌이 있는 집에서 살고 싶었는데, 이제 나도 조금 나아진 환경에서 살 수 있게 되었다.

방은 크지는 않았지만 뚝방에서 살던 방에 비하면 양반이었다. 그때 우리 방은 벽 여기저기가 안으로 밀려나 벽이 울퉁불퉁했다. 누워서 벽을 쳐다보고 있으면 임산부의 배처럼 볼록했고 벽지는 떨어져서 너덜거렸다. 그런데 이사할 방은 벽이 반듯하고 벽지도 깨끗했다.

이사하는 날, 어머니는 한편으로는 아들·손자들과 헤어지는 것이 아쉽고, 다른 한편으로는 마음이 편안해진 것처럼 보였다. 어머니는 부엌과 방을 보시고 "이렇게 깨끗한 집은 비쌀 텐데 돈이 있었냐?" 하셨다. 나는 부엌이 마음에 들어서 얻었다고 말씀드렸다. 무엇보다 주인집 아저씨가 옛날에 뚝방 살 때 알고 지내던 분이라 마음에 든다는 말씀도 드렸다.

다림사에서 함께 일하던 동료들 대부분은 번듯한 집을 구한다는 생각조차 꿈으로나 꾸어야 했다. 돈 없이 남의 집 세를 얻는

  열세 살 여공의 삶

것은 가장 힘든 일 가운데 하나다. 마음에 들면 돈이 부족하고 형편에 맞는 곳은 마음에 안 든다. 이곳저곳 열심히 발품을 팔았지만, 내 눈과 마음에 드는 곳은 돈이 부족하여 얻을 수 없었다.

나는 1978년 10월 7일 청계노조 부녀부장으로 선출되어 활동하기 시작하였다. 어떤 정보 요원은 나에게 "노조 일만 그만두면 반공연맹에 취직을 시켜 주겠다"고 제안했지만 나는 그들의 말을 듣지 않았다. 그러자 정보과 형사들은 나와 어머니가 살고 있는 집 주인에게 압력을 행사하기 시작했다. 어느 날, 집주인은 어머니에게 전셋돈 7만 원을 던지면서 "당신 딸이 간첩이라는데 우리 집에서 당장 나가라"고 했다. 이 일의 충격으로 어머니는 쓰러지셨고, 6개월 후에 돌아가셨다. 이후 나는 '나 때문에 어머니가 돌아가셨다'는 심각한 자 괴감에 시달렸다. 지금도 나 때문에 명대로 사시지 못한 것이 아닌가 싶어 늘 죄인 같은 심정이다. 이후에는 이소선 어머니의 도움으로 그 분이 살던 창동 집으로 퇴거신고를 했다. 실제로는 살지도 않았으니 위장 전입을 했던 셈이다.

노조 활동은 내가 원했던 것이고 자발적으로 활동했다. 그러나 그 결과로 나 하나의 아픔으로 끝나지 않고 어머니, 형제까지 고통을 겪어야 했다. 이러한 아픔은 나 혼자만의 것이 아니라 대부분의 여성 노조 활동가들이 공유하는 경험이다. 주류 담론은 이런 여성 노조 활동가들의 경험과 고통을 헤아리지 않음으로써 다시 한 번 여성 노조 활동가들에게 의도하지 않은 상처를 주었다.

정부는 경제성장을 위해서 노동자를 동원하였으나 정치적으로는 배제시켰다. 정부는 경제성장을 위해 말 잘 듣는 노동력만 제공받기를 원했다. 하지만 기아에 허덕이는 여공들은 두려움을 무릅쓰고 온몸으로 싸우기 시작했다. 1970년대 '근로기준법을 지켜라' '우리도 일요일 날 쉬게 해 달라' 등을 외치며 시위를 하는 여성 노동자들을 구속시키는 것은 물론이고 '무서운 빨갱이'로 몰아가고 있었다. 국가보안법 위반으로 체포된 노동자는 정치범의 3분의 1을 차지했다.(브루스 커밍스 2001: 542)

더욱 기가 막힌 것은 기업주들이 '빨갱이' 바람몰이에 앞장섰다는 점이다. 다음 글은 이를 증명하고 있다.

YH공장에서는 기숙사 방송을 통해 "산에서 빨갱이들이 내려와서 여러분들을 현혹시키려고 한다. 여러분들! 옛날 빨갱이들이 한 작태를 너무나 잘 알고 있는데, 선동해서 빨갱이 나라로 만들려고 하니까 절대로 그것 듣기 말고 옆으로도 돌아보지 말고 출근만 해라. 뭐를 주더라도 받지도 말고"라는 방송을 통해 '반노조 담론'을 일상화시켰고, 여성 노동자의 '탈정치화'를 노렸다.(김준 2003, 김원 2005: 623에서 재인용)

1981년 1월 30일 청계노조 간부들을 포함한 조합원 21명은 미국 노총 산하 기구인 아시아·아메리카자유노동기구(AAFLI; 아프리) 사무실에서 '강제해산 철회', '부당한 명을 내린 서울시장 사퇴', '노동운동 탄압 중지' 등을 요구하며 투쟁을 했다. 나는 아프리 농성 투쟁 계획을 알고 있었지만 그곳 농성장에 가지 못했다. 한 달 전 합동수사본부에 연행되어 수사받는 과정에서 느꼈던 공포와 불안에서 벗어나지 못했기 때문이다. 그날 가지 못한 죄책감이 지금도 남아 있다. 청계노조가 1981년 1월 5일 서울시로부터 해산명령을 받자 몇몇 조합원들과 우리 집에서 모인 적이 있다. 서너 번 모임을 가졌지만 해산명령에 어떻게 대응할지에 대하여 합의점을 찾지 못했다.

그런데 아프리 사건으로 나는 경찰의 수배를 받게 되었다. 수배 중이라는 것 때문에 나는 신경이 항상 불안하여 어찌할 바를 몰랐다. 그런 상태로 내 발길은 상도동으로 가고 있었다. 그곳에는 둘째 언니의 집과, 둘째 오빠의 집이 있었다. 둘째 언니는 형부와 함께 짜장면 장사를 하고 있었고, 가게를 하기 때문에 그 당시에 흔하지 않던 전화가 있었다. 나는 언니에게 전화를 해서 오빠네 집에 가겠다고 했다. 오빠네 집은 전화가 없었다. 오빠네 집에 도착하고 얼마 지나지 않아서 형부가 짜장면 배달 통을 들고 자전거를 타고 급히 오셨다. 형부는 지금 가게에 형사 4~5명이 와서 나를 찾고 있다고 했다. 형부는 그동안 나 때문에 가게에 형사들이 자주 찾아와 어려움을 겪었고, 세무조사를 받은 경험도 있었다. 이번에도 형사들이 가게로 들어오면서 "안녕하십니까" 하자 언니는 형부에게 신호를 보냈고, 형부는 형사들을 속이려고 "배달 갔다 올게" 하고 짜장면 배달 통을 들고 오빠 집으로 달려왔다고 했다.

나는 속옷 하나 준비 없이 오빠 집을 나와야 했다. 오빠는 그런 나를 바라보면서 눈시울을 적셨고, 나 역시 몸이 불편한 오빠에게 정신적인 고통을 안겨 주는 것 같아서 마음이 갈기갈기 찢어졌다.

한 달 전 합동수사본부에 끌려가서 조사받던 일이 몸서리치게 생각나 정신 나간 사람처럼 우두커니 길거리에 서 있었다. 지지리도 못난 '여공'이었던 내가 노조와 전태일을 알고 나서 당당한 노조 활동가로 신나고 재미있게 살았는데, 지금 내 모습은 인간이라고 하기에는 너무 초라한 것이 아닌가 하는 생각이 들었다. 당장 속옷 하나 들고 나오지 못한 자신이 한심하다는 생각이 들었다. 무엇보다 이번에 잡혀가면 지난번 받은 집행유예 기간까지 포함하여 감옥 생활을 더 많이 해야 했기 때문에 더욱 착잡했다. 그런 와중에 계산을 해 보니 6월까지만 숨어 다니면 집행유예는 피해 갈 수 있었다. 1981년 6월이면 집행유예 기간이 만료되기 때문이었다.

골목을 누비고 다니자니 문득 공중전화 박스가 눈에 들어왔다. 하지만 내 주변에 전화가 있는 친구나 조합원이 많지 않았다. 집에 전화가 있는 조합원을 떠올리다 이낙현이 생각났다. 이낙

　　　　　　　　　　　　　　　　열세 살 여공의 삶

현은 1980년 4월 농성할 때 평화시장 옆 건물 통일상가 옥상에서 망원경으로 우리들을 감시하고 있던 형사들을 향해 "당장 물러가지 않으면 옥상에서 떨어져 죽겠다"고 항의했던 조합원이다. 그때 우리들은 옥상 난간에 있는 이낙현이 아래로 떨어져서 죽게 될까 봐 한동안 소란을 피우기도 했었다. 이낙현은 아버님이 공무원이었기에 넉넉하지는 않았지만 평화시장 다른 여성 노동자들에 비하면 안정적인 생활을 하고 있었다. 이낙현 아버님이 1980년 6월경에 돌아가셨는데, 나와 몇몇 조합원들이 문상하고 함께 위로해 주었던 것을 무척 고마워했다. 이낙현은 김기철, 박재익 등과 함께 동대문 곱창집에서 노조 이야기, 세상 이야기를 나누었던 조합원 중 한 명으로, 신뢰할 수 있는 사람이었다. 그런 믿음 때문에 나는 그에게 전화를 할 수 있었고, 통화가 되자 그는 용산역에서 만나자고 했다. 시간은 이미 밤 9시가 넘어가고 있었다. 오빠와 헤어진 지 4시간이 되었다. 이 4시간이 4년보다 더 길게 느껴졌다. 이낙현은 나를 만나자 내 의사는 묻지도 않고 천안행 기차표 두 장을 구입했다. 그 당시에는 이낙현이 구세주처럼 느껴졌다. 이낙현과 나는 기차가 출발해서 천안에 도착할 때까지 한마디도 하지 않았다. 사실 할 말도 없었다. 침묵이 흘렀고, 어느덧 기차는 천안에 도착했다.

이낙현은 나를 동생이 운영하는 고물상에 데리고 갔다. 창고로 쓰고 있던 조그만 골방에 누웠지만 잠이 오지 않았다. 난생처음 보는 고물상은 곳곳에서 이상한 오물 냄새가 나는 것 같기도

했고, 창고였기에 잠자리로는 말이 아니었다. 내가 서울에 올라
와 판잣집에서 잠을 잘 때에는 옆에 부모님이 계셨기에 별 문제
가 없었다. 하지만 이곳은 아무도 없는 데다 언제 형사들이 들이
닥칠지 몰라 마음 졸이고 있었기에 더욱 두려웠다. 누웠지만 밖
에서 나는 쥐 소리까지도 생생하게 들렸다. 바스락거리는 소리
에 벌써 내 몸이 반응을 하였고, 깜짝 놀라 온몸이 굳어져 가고
있었다. 조사를 받지 않고 바로 구치소로만 갈 수 있다면 차라리
그냥 구속되고 싶다는 마음이 생기기도 했다. 그러나 경찰서에
서 가서 조사받을 생각을 하니 겁이 나서 할 수 없었다. 얼마 전
합동수사본부에 연행되어 조사받던 과정이 또다시 악몽처럼 되
살아나기도 했다.

　다음 날 이낙현은 서울로 올라갔다. 고물상 주인은 나에게 형
수라고 불렀다. 고물상에 있는 사람들은 나를 이낙현과 결혼할
약혼녀로 알고 있었다. 고물상에 있는 사람들은 나를 가리키며
"환자인 것 같아. 아무래도 아파서 이곳에 온 것 같다. 결혼하기
전이면 파혼하지"라며 별말들을 다 했다. 밤마다 악몽에 시달리
면서 잠을 자지 못한 것이 내 얼굴에 나타났던 모양이다.

　나를 숨겨 준 고물상 주인에게는 미안하지만, 고물상에서의
생활은 감옥 생활보다 훨씬 힘들었다. 낯선 사람들의 시선도 피
해야 했고, 무엇보다 형제는 물론이고 내가 알고 지내던 친구들
까지 누구도 만날 수 없었기 때문이다. 그곳에서의 생활은 감옥
에 가지 않기 위해 버티는 작전에 불과했다. 어느 날 이낙현과

조합원 박재익이 그곳에 찾아왔다. 나는 그들을 보자마자 마치 물고기가 물을 만난 듯 기뻐서 어쩔 줄 몰랐다. 그들에게 나는 "이제 더 이상 이곳에 못 있겠다"며 어디든지 데리고 가 달라고 요청했다.

이낙현과 같이 온 박재익도 청계노조 간부였기에 수배 생활을 하고 있었다. 그는 성남의 어느 공장에서 시야게사로 취직을 해서 집에 계시는 부모님에게 생활비를 보내고 있었다. 재단사로 취직을 할 경우, 미싱사 구하는 일을 비롯해 새로운 디자인을 찾아다니는 일까지 외부 활동이 많아서 수배 중인 그에게 불리했다. 월급은 적지만 시야게사로 그곳에서 먹고 자면서 일하고 있다고 했다. 박재익은 "그곳에서 미싱사를 구하긴 하는데 잠잘 곳이 없다"며 걱정을 하고 돌아갔다. 며칠 후 이낙현이 다시 와서 성남의 박재익이 다니는 공장 근처에 보증금 없는 월세방을 구했다면서 가자고 했고, 나는 마다할 만큼 한가하지 않았다. 방이 어떠한지 궁금하지도 않았다. 이불이 없어도 걱정할 여유가 없었다. 오늘 저녁은 무엇을 어떻게 먹을지도 걱정이 되지 않았다. 두 달 정도 있던 고물상을 빠져나가기만 하면 세상이 달라질 것 같았다. 더 이상 이곳에 있다가는 내 생명을 지탱하지 못할 것 같은 두려움이 들었다. 그렇게 나는 고물상 생활을 마감했다. 평화시장에서의 공장 생활은 힘들어도 일하는 보람이 있었는데, 지금의 나는 살아도 사는 게 아니었다. 더욱이, 두 달 동안 고물상 밖으로 나가 보지 못했기 때문에 그곳이 천안의 어디쯤인지도 잘 몰랐다.

나는 그들의 도움으로 성남 수진동에서 미싱사로 일을 하게 되었다. 공장에서 일을 하면서는 엉뚱한 생각에 정신이 팔려 있기 일쑤였다. 점심시간에 공장 창문으로 비치는 성남 ‘수진이고개’의 도깨비시장 사람들은 다들 행복해 보이는데, 시장 한번 못 가는 내 신세가 한심스럽게 느껴졌다. 어떻게 시간이 지나갔는지도 모르는 사이, 추석이 가까워 도깨비시장에는 햇과일이 풍성하게 쌓여 있었다. 지난 사건의 집행유예 기간도 끝났기 때문에 내 마음은 더욱 흔들리기 시작했다. 나는 잡혀갈 마음의 준비를 하기 시작하였다. 돌아가신 어머니도 보고 싶고 언니 오빠들도 보고 싶었다. 1981년 8월 어느 날, 나는 박재익과 함께 부모님 산소를 찾았다. 산소에서 하염없이 울었다. 부모님 산소 앞에 서니 불현듯 지난날 합동수사본부에 끌려가서 조사받던 악몽이며 천안 고물상의 시궁창 냄새가 떠올랐다. 그러면서도 부모님 앞에 서 있으니 마음이 안정되는 듯한 기분이 들었다. 몸은 묘 앞에 있지만 마음속으로는 부모님과 대화를 하고 있었다.

산소에서 내려와 큰오빠네 집으로 갔다. 오빠는 나를 보자마자 잡혀가고 싶어서 왔느냐고 하셨다. 나는 아무 소리 못 하고 있는데 올케가 “얼른 들어와요” 하면서 밥상을 준비하신다. 내 옆에 있는 박재익을 소개도 못 하고 어정쩡하게 있었다. 큰오빠 집에서 밥을 먹고 둘째 오빠네 집으로 박재익과 함께 갔다. 둘째 오빠는 몇 달 사이에 몸이 더 나빠진 것처럼 보였다. 오빠는 나를 보자마자 울기 시작했고, 올케와 조카도 모두 울었다. 오빠는 자기 집에도 한동안 형사들이 계속 왔었는데 지난 달부터 덜 오는 것 같다고 했다. 둘째 언니 가게에 전화를 하니 둘째 언니와 형부까지 한숨에 달려와 나를 끌어안고 울었다. 언니는 나에게 두 번다시 노동조합 활동을 하지 말라고 당부했다. 나는 언니 오빠에게 "앞으로 잡혀가면 구속될 거야"라고 말하고 오빠네 집에서 하룻밤 잠을 잤다. 나는 잡혀가더라도 오빠 앞에서는 잡혀가고 싶지 않아 새벽에 오빠 집을 나왔다.

박재익은 나와 함께 동대문에 있는 자기 부모님 댁에 가려고 했지만, 나는 노부모님 앞에서 잡혀가는 모습은 더욱 아닌 것 같아서 동대문경찰서로 박재익과 함께 발길을 돌렸다. 우리 둘은 1981년 9월 30일에 결혼식을 할 것이라고 사전에 입을 맞추었다. 혹시 경찰 조사 과정에서 경찰의 측은지심을 살 수 있을까 하는 기대 때문이었다. 만약에 구속이 된다고 해도 손해 볼 것이 없었다.

그렇게 자발적으로 동대문경찰서를 찾아갔다. 경찰서 형사들은 우리들이 이름을 밝히자 이곳저곳에 전화를 했고, 조사가 시작되었다. 그동안 아프리 사건의 재판이 진행되었기 때문에 공소사실에 있는 내용을 사실대로 진술하였다. 담당자는 "너의 집에서 시위를 의논했는데 왜 그곳에 가지 않았냐"고 물었다. 나는 "집행유예 기간도 있고 무엇보다 무서워서 도망갔다"고 했다. 수사는 4~5일 정도 계속되었고, 경찰은 수배 기간 동안 나를 도와준 사람을 찾고 있었다. 나는 성남 공장은 벽보에 붙어 있는 것을 보고 찾아갔고, 사장에게 거짓말을 해서 취직했다고 진술했다. 담당자들은 이 사실을 모두 확인한 뒤 나를 석방해 주었다.

1981년 8월, 둘째 언니가 면목동에 18평 빌라를 하나 장만했다. 경찰서에서 조사를 받고 나오자 언니는 나에게 앞으로 어떻게 살 거냐고 물었다. 나는 박재익과 결혼할 거라고 대답했다. 언니는 그럼 자기가 산 빌라에서 살라고 허락을 하였다. 나는 1981년 8월 서울시 동대문구 면목동 언니의 빌라로 시부모님과 함께 이사를 했다.

1982년 5월쯤으로 기억한다. 어느 날 둘째 언니와 형부가 면목동 집으로 찾아왔고, 언니와 형부는 나에게 "나 좀 살려 달라"고 했다. 나는 언니네 집에 무슨 큰일이 일어난 줄 알았다. 언니 말에 따르면, 짜장면 가게에 형사들이 와서 동생이 '빨갱이'인데 도와주면 어떻게 되는 줄 아느냐며 협박을 했고, 자기네 말을 듣지 않으면 탈세 혐의를 조사해서 재산을 모조리 빼앗겠다고 했다는 것이다. 형부와 언니는 얼굴이 파랗게 질려 나에게 도와달라고 하소연을 했다. 나와 언니는 서로 미안하다며 몇 시간을 울었다.

나는 또다시 잠을 이루지 못했다. 연로하신 시어머니와 신생아를 데리고 어디로 이사를 해야 할지 걱정이 앞섰다. 종교인도 아니면서 "하느님, 하느님" 불렀다. 노모님과 3개월 된 딸아이를

                                        열세 살 여공의 삶

데리고 어디로 가야 할지, 길거리에 오물이 잔뜩 묻은 돈이라도 있다면 주워 보련만 내 눈에는 그런 돈도 보이지 않았다. 눈물로 몇 날 며칠을 보냈다. 남의 집이라면 어떻게 버텨 보겠는데 언니네 집이니 그럴 수도 없었다. 나는 1982년 5월 18일 서울시 동대문구 이문동으로 이사를 했다. 이사하는 날, 나는 애꿎은 셋째 오빠 탓을 하기도 했다. 돈도 없으면서 큰 장롱을 사 줘서 버릴 수도 없고 어떻게 하냐며, 돌아가신 어머니에게 신세를 하소연하기도 했다.

세상 밖에서 어떤 일이 일어나고 있는지도 모르겠고, 지난날 당당했던 내 모습은 찾아볼 수가 없었다. 이 세상을 포기하고 싶은 한심한 나를 발견할 뿐이었다. 그런 나를 비웃기라도 하듯이 어느 날 정보과 소속인지 사복 입은 형사들이 찾아왔다. 나는 독기 품은 여자처럼 "왜요! 이렇게 사는 모습 보니 속이 시원해요?" 하면서 소리를 질러 댔다. 그 사람들은 "어려우시면 좀 도와주려고 왔는데, 도와주러 온 사람한데 이건 아니지요" 했다. 나는 "더럽고 치사하고 아니꼽고 메스꺼워서 당신들 도움 받지 않을 것이니 당장 나가라"며 화풀이를 했다. 나는 속으로 '저놈들이 나에게까지 이런 짓을 하는 것을 보면, 조합원들에게 얼마나 했을까' 하는 생각이 들자 갑자기 화가 더 솟아올랐고 소리소리 지르면서 대들었다. 그 사람들은 슬며시 돌아갔다. 며칠 후 쌀가게 아저씨가 쌀 8킬로그램을 들고 와서 "이곳이 신순애 집인가요?" 묻고는 쌀을 내려놓았다. 쌀 배달시킨 적 없다고 했더니, 아저씨는 누군가 돈을 주면서 우리 집에 가져다주라고 했다고 했다. 알았다고 했지만 순간 자존심이 상해 미쳐 버릴 것 같았다. 병 주고 약 주는 것도 아니고, 언니네 집에서 못 살게 할 때는 언제고 이제 와서 쌀을, 그것도 한 가마도 아니고 찔끔 한 말 놓고 가다니 기가 막혀 미칠 지경이었다. 쌀 없어 굶어 죽으면 죽었지 그 쌀은 먹고 싶지 않았고, 쌀가게 아저씨에게 말해 봐야 소용없을 것 같아서 조용히 돌려보냈다. 나는 쌀 봉지를 고이고이 보관했다. 내 예감이 틀리지 않는다면 그 사람들이 며칠 안에 다시 올 것만 같았다. 내 예감은 적중했다. 며칠 뒤, 지난번 그 사람이 찾아왔다. 분명 내 담당자일 것이다. 나는 지난번에 고이 모셔 두었던 쌀 봉지를 가지고 나왔다. 그리고 그들 보는 앞에서 "이새끼들아, 너나 먹어라" 하고 마당과 대문 밖 길거리에 쌀을 뿌려 버렸다. 숨어 지내던 성남 수진동에서 희선이가 사 준 쌀 한 말이 나에게 생명의 불꽃이었다면, 형사들의 이번 쌀 한 말은 조금이나마 남아 있던 자존심을 휴지 조각처럼 구기고 있었기에 나는 끓어오르는 분노를 느꼈으며 매우 불쾌했다. 길거리에 뿌려진 쌀은 날아다니던 새들의 차지가 되었을 것이다. 그런데 그런 내 행동을 주인집 아줌마가 보았고, 그것이 마음에 걸려 불안한 느낌이 들었다. 면목동 언니네 집에 살 때, 영암에 살던 이종 시동생이 서울에 공부하러 와서 함께 산 적이 있다. 시동생은 형부와 언니가 우리 집에 와서 통사정하는 소리를 묵묵히 듣고 있었다. 우리 집을 떠나면서 시동생은 나에게 "사실은 저 사람들이 형수가 '빨갱이' 짓

　　　　　　　　　　　　　　　　　　　　　열세 살 여공의 삶

혹은 수상한 행동을 하는지 감시하라"고 했다고 실토를 했다. 그런 일들을 겪으며 내 가슴에 맺혔던 더러운 기분과, 그동안 쌓여 있던 것들이 한꺼번에 폭발했던 것이다. 그 사람들은 지치지도 않고 나를 찾아왔다. 나는 지난번에 쌀을 뿌리면서 기관원들과 하는 말을 주인집 아줌마가 들었던 것이 창피하기도 해서 조용히 "당신네들이 원하는 대로 노조 활동도 하지 않는데 이제 제발 좀 찾아오지 말라"고 부탁했다. 그들은 "나도 이 짓을 하고 싶어서 하겠냐"며, 자기 입장도 있으니 오히려 좀 봐달라고 했다.

그 몇 달 전, 아버지 제사를 지내고 서울 올라오는 길에 1호선 전철 안에서 의정부에 사는 한 조합원을 우연히 만났다. 그 조합원은 "언니, 우리 내려서 차 한잔 하고 가자"고 했다. 그 조합원은 1980년 10월에 결혼을 하였고, 당시 세 살 된 아이의 엄마가 되어 있었다. 그는 나에게 "언니, 내 남편이 우체국에 다니는데 형사들이 찾아와서 나를 '빨갱이'라고 해서 남편이 이혼하자고 해서 못 살겠다"면서, "평범한 가정주부로 살아가는데도 이렇게 힘이 든다"며 눈물을 보였다. 한때 열심히 노조 활동을 했던 친구, 후배들은 그렇게 나처럼 당하면서 소리 소문 없이 살고 있었다. 나는 밤이면 까닭 모를 불안감 때문에 잠을 이룰 수 없었다. 밤마다 잠을 못 자면서 뒤척여도 아침은 분명 돌아오고, 하루는 그렇게 흘러가고 있었다. 이사 온 지 4개월도 채 되지 않아 주인아줌마가 나를 보자더니 "미안하지만 우리 집에서 나가 달라"고 했다. 나는 이유가 무엇인지 묻지 않았다. 집주인으로서는 그동안

형사들이 찾아오는 것만으로도 싫었을 터라 나는 아무 소리 못
했다. 그저 고개만 숙이고 있었다. 나는 이사를 간다 못 간다 소
리도 못 한 채 멍하니 마주 보고 있다가 고개를 돌렸다. 아직 이
삿짐도 제대로 정리 못 한 상태였다. 정처 없이 방황하며 돌고 돌
아 방 두 개를 얻었고, 1982년 12월 9일 서울시 동대문구 중화동
으로 이사를 하였다. 마치 목줄이 칭칭 매인 채 누군가의 손에 질
질 끌려다니는 것 같았다. 이사를 하노라니 지난날 말없이 떠나
버린 조합원들이 나처럼 누군가의 압력을 받으면서 소리 한번
질러 보지도 못하고 떠났겠구나 하는 생각이 들었다. 1977년 당
시 청계노조원들에게 경찰들이 했던 말을 기록한 이태호는 다음
과 같이 쓰고 있다.

경찰은 청계노조 지부장 양승조를 통해서 협상을 제안했다. 경찰
은 "이소선 석방한다, 노동교실을 돌려준다, 오늘의 사태에 대해서
는 노동자들에게 책임을 묻지 않는다"고 약속하였다. 노동자들은
피를 계속 흘리고 있는 동료들을 생각해서 농성을 해산하고 이날
밤 9시 반경 건물 밖으로 나오기 시작했다. 경찰은 노동자들이 바
깥으로 나오자마자 "빨갱이보다 더한 놈들, 이런 놈들 처음 봤다",
"이런 연놈들은 죽여야 한다"고 위협하며 그들을 길옆에 세워 두
었던 기동대 버스에 밀어 넣고 중부경찰서로 연행하였다. 노동자
들은 "속임수에 빠졌다"고 발을 동동 굴렀다.
경찰은 노동자 53명을 중부경찰서 지하실에 가둬 두고 "빨갱이보

 열세 살 여공의 삶

다도 더 지독한 년들, 평화시장의 계집년들이 가장 악질이다. 쥐약을 갖다 먹여라!"고 소리 질렀다. 그들은 "무릎 꿇어! 움직이지 마! 눈을 감아! 주먹을 쥐어!"라는 식으로 기합을 받았다. 대부분의 노동자들은 아침 6시까지 벽을 바라보면서 무릎을 꿇어야 했다. 경찰관들은 "이 쌍년들아! 북에서는 김일성을 아버지라고 부르고 있는데 너희들은 그것을 본떠 이소선을 어머니라고 부르고 있느냐?"고 뺨을 때렸다. 어떤 여성 노동자는 "네가 유리 조각을 던졌지! 네가 성냥불을 붙였지!"라고 엄한 취조를 받았지만 그런 사실을 부인했다.

9명의 노동자가 즉결심판에 돌려져 15일간 구류처분을 받았다. 노동자들은 한결같이 각 경찰서 유치장에서 경찰관들로부터 "네 연놈들, 국민 총화가 어느 때보다도 요청되는 이때 무슨 지랄할 놈의 데모냐, 데모는!"이라고 손찌검을 당했다. 한 여성 노동자는 귀를 잡고 뛰는 '토끼뜀'으로 유치장 방을 4번 돌리는 기합을 받다가 쓰러졌다. 다른 여성 노동자가 그것을 거절하자 간수는 "이 쌍년, '개 같은 년', 도둑보다도 창녀보다도 못난 년, '빨갱이 년', 네 앞날도 훤하다 이 잡년아!"라고 입에 담을 수 없는 욕설을 퍼부었다.(이태호 1984: 102~103)


청계노조 조합원들은 '빨갱이'라는 말을 아무렇지도 않게 듣곤 했다. 데모하는 것이 무서운 것이 아니었다. '빨갱이'라는 '누명'을 쓰는 것이 가장 무서운 일이었다. 그렇게 시작한 나의 이사는 끝이 보이지 않았다. 1978년부터 시작된 집주인들의 이사 요구는 1988년쯤에야 끝이 났다. 10년 동안 이사를 14번이나 했다. 어떤 집은 3개월, 어떤 집은 10개월 만에 이사를 가야 했다. 집주인들은 나에게 "어린애가 울어 시끄러우니 우리 집에서 나가라", 또는 "할머니가 목소리가 너무 크다"고 하면서 이사 가기를 원했다. 당시에는 어린애 있는 사람은 남의 집 세를 얻기 힘들었던 시절이기에 나는 이유를 알면서 혹은 모르면서 이사를 다녀야 했다. 심지어 경찰은 내가 시내에 나가는 것을 막기도 했다. 나중에 알았지만, '청계노조 합법성 쟁취' 등 시위가 있는 날은 어김없이 우리 집 앞에 형사들이 지켜 서서 집 밖에 못 나가게 했다. 그것도 부족해 집주인에게 "간첩이니 동향을 살피라"고도 하였다.

1988년에는 한 집주인으로부터 다음과 같은 사실들을 듣게 되었다. 그 집주인은 낯선 사람이 찾아와서 "세 들어 있는 신순애가 간첩이니, 감시하라"고 했다고 했다. 그 주인은 속으로 '간첩질을 하려면 그래도 좀 먹어야 할 텐데 저렇게 우거지만 먹고 사는 사람이 간첩이 맞을까?' 하면서 주시했다고 했다. 그분은 어느 날 나에게 "무슨 이유가 있으니까 간첩으로 보는 것 아니냐"며 솔직히 말해 달라고 했고, 나는 "그동안 평화시장에서 노동조합 활동을 하였다"고 말했다. 그분은 "1974년 민청학련 사건이 진짜 간첩 사건이냐"고 언론에 나온 내용을 물었고, 나는 사실과 다르다고 설명해 주었다. 그 이후 그분과 나는 절친한 이웃이 되었고, 몇 년 뒤 그분의 도움으로 김밥 장사를 할 수 있었다.

 

# '성고문'에 대한 공포

국가권력은 1970년대 여성 운동가들을 '성고문'으로 옭아매고 있었다. 하지만 그런 사실은 잘 드러나지 않았다. 당한 여성이 오히려 수치심이나 좌절감 때문에 자살을 시도하거나, 누군가 알게 될까 봐 두근거리면서 살아야 했다. 사회적으로 크게 반향을 일으킨 것은 1986년 6월 6~7일에 일어난 부천서 성고문 사건이었다.(김삼웅 1994: 349~350)

사회적으로 잘 알려지지 않았지만, 1970년대에 활동을 한 대부분의 여성들은 성고문에 대해 굉장한 '공포심'을 가지고 있었다. 여성 노조 활동가들이 경찰서에 잡혀가면서 가장 두려워하는 것이 바로 성고문이었다. 여성 노조 활동가들 사이에는 "절대 치마 입지 마라", "허리가 헐렁한 바지 입지 마라", "반드시 허리

띠를 매고 다녀라" 등의 말이 돌고 돌았다. 경찰서에 잡혀갔을 때 혹시 있을지 모를 성고문에 대비하여 바지를 벗길 수 없도록 해야 한다는 내용들이었다. 당시에 성고문에 관한 이야기가 일반적이었음을 다음 글에서 확인할 수 있다.

> 1970년대 YH노조 위원장인 최순영이 임신을 하였다. 하지만 주변에서는 혹시 하는 의심을 품기도 했던 것이다. "신인령 선생님은 내가 임신했다고 해서 혹시 중앙정보부에서 성폭행당한 거는 아닌가 걱정한 거야. 감옥에 계실 때 면회 온 사람한테 '그 애가 누구 애래?' 하면서 물었다더라고."(박수정 2004: 103)

최순영의 임신은 비정상적인 게 아니었지만 주변에서 성고문에 의한 것이 아닌지 의심할 정도로 당시에 '성고문'은 여성 노조 활동가 사이에서는 일상적인 불안이었다. 1977년 9·9사건으로 경찰서에 연행된 이후의 과정을 이태호는 다음과 같이 기록하고 있다.

> 경찰은 여성 노동자들을 향해 '이 개 같은 년은 애새끼도 낳지 못하게 곤봉으로 ×를 짓이겨서 못 쓰게 해야 한다'고 그녀의 하복부를 곤봉으로 노리고 쫓아왔다. 그녀는 놀란 나머지 의자에 앉은 채 뒤로 넘어졌다.(이태호 1984: 103)

다음 사연은 당시에 성고문이 여성 노동자들을 얼마나 공포스럽고 수치스럽게 만들었는지를 잘 보여 주고 있다.

나는 2007년에 한 여성 조합원으로부터 다음과 같은 이야기를 들었다. 1975년 경찰서에 잡혀가서 조사를 받던 중 담당 경찰관이 "이 가시나가 말을 듣지 않는다"며 "너, 한번 맛 좀 봐라" 하더니 문을 잠갔다. 그러더니 "소리 지르면 죽을 줄 알아" 하면서 강간을 했다. 그러면서 "너, 이 쌍년아, 처녀도 아니면서 까불어"라고 했다는 사실을 고백하였다. 그는 내가 당시 '성 상담소'에 있었기 때문에 어렵게 입을 열었다. 그런데 임신이 되어서 낙태 수술까지 받았고, 지금까지 그런 사실을 아무에게도 말하지 못했다는 것이다. 1970년대에 여러 농성장에서 유언비어처럼 떠돌던 '성고문'이 사실이었다는 것이, 청계 조합원 중에도 그런 일을 당한 사람이 있었다는 사실이 더 충격이었다. 그는 2010년까지도 정신과 치료를 받고 있었다. 또, 그 사실을 남편과 아이들이 알까 봐 아직도 두려워하고 있었다. 이런 현실은 이태호의 다음 글에서도 잘 나타난다.

### 사례 1) 여성 노동자를 강간하고 임신시킨 경우

피해자는 노동운동에 적극적이었던 어느 섬유 회사의 여성 노동자다. 그녀는 장녀로서 나이 많은 부모를 부양하고 있었다. 뿐만 아니라 그녀는 급료의 대부분을 동생들의 학비로 썼다. 1973년 4월 비밀경찰이 그녀를 체포하여 ○○○로 연행하였다. 이 여성 노동자는 다음과 같이 진술하고 있다.

"야, 쌍년아, 너 빨갱이지? 노조 활동을 빙자하여 빨갱이와 만났지? 바른대로 자백하지 않으면 죽여 버린다!" 이것이 공포에 질려 있는 나에게 던져진 첫마디였습니다. 나는 "절대로 빨갱이가 아닙니다" 하고 떨리는 목소리로 말했습니다. 레슬링 선수처럼 덩치가 큰 수사관들은 "이 쌍년아, 거짓말하지 마!"라고 윽박질렀던 것으로 기억합니다. 그들은 이내 주먹과 곤봉으로 나를 때리기 시작했습니다. 나는 여러 차례 정신을 잃었습니다. 그들은 3일 동안 잠도 자지 못하게 했습니다. 드디어 ○○○의 한 간부는 "아직 조사가 끝나지 않았지만 일단 밖으로 내보내 준다. 부르면 다시 와야 해"라고 말하면서 나를 석방시켜 주었습니다. 나는 그 무서운 ○○○의 건물을 다시 돌아볼 생각도 없이 쓰러질 듯이 휘청거리며 걸어 나왔습니다. 그때 뒤에서 "이봐, 좀 더 조사할 게 있어. 따라와" 하는 목소리가 들렸습니다. 그는 부하들로부터 과장님이라고 불리던 사람이었습니다. 그는 나를 ○○○ 부근의 여관으로 끌고 가 또 잠시 동안 조사를 시작했습니다. 그러다가 갑자기 그가 나를 넘어뜨리고 옷을 벗기려고 했습니다. 내가 반항하자 그는 "너같이 말로 해서 통하지 않는 새끼는 다시 끌고 가서 지하실에 처넣어 버려야 해"라고 협박했습니다. 나는 떨면서 악마 같은 그에게 처녀성을 빼앗기고 말았습니다. 눈앞이 캄캄해지는 듯한 자포자기 상태의 마음이 되어 나는 세상을 더 이상 살고 싶지가 않았습니다.



열세 살 여공의 삶

나는 한 달 이상을 고민하다가 죽기로 결심하고 자살을 기도했는데 실패하고 말았습니다. 2개월 후 나는 임신한 것을 알게 되었습니다. 나는 또다시 정신을 잃을 정도로 놀랐습니다. 이 더러운 씨를 낳을 수는 없다고 나는 혼자 중얼거렸습니다. 그러나 내가 믿고 있는 종교는 낙태를 금지하고 있습니다. 나는 이 사실을 부모님께 도저히 말씀드릴 수가 없어서 고민하다가 할 수 없이 ○○○의 그 사람을 만나려고 찾아갔습니다. 나는 그의 모습을 보는 순간 치밀어 오르는 분노를 간신히 억눌러 참았습니다. 그리고 임신한 사실을 그에게 말했습니다. "뭐라고 하는 거야?" 하고 그가 말했습니다. 나는 그의 야비한 태도에 부르르 떨었습니다. "병원에 가더라도 낙태 수술을 받기 위해서는 보호자를 동반해야 합니다. 함께 가야 해요" 하는 나의 말에 그는 질겁하여 "그것은 안 된다"고 화를 벌컥 냈습니다. 나는 그와 더 이상 이야기해 본대야 아무 소용 없는 일이라는 것을 알았습니다. 나는 얼마 후 낙태 수술을 받았습니다. 나는 죄인입니다. 나의 꿈은 산산이 깨어져 버렸습니다. 나는 이 악몽을 죽는 순간까지도 잊지 못할 것입니다. 하느님, 어찌해서 인간이 이러한 고통을 겪어야만 합니까? 하느님, 우리들을 불쌍히 여기소서.

### 사례 2) 여성 노동자를 발가벗기고 고문한 경우

다른 한 명의 여성 노동자는 1974년 봄 노동조합 활동을 했다는 이유로 ○○○에 연행되어 남자 수사관 앞에서 전신이 발가벗겨진

채 각목으로 두들겨 맞았다. "나는 그들이 나의 옷을 하나씩 벗기
는 순간 비명을 내지르고 기절하고 말았습니다. 그 치욕을 어떻게
잊을 수 있겠습니까? 지금도 그것을 생각하면 전신이 뻣뻣하게 굳
어 버리려 합니다." 그녀는 이와 같이 말하며 몸서리쳤다. ○○○
수사관들은 그녀가 질문받은 내용을 자백하지 않는다고 "이 개 같
은 년, 네 배후에 있는 새끼가 누구야?" 하고 윽박지르면서 완전히
발가벗겨진 그녀를 각목으로 무수히 구타했습니다. 온몸이 멍든
그녀는 다행히 그날 석방되었지만 "이 장소에서 조사받은 내용과
구타당한 사실을 발설하면 죽인다"는 협박을 당하고 그것을 지키
겠다는 각서를 써 주고서야 나올 수 있었다. 이 같은 잔인한 행위
를 당한 여성 노동자가 도대체 얼마나 되는지 정확히 파악하고 확
인한다는 것은 어려운 일이다.(이태호 1984: 92~95)


　온 세상을 경악하게 했던 '부천서 성고문 사건' 이틀 전에도 문
귀동이 자행한 성고문 사건은 또 있었다. 아래의 진술에서 알 수
있듯이 문귀동은 "수배자 이름을 대라. 5·3 인천 사태 때 여자
연행자는 모두 내가 조사했다. 모두 책상 위에 올려놓고 아랫도
리를 벗기니 다 불더라"고 하였다. 이는 오래전부터 성고문이 경
찰서 안에서 일어나고 있었음을 보여 준다. 1986년 6월 4일 일어
난 허명숙 성고문에 대하여 청계노조는 다음과 같은 성명서를
발표하였다.

　　　　　　　　　　　　　　　　　　　열세 살 여공의 삶

**[ 경찰은 성고문까지 하며 노동자를 탄압하고 있다. ]**

허명숙 양은 부천의 성신주식회사에서 그동안 노동형제들의 정당
한 권리와 인간다운 삶을 위해 싸워 왔다고 했다. 그런데 지난 6월
4일 밤 9시경 부천경찰서 형사들에게 불법으로 연행되어 인간으
로서 상상하기 어려운 야만스런 성고문과 폭행을 당했다. 더구나
부천서 서장 이하 형사들은 노동운동을 하다가 수배된 허 양의 동
료들을 찾아내기 위해 이와 같은 만행을 저질렀다니 우리 노동자
들로서는 더욱 분개하지 않을 수 없다. 그중에서도 문귀동이라는
형사 놈은 허명숙에게 "수배자의 이름을 대라. 5·3 인천 사태 때
여자 연행자는 모두 내가 조사했다. 모두 책상 위에 올려놓고 아랫
도리를 벗기니 다 불더라"고 짐승 같은 협박·공갈을 하며 조사를
했다고 했다. 그리고 허 양이 순순히 응하지 않자 옷을 강제로 벗
기고, "너 처녀냐, 너 자위행위 해 본 적 있느냐", "자궁에다 봉을 집
어넣어야 말하겠느냐"는 등 입에 담기조차 부끄러운 추악한 욕을
해대며, 온몸과 가슴을 주무르고 때렸다. 개보다 못한 문귀동이 놈
은 또 허 양의 바지와 팬티까지 내린 다음, 무려 1시간 반 동안이나
그 더러운 입으로 허 양의 입과 젖가슴을 빨고, 제 놈의 좆대가리
로 허양의 입, 가슴, 아랫도리에다 대고 문질렀다고 했다. 이와 같
은 끔찍한 만행을 당한 허 양은 현재 인천 소년교도소에 수감되어,
자신이 당한 인권유린의 진상 규명과 관련자의 처벌을 요구하며
목숨을 건 단식투쟁에 들어갔다. 허 양은 수감된 이후부터 밤낮으

로 악몽에 시달리고 있었고, 부모와 변호사들에게 "내 한을 풀어 달라, 이 사실을 전 국민과 사회에 알리고, 파렴치한 놈들을 처벌해 달라, 도저히 눈을 감고는 못 죽겠다"고 호소했다고 했다.

1986년 7월 29일 청계피복노동조합

『청계노조 20년 투쟁사』 1990 : 183)

허명숙은 변호사에게 이런 사실을 분명히 사회에 알려 달라고 했다. 하지만 사회에 잘 알려지지 못했다. 나는 의문을 던져 본다. '혹시 고발한 변호사에게 국가권력이 압력을 행사해서 알려지지 못했나?' '노동자여서 성고문도 무시했나?' 한국 사회는 여전히 노동자를 무시하는 말들을 서슴없이 하고 있다. 혹시 허명숙도 노동자여서 사회에서 무시한 것은 아닌가 하는 의심을 지금도 하고 있다. 성고문 사실을 용기 있게 폭로한 허명숙은 지금도 보이지 않는다. 1970년대 여성 노동운동가들 중에는 이런 사연을 지닌 채 역사의 뒤란에서 한을 삭이는 이들이 있다.



열세 살 여공의 삶

# 블랙리스트,
## 굶어 죽을 자유뿐

악명 높은 블랙리스트의 시초는 1978년 동일방직 사건 당시 섬유노조 위원장 김영태가 작성하여 배포했던 것으로, 민주노조에 참여한 노동자들의 활동을 봉쇄할 목적으로 만들어진 것이었다. 이원보의 연구에 의하면 신군부 정권은 1970년대와는 비할 수 없이 큰 규모로 이를 활용했다. 정화 조치와 민주노조 파괴 과정에서 해고된 노동자 1천여 명의 명단을 작성해서 각 사업장과 노동관계 기관에 배포했던 것이다. 블랙리스트에 오른 노동자들은 취업 거부를 당했고, 어렵게 취업을 하더라도 금방 갖은 구실로 해고를 당했기 때문에 당장 먹고살 길이 막혀 버렸다. 블랙리스트 문제는 1980년 정화 조치 때 가톨릭노동청년회(JOC) 회원이라는 이유로 이리 태창메리야스에서 해고됐던 여성 노동자 6명이 신군부 정권이 작성한 블랙리스트 때문에 또 다시 해고되면서 터져 나왔다.(이원보 2005:294)

소문으로만 떠돌던 블랙리스트가 명백히 확인된 것은 1990년 당시 육군 이병 윤석양이 보안사 민간인 사찰 기록을 폭로한 민간인 사찰 자료를 통해서다.

"윤석양 이병이 폭로한 보안사 민간인 사찰 자료의 인명 색인표에 나와 있는 일련번호는 1,328번까지인데 사찰 대상자는 모두 1,303명이다. 윤석양 이병이 갖고 나온 컴퓨터 디스켓에는 151~600번까지 입력되어 있는데 원래 자료 결락자를 제외하고서 부록에 실린 사찰 자료는 447명이다."(《말》1990년 11호 별책 부록『보안사 디스켓 전모』)

다음은 신문 보도 내용이다.

운동권 해고 근로자 등 8천 명의 '블랙리스트'는 신발업체인 부산시 북구 감전동 금호상사의 한 노동자가 회사 전산실에 입력된 자료를 입수하여 폭로함으로써 밝혀졌다.(《경향신문》1988년 10월 13일,《동아일보》1991년 9월 17일)

군사독재 정권은 여기서 한발 더 나아가 아예 민주노조 운동의 뿌리를 뽑아내려고 82년 9월 27일 또 하나의 끔찍한 사건을 만들었다. 권력과 금력, 언론, 꼭두각시 구사대를 앞세워 70년대의 YH, 청계피복, 동일방직, 반도상사, 콘트롤데이타에 이어 민주노동조합의 마지막 깃발을 꺾으려고 원풍모방 노조 조합원 550명을 해고하고 임원 8명을 구속한 것이다. 이 시각에도 해고자의 딱지가 붙어(블랙리스트) 취업의 자유가 막히고, 다시금 해고를 거듭 당하며 한맺힌 가슴으로 거리를 방황하는 수많은 70년대의 노동자들이 있다.(《한겨레》, 1993년 5월 23일)

현재까지 밝혀진 블랙리스트에서는 내 이름을 발견하지 못했다. 드러나지는 않았지만 어딘가에는 내 이름도 있을 것이다. 1970년 당시에 활동했던 조합원 7명이 블랙리스트에 나왔기 때문이다. 국가정보원 자료는 다음과 같은 내용을 기록하고 있다.

1986년 8월에는 인천 경동산업 파업농성 중 회사에서 해고자와 위장 취업자의 블랙리스트가 발견되었다. 동 리스트의 내용은 1978년 동일방직 해고자 124명을 비롯한 1,662명의 명단, 동일방직, 서통, 콘트롤데이타, 원풍 등 1970~80년대 초반까지의 민주노조 활동가 925명 및 85. 5. 30일까지 근무한 인천 지역 25개 사업체의 지식인 취업자 및 노동자 164명, 그리고 1986년 3월 8일까지 근무한 인천 지역 위장 취업자 299명, 직종별, 활동 사항, 근속 기간 등이 기재되어 있으며 위장 취업자를 A·B·C급으로 분류하였다. 1987년 10월 27일 「전국목회자정의평화실천협의회」와 「인천지역해고 노동자협의회」가 공개한 '블랙리스트'는 1978년의 동일방직 해고자 124명과 태창섬유, YH무역 등에서 해고된 노동자 1,662명을 대상으로 작성되었다. 1988년 6월에 성남공단 내 (주)고려피혁에서 발견된 블랙리스트에는 총 763명의 명단과 해고 일자 · 사진 등이 등재되어 있으며, 관리공단 이사장이 각 기업체의 장에게 "관리공단에 의식화 근로자의 명단이 보관되어 있으니 필요하면 요청하라"는 내용으로 보낸 협조문이 함께 발견되었다.

또한 1991년 9월 17일 부산 신발업체에서 학생과 노동자 등 8천여 명에 대한 '블랙리스트'가 발견되기도 하였다. 당시에 이 블랙리스트는 전국을 포괄하는 규모의 방대함과 경찰에 연행되었던 노동자 대부분의 명단이 포함되었던 점으로 인해 정보기관에서 제공한 것으로 인식되었다.

또한 1990년 3월 말에는 경남도청 지방과에서 관장한 창원 · 울산 · 양산 등 공단 지역의 노조 핵심 간부들의 블랙리스트 ("순화 대상자 카드"란 명칭으로 기재)가 발견되었다. 이 리스트에는 경남 도내 200여 명의 노조 핵심 간부들에 대해 출신 학교 · 교우 · 가족 관계 · 성향 · 노조 활동 상황 등이 기록되었다.

그 외에도 개별 기업 차원에서 활용된 것으로서 88. 3. 25. (주)금성사 평택공장 블랙리스트와 2003. 4. 17. 전국금속산업노동조합연맹(금속노련)이 대우자동차판매(주)에 대해 노조원 블랙리스트를 작성해 노동자의 인권을 침해했다며 대우자판 경영진을 국가인권위에 제소한 사실들이 있었다.

또한 1983~84년 당시 안기부는 노동부에서 작성한 681명의 도산 관련 해고자(민주노조 사업장에서 해고된 노동자)를 관리해 왔으며, 681명을 재심사하여 핵심 인물 125명을 A, B급으로 재분류하여 중점 관리하였다. 이러한 '블랙리스트'는 노동 현장에 실재하였다. 안기부 등 노동 관련 관계기관은 민주노조 활동에 참여하는 노동자를 격리한다는 명분하에 관계기관과 협조하여 '블랙리스트'를 활용하였다.(국정원 2007: 349~350)

국가정보원의 조사에서 드러난 것처럼 블랙리스트 작성은 중앙정보부(안기부)에서 관리하였지만, 각 기관들도 앞다투어 작성하였다. 한쪽에서는 노동자들에게 '산업 역군'이라 부르며 열심히 일할 것을 강요하면서, 다른 한쪽에서는 블랙리스트로 노동자들을 생매장한 것이나 다름없었다. 자본주의 사회에서 노동력밖에 가진 게 없는 노동자들에게 블랙리스트는 굶어 죽으라고 하는 것이나 다름없다.

국가정보원의 블랙리스트 작성 시기는 1970년 11월 13일 전태일 분신 이후 민주노조가 생겨나면서부터인 것으로 보고 있다(국가정보원 2007: 466).

안기부는 125명의 A·B급 관리 대상자에 대해 각 급에 따른 차등적 관리 지침을 마련하고, 매분기 1회 중앙노동대책실무관계관 회의를 통해, 관리 대상 동향 분석·등급 재분류 작업을 하였다. 이 관

**〈표 4〉 주요 블랙리스트 사건(1988~1992)**

| 발견 시점 | 발견 장소 | 대상자 수 | 작성 주체 | 기재 사항 |
|---|---|---|---|---|
| 1988. 6. | 성남 고려피혁 | 740명 | 성남경찰서 대공과 | 인적 사항, 경력 |
| 1990. 2. | 서울 시경 | 65,000명 | 경남도청 지방과 | 신상 기록, 경력 |
| 1990. 3. | 경남 지역원 | 200명 | 노동부 | 경력 및 활동 사항 |
| 1990. 10. | 육군보안사령부 | 148명 | 육군보안사령부 | 인적 사항, 성향·성분 |
| 1991. 2. | 현대자동차서비스 | 115명 | 회사 측 | 인적 사항 |
| 1991. 9. | 부산 금호상사 | 8천여 명 | 노우회 신발업자 모임 | 인적 사항, 경력 |

자료: 노중기 1995, 국가정보원 2007: 447 재인용

리 지침에 의하면, "A급(28)에 대해서는 사업장 접근 철저 차단 위장 취업 시 즉각 해고, 사실상 행동반경을 도산회관으로 제한하고 B급(97)에 대해서는 사전에 취업 제한(자영업 유도), 위장 취업 발견 시 보직 변경 및 순화, 순화 불가능 시는 해고 조치한다"고 적시되어 있다.(국정원 2007: 353)

국가정보원에 따르면, 중앙정보부(중정)는 전태일 사건 이후 청계노조를 특별 관리 대상으로 관리했고 민주노조 와해 공작의 맨 처음 대상은 청계피복노조였다.(국정원 2007: 340)



열세 살 여공의 삶

<표 5> 전 소속 업체별 블랙리스트 현황

| 업체 | 계 | A급 | B급 |
| --- | --- | --- | --- |
| 원풍모방 | 40 | 15 | 25 |
| CDK | 33 | 5 | 28 |
| 태창섬유 | 8 | 3 | 5 |
| 청계피복 | 8 | 3 | 5 |
| 동일방직 | 8 | 1 | 7 |
| 서통 | 7 | 1 | 6 |
| 무궁화섬유 | 5 | | 5 |
| 반도상사 | 4 | | 4 |
| 기타 12업체 | 12 | | 12 |
| 계 | 125 | 28 | 97 |

자료: 안기부, 「해고 도산 근로자 최근 실태 및 관리 개선 방안 검토」 (1984, 2007: 353 재인용)


<표 6> 블랙리스트 관련 신문 보도

| 날짜 | 신문 | 지역 | 내용 |
| --- | --- | --- | --- |
| 1988. 6. 17. | 한겨레 | NCC | 760명 동태 감시용 |
| 1988. 6. 18. | 한겨레 | 충남 | 해고자 80명 블랙리스트 |
| 1988. 7. 16. | 한겨레 | 성남 | 고려피혁 97명 블랙리스트 |
| 1988. 8. 13. | 한겨레 | 인천 | 해고자 180명 블랙리스트 |
| 1988. 10. 12. | 한겨레 | 창원 | 성안정밀 30명 블랙리스트 |
| 1988. 10. 21. | 동아일보 | 성남 | 해고자 720명 블랙리스트, 노동부 시인 |
| 1989. 1. 31 | 한겨레 | 양산 | 대우공장 700명 블랙리스트 |
| 1991. 10. 3. | 한겨레 | 부산 | 해고자 204명 블랙리스트 |
| 1990. 4. 8. | 한겨레 | 경남 | 공단 지역 200명 블랙리스트 |
| 1991. 9. 17. | 한겨레, 동아일보 | 전국 | 운동권 8,000명 블랙리스트 |
| 1992. 6. 18. | 한겨레 | 현대노조 | 1,118명 블랙리스트 |
| 1993. 5. 23. | 한겨레 | | 민주노조 운동가 500명 블랙리스트 |

# 공장 내의 '성(性)'

1976년 당시, 청계노조 지부장은 조합원들에게 "살아가면서 꼭 지켜야 할 것이 있는데, 그것은 돈 문제와 이성 교제"라고 했다. 사소한 것 같지만 돈 관계에 분명하지 못해서 신뢰가 깨진 경우를 종종 볼 수 있었다. 이성 교제에서도 문제가 많았다. 그리고 문제가 생기면 피해를 보는 쪽은 남성보다는 여성이었다. 내가 일하던 시기에 "평화시장에는 처녀가 없다"는 말을 많이 들었다. 이승숙은 이에 대해 "다락방에서 그냥 재우니까 재단사는 늦게 일하다가 옆에 잔다고 누워 애들 건드리고 이랬던 거죠"라고 말한다(유경순 2011: 193).

내 시다의 경험이다. 화진사에서 일하던 1969~1970년의 일이다. 나는 3번 미싱사, 내 시다는 3번 시다였다. 내 시다는 키가 크고 피부도 어린아이처럼 예쁜 아이였다. 3번 시다는 미싱사였던 내가 일하기 편한 일감을 잘 받아 왔다. 3장에서 설명했듯이, 작업하기 편한 일감과 그렇지 않은 일감이 있었다. 일감을 나누어 주는 것은 재단사의 권력이었다. 나는 처음에는 기분이 좋았고, 그런 시다가 예쁘게만 보였다. 하지만 매번 편한 일감을 받다 보니 옆 미싱사 눈치가 좀 보였다. 그래도 나는 그저 '내 시다가 예뻐서 그런가?' 하며 일을 했다. 좀 지나칠 정도로 일감을 잘 받는다는 생각만 했을 뿐, 별다른 의심은 하지 않았다.

나중에 알게 된 사실이지만, 재단사는 창신동 주변에 방까지 얻어 놓고 일주일에 한두 번씩 내 시다를 성폭행했다. 미싱사는 시다보다 일찍 퇴근했기 때문에 퇴근한 뒤의 사정은 알 수가 없었다. 경우에 따라 다르지만, 비수기 때면 미싱사들은 오전에 퇴근을 하기도 했다. 하지만 시다들은 공장 청소가 끝나고 할 일이 없어도 재단사의 허락이 떨어질 때까지 공장에 있어야 했다. 그렇게 내가 퇴근한 뒤, 재단사는 어린 시다를 창신동 집으로 데리고 가서 성폭행을 한 것이다.

그 시다와 일한 지 일 년이 조금 지났을 때 시다의 어머니가 나를 찾아왔다. 나는 시다 어머니로부터 끔찍한 사건 내막을 들었고, 그날 이후로 그 아이를 다시는 볼 수 없었다. 사건의 전말을 알고 나서 내가 할 수 있는 일은 바쁜 성수기 때 그만둠으로써 재단사를 골탕 먹이는 것이었으나 그것도 쉽지 않았다. 그 사건 이후 한동안 악몽에 시달려야 했다. 그 시다가 성폭력을 당하면서 받아 온 잘난 일감을 좋아했던 지난날을 생각하면 자괴감이 엄습했다. 더 이상 그 재단사와 함께 일을 할 수가 없어서 명절에 그만두었다. 내 속을 모르는 사장은 나에게 "3번 미싱사, 그렇게 안 봤더니 앙큼한 데가 있어!" 하면서 분해 하였다. 그도 그럴 것이, 그 사장은 출근도 항상 일찍 하고 결근도 하지 않는다면서 월급날이면 가게로 나를 따로 불러 "3번 미싱사, 열심히 해 줘 고맙다"며 500원을 더 주면서 "더 열심히 하라"고 칭찬한 적도 있었기 때문이다. 나는 울면서 아무 말도 하지 않았다. 몇 년 후 그 재단사를 우연히 길거리에서 만났지만 나는 모르는 척하고 다른 길로 갔다. 그것이 그때 내가 할 수 있었던 소심한 저항이었다.

또 다른 경험도 있다. 1985년, 조그마한 가정집의 아동복 바지 공장에서 일을 할 때였다. 내 앞자리의 시다는 열여덟 살이었다. 그 아이는 말이 별로 없었다. 앞에서 일을 하는데 조금 뚱뚱하다고만 생각하였다. 나중에 그 아이 어머니가 내게 찾아왔을 때, 그 아이가 재단 보조에게 데이트 강간을 당했다는 것을 알았다. 이번에도 내가 할 수 있는 일은 아무것도 없었다. 당시만 해도 이런 성폭력 사건들은 무덤까지 가져가야 할 '비밀'이었다.

각주의 노래들[1]에서 보듯이 당시에 여성을 비하하는 말들은 무수히 많았고, 성폭력을 암시하는 내용조차 일상적으로 노래로 불렸다. 여성 노동자들은 사장이나 공장장에게 성폭행을 당하고도 오히려 피해자로 살아야 했다. 그들은 어린 소녀를 성폭행하고도 오히려 세상에 알리겠다며 협박을 일삼았다. 여성 노동자

 열세 살 여공의 삶

들 사이에서는 "남자는 도둑놈"이라는 말들이 돌고 돌았다. 소문으로 떠돌던 평화시장의 성폭력 사건은 두 여성 노동자의 용기 있는 폭로로 세상에 알려지게 되었다. 청계노조에서는 당시에 다음과 같은 성명서를 발표하였다.

**1  영자송 1**

영자야 내 딸년아/ 몸 성히 성히 잘 있느냐?/ 서울에 있는 이 아빠는 사장님이 아니란다 / (니미씨팔 가정환경 좆도)/ 서울에 있는 이 아빠는 사장님이 아니라서/ 광화문 하고도 한복판에서 싹싹 닦는 청소부란다/ (니미씨팔 가정환경 좆도)

영자야 내 동생아/ 몸 성히 성히 잘 있느냐?/ 군대에 있는 이 오빠는 장교가 아니란다/ (니미씨팔 가정환경 좆도)/ 군대에 있는 이 오빠는 장교가 아니라서/ 38선 하고도 철책선에서 빡빡 기는 군바리란다/ (니미씨팔 가정환경 좆도)

영자야 내 동생아/ 몸 성히 성히 잘 있느냐?/ 서울에 있는 이 언니는 여대생이 아니란다/ (니미씨팔 가정환경 좆도)/ 서울에 있는 이 언니는 여대생이 아니라서/ 청계천 하고도 지하공장에서 뺑이 치는 공순이란다/ (니미씨팔 가정환경 좆도)

(김원 2006: 555)

**성냥 공장 아가씨**

인천의 성냥 공장 성냥 공장 아가씨/ 하루에 한 갑 두 갑 일 년이면 삼백육십 갑/ 치마 밑에 숨겨 놓고 정문을 나서다가/ 치마 밑에 불이 붙어 백 보지가 되었네/ 인천의 성냥 공장 아가씨는 백 보지

부천의 설탕 공장 설탕 공장 아가씨/ 하루에 한 포 두 포 일 년이면 삼백육십 포/ 치마 밑에 숨겨 놓고 정문을 나서다가/ 치마 밑에 불이 붙어 꿀 보지가 되었네/ 인천의 설탕 공장 아가씨는 꿀 보지

**영자송 2**

영자의 손목이 버스간의 손잡이더냐/ 이놈도 잡아보고 저놈도 잡아보고 영자는 십팔년/ 영자의 가슴이 가게 집 쭈쭈바더냐/ 이놈도 빨아보고 저놈도 빨아보고 영자는 십팔년

(앞의 책: 577)

[ 어린 여공들을 상습적으로 강간해 온 평화시장 태림사의

 악질 기업주와 그 아들과 공장장의 만행을 규탄한다! ]

최근 우리 노동조합은 청계천 평화시장의 태림사에서 그 악질 기업주의 아들과 공장장이 나이 어린 여공들을 상습적으로 강간해 온 사실을 밝혀내게 되었다. 앞서 여성 노동자에 대한 부천경찰서 형사들의 성고문 사건을 본 우리들은 노동형제들에 대한 기업주 측의 악랄한 착취와 성 유린 행위에 대해 또다시 놀라움과 분노를 금할 수 없다. 충신동 청산여상 앞에 있는 제품공장 태림사(사장 최찬휴)는 기숙사를 다락에 만들어 놓고 여공들을 재우고 있으며, 남녀가 혼숙하고 있다. 또 여공들은 대부분 시골에서 갓 올라온 16~17세가량의 어린 소녀들이다. 이와 같은 환경에서 태림사의 사장 아들 최준호(27세)와 공장장 민범식(35세)은 어린 여공들에게 매일 아침 8시 30분부터 다음 날 새벽 3시까지 장시간 노동을 시키고, 그것도 모자라 다락방에서 피곤에 지쳐 잠이 든 어린 여공들의 입을 막고 강간을 자행해 왔다. 그중 7~8명의 여공들은 임신을 하고 낙태를 한 사실까지 있었다. 우리들을 더욱 분노하게 하는 것은 기업주가 이와 같은 성 유린 행위를 노동자들에게 악랄하게 부려먹는 수단으로 이용하고 있다는 사실이다.

이런 사실이 다른 사람들에게 알려질까 두려워하는 여공들의 나약한 마음과 수치심을 최대한 이용했다. 이들은 작업시간 중에도 일을 게을리 했다는 구실로 여공들을 들들볶아 혹사시키고 공장

　　　　　　　　　　　　　　열세 살 여공의 삶

을 옮길 생각을 못 하도록 공갈 협박을 해 댔다.(『청계노조 20년 투쟁
사』1990: 185)

그뿐이 아니었다. 여성 노동자들은 '데이트'하다가 성폭력을
경험한 사실이 흔한데도, 입 밖으로 발설을 하면 오히려 피해자
가 되기 때문에 아무에게 말하지 못했다. 그런 여성 노동자들 역
시 노동운동의 현장에서 소리 없이 사라져 간 또 다른 부류였다.

# 경제적 어려움에 허덕인 여성 노동자들

이태호는 1977년 겨울에서 1978년 봄 사이에 만났던 여성 노동자들의 슬픈 사연을 다음과 같이 소개하고 있다.

나는 부관상가[1]에 있는 피복 공장에서 일하고 거기서 먹고 잡니다. 아직 셋방을 얻을 돈이 없기 때문입니다. 나와 함께 공장에서 먹고 자는 동료는 모두 4명입니다. 우리는 모두 시골 출신입니다. 공장의 넓이는 10평 정도인데 우리는 한쪽 구석에 이부자리를 펴고 잡니다. 밤 10시경 동료들이 일을 마치고 돌아가면 우리들 4명은 실

---

1  부관상가도 평화시장에 속하며, 1970년 당시 청계노조 조합원들이 있었다.

밥을 떼고, 단추를 달거나 청소하다 보면 어느새 자정이 넘습니다. 그 때문에 저녁 식사를 마치면 새벽 1시경입니다. 쌀과 보리를 절반씩 섞은 밥에 반찬이라고 겨우 간장뿐입니다. 단무지나 멸치조림이라도 있는 날이면 식욕이 절로 솟습니다. 아침에는 6시에 일어나 밥을 짓든가 찬밥을 먹고 나서 침구를 정리하고 공장 청소를 합니다. 이런 생활을 하기 때문에 햇빛을 쬐는 시간은 거의 없습니다. 우리들은 명절이 가까워지면서 작업량이 많아질 때에는 잠 안 오는 약을 먹으면서 흐릿한 눈으로 기계적인 동작을 계속합니다. 나는 한 달에 서너 번 정도 코피를 흘립니다. 그때마다 "이정도로야 죽지 않겠지" 하며 스스로를 위로합니다.(이태호 1984: 55)

나는 3명의 아이가 딸린 주부입니다. 나는 18세부터 평화시장에서 일을 했는데 25세 때 같은 공장의 재단사와 결혼했습니다. 그러나 재단사 월급 6만 원으로는 도저히 가계를 꾸려 나갈 수가 없어서 다시 일하러 나오게 되었습니다. 저도 이제는 하루에 2~3시간씩 잔업을 하고 나면 자꾸만 현기증이 일어납니다. 저는 결혼을 하면 이 같은 생활에서 빠져나올 수 있으리라고 생각했었는데 가난이 나를 이와 같은 생활에 붙들어 매고 놓아주지 않습니다.(이태호 1984: 56)

노동자들이 이렇게 살고 있는데도 전국의 모든 일터에는 '공장 일을 내 일처럼, 근로자를 가족처럼'이라는 벽보가 나붙었다.

1973년, 박정희는 기자회견에서 10년 안에 "100억 불 수출, 1000
불 국민소득, '마이카' 시대 달성"이라는 약속을 국민들에게 제
시했다(구해근 2002: 57). 노동자들은 배가 고팠지만, 자본을 가진
사람들에게는 '희망의 시대'였다. 박승현은 당시의 호황 분위기
를 평화시장 교복 업체 사장의 인터뷰를 통해 보여 주고 있다.

> 교복은 3월 초가 대목이므로 2월 25, 26, 27, 28일 이럴 때는 돈을
> 받아서 셀 수가 없어 무조건 받아서 한 보따리 가지고 들어가서 안
> 방에다가 돈을 쏟아 놓는 거야. 그러니까 마누라랑 나랑 세야 하는
> 데 나는 그냥 자. 돈을 세면 또 손이 아프잖아. 그러니까 은행에 이
> 거 대충 얼마나 될 거라고 하면서 묶어서 갖다 줘. 알아서 해 달라
> 고 그러면 걔들이 다 세서 넣어 줘. 그러니까 은행에서도 알아주
> 지. 저 사람들은 한 일주일에 돈을 세지도 않고 가져오니까.(박승현
> 2005: 26)

이처럼 자본가는 돈을 제대로 셀 수 없을 정도로 호황을 누렸
다. 예를 들면, YH 공장은 1966년에 종업원이 열 명이었는데, 불
과 4년 후인 1970년에는 4천 명으로 늘어났다(박수정 2004: 88). 하
지만 여공들은 "배가 고파 못 살겠다", "우리도 명절에 고향 가게
해 달라"는 요구를 걸고 투쟁을 하고 있었다. 이태호의 자료에서
여성 노동자들의 삶을 확인할 수 있다.

     열세 살 여공의 삶

1977년도 고소득자와 그 금액을 국세청의 자료에 의해 살펴보면 1위 정주영 78억 5,490만 원(약 1,610만 달러), 2위 조중훈 37억 3백 38만 원(약 785만 달러), 3위 임창욱 18억 4,873만 원(약 382만 달러), 4위 서성환 16억 3백85만 9천 원(약 338만 달러) 등을 주축으로 연간 소득 10억 원(약 200만 달러) 이상의 소득자가 205명이었다. 이들 고소득자는 대부분 박 정권의 각종 특혜 융자로 사업을 번영시키고 있는 사람들이다. 그리고 이와 같은 고소득자의 증가는 다른 한편으로 '부익부, 빈익빈' 현상을 가속화시키고 있는 것으로 보인다.

한편 한국에서 가장 낮은 임금을 받고 있는 여성 노동자의 생활은 어떤가. 이것은 한국 사회의 근본 문제가 무엇인가라는 문제와 맞닿는다. 그녀들의 저임금 지대를 돌아보기로 하자.

1978년 7월의 어느 일요일 서울 관악구 신림 3동 판자촌에서 아직 나이가 어리게 보이는 젊은 여성이 기울기 30도의 언덕길을 어깨 위로 무거운 물지게를 지고 힘겹게 오르고 있었다. 그녀는 해발 120미터의 산꼭대기에 자리한 판잣집에서 세 들어 살고 있었다. 빨래를 하기 위해서는 걸어서 1시간 걸리는 관악산 계곡으로 가야만 한다. 그녀는 한 달에 두 차례 가지는 휴일을 이렇게 보낸다. 부모님이 모두 안 계시기 때문에 8년간 공장 생활을 하면서 동생 4명을 떠맡고 있는 26세의 여성 노동자인 그녀는 중노동으로 지쳐 있었다. 그녀가 손에 쥐는 월급은 4만 2천 원(약 86달러)이다. 이 돈으로 다섯 식구가 한 달 동안 생활을 해야 한다. 그들은 세 끼의 식사

중 하루에 한 번꼴로 밀가루 죽을 먹는다. 그녀의 잡비는 대개 6, 7
천 원(약 12달러)이다. 잡비의 항목은 교통비 3천 원, 공장 식당에서
가끔 먹는 국수 값 7백 원, 속옷 값 1천 원, 스타킹 값이 3백 원이다.
그녀는 이따금씩 공장에 들르는 행상 아주머니에게 3천~4천 원 하
는 블라우스나 바지를 산다. 그는 월부금으로 매월 5백 원에서 1천
원은 지불해야 한다. 그녀는 동생들을 위해서는 라면이라도 끓여
주지만 자신은 하루 두 끼니를 먹는 것으로 3년 동안을 지내왔
다.(이태호 1984: 47)

1960~1970년대 평화시장에서 재단사들은 대부분 미싱사들
과 결혼을 했다. 이 미싱사들은 돈을 벌어서 사장이 되는 경우도
있지만, 40~50년을 미싱을 하는 경우가 훨씬 더 많다. 지금도 종
로구 창신동 입구에서 5~10분만 올라가면 이곳저곳에서 미싱
돌아가는 소리가 드륵 드르륵 난다. 주변을 한두 시간만 돌아다
니면 미싱 공장 수십 개를 찾을 수 있다. 이 공장에서 일하는 미
싱사들은 대부분 50~60대 아줌마들이다. 1970년대 평화시장에
서 미싱을 하던 사람들이다. 이들은 아침 9시부터 밤 10시, 11시
까지 일을 한다.

정현주는 청계천 피복공장 여성 노동자의 삶을 주제로 조사
를 했다. 조사 대상 4명 모두 10대에 평화시장에서 일을 했다. 이
들 모두 재단사와 결혼을 했다. 그중 한 명은 신혼살림을 옥탑방
에서 시작하여 어렵게 집 장만을 했다. 하지만 시동생 사고로 어



열세 살 여공의 삶

렵게 장만한 집도 팔아서 시동생 병원비, 자식 학비, 생활비로 허덕이고 있다. 이들은 2005년 현재 미싱을 하면서 생활비를 벌고 있다. 이들은 미싱을 40~50년째 하고 있는 것이다.(정현주 2006: 36~60) 지금도 이들 모두는 여전히 생활고에 허덕이고 있다.

과거에 청계노조 조합원으로 있다가 2007년 민주화운동 관련 명예회복 신청을 한 사람 중에는 2012년 현재도 미싱을 하고 있는 이가 있다. 그는 팔꿈치가 아파서 병원에 갔는데 의사의 진찰 결과 '테니스 엘보'라는 병명으로 힘들어하고 있다. 이 병은 직업병임이 분명하다.

필자 역시 앞의 연구자 정현주가 만난 사람과 조금도 다르지 않다. 결혼식을 하려면 최소한 예식장 예약 비용은 마련해야 했다. 같은 조합원으로 나와 결혼할 박재익은 삼촌에게 사정 이야기를 하고 결혼 비용으로 20만 원을 빌려 왔다. 10만 원에 예식장을 예약했다. 한복은 하나 장만해야 하는데 신부인 나의 한복 값으로 6만 원이 나갔다. 나머지 4만 원은 결혼식에 오신 하객들에게 국수를 대접하는 비용으로 쓰기로 하였다.

이모님들이 결혼을 축하하기 위해 전남 영암에서 올라오셨다. 이모님들은 돈 없이 결혼식을 했다는 이야기를 듣고는 우리 부부에게 "남들은 동거 생활도 몇 년씩 하고, 애기 낳고 살기까지 하는데 뭐가 급해서 이렇게 결혼식을 하냐"며 역정을 내기도 했다. 나는 하고 싶은 말이 있었지만 아무 소리 못 했다.

나의 결혼식 소식을 듣고 만난 조합원이자 친구는 나에게 신혼여행은 가기로 했냐고 물었다. 돈이 없어서 못 간다 했더니 "여관 잠이라도 자고 집에 들어가라"고 했다. 노조 사무실에서 함께 근무했던 성자는 나를 위해 여행 가방과 속옷까지 챙겨 주었지만, 내 주머니에는 여행 갈 돈이 없었다.

나는 첫아이를 출산하였다. 산모인 나는 소금만 넣은 미역국을 끓여 먹고 있었고, 무엇보다 연탄이 없어서 냉방에서 몸조리를 해야 했다. 냉방에 누워 있자니 앞으로 살아갈 길이 캄캄하기만 했다. 어느 날 큰언니는 "여자가 몸 풀 때는 친정엄마가 있어야 하는데" 하면서 안타까워했다. 그러면서 산모 방이 왜 이렇게 썰렁하냐고 물었다. 내 눈에는 눈물이 고였고, 그 눈물을 보이지 않으려고 이를 악물었다. 나는 시어머니가 실수로 연탄불을 꺼뜨렸다고 했다. 언니까지 마음 아프게 할 수가 없었다. 내 마음은 갈기갈기 상처투성이였다.

한 조합원은 감옥에서 출소하여 일할 곳을 찾아다녔지만 계속되는 해고로 생활고를 해결할 수 없었다. 그는 동생들과 면목동에서 조그만 방 한 칸에 살았다. 먹을 것이 없던 그는 쌀뜨물에다 계란 반 개를 풀어서 국으로 먹었다. 나머지 계란 반 개는 다음 날 아침에 먹어야 하기 때문이었다.

그 여성 노동자들의 경제적 어려움이 지금이라고 해결된 것은 아니다. 조합원이던 한 친구는 얼마 전 봉제 일을 접어야 했다. 미싱을 하는 데에는 무엇보다 눈이 중요한데, 노안으로 더 이상 미싱 일을 할 수 없었기 때문이다. 그 친구는 새로운 일을 찾았는데, 건물 청소 일이었다. 나는 그 친구에게 "야, 이제 우유도 좀 사 먹어 가면서 해라" 했다. 친구의 대답은 "나, 돈 없어"였다. 몇 년 전, 그 친구 집에 놀러 갔다가 물이 먹고 싶어서 친구네 냉장고 문을 열었다. 순간 나도 모르게 깜짝 놀랐다. 냉장고 안에는 물 몇 통과 김치 통이 전부였다. 지금도 그 친구 집 냉장고 안이 텅텅 비어 있던 모습을 잊을 수가 없다. 내 주변 친구와 조합원들은 감옥 생활은 끝이 났지만 반복되는 해고로 생활고를 해결할 방법이 없었다.

# 소결

(小結)

　이 장에서는 공장의 일상에서 재단사 권력이 어떻게 작동했는지를 포함하여, 1970년대 민주노조운동을 이끌었던 여성 노조 활동가들이 어떻게 역사의 무대에서 보이지 않게 되었는지를 살펴보았다. 1970년 전태일의 '인간 선언'과 함께 시작된 청계노조를 통해 여성 노동운동가들은 자존을 배웠고, 연대와 단결을 배웠고, 그 속에서 당당한 노동자가 되어 갔다. 그러나 1980년대 진두환 정권의 국기 폭력과 노조 탄압 속에서 여성 노동자들은 점점 사라져 갔다. 단순히 일자리를 박탈당한 것만이 아니었다. '빨갱이'라는 무시무시한 낙인과 '블랙리스트'는 비단 한 개인만이 아니라 전체 가족 구성원의 삶을 위협했고, 재취업과 생계를 가로막았고, 가족공동체를 파괴했다.

나아가 1970~1980년대에 암암리에 국가기관에 의해 자행되었던 '성고문'의 공포와 오랫동안 사회 전체에 횡행했던 가부장적 문화는 여성 노동운동가들의 말과 행동을 봉쇄하는 족쇄와 같았다. 가부장적인 사회 분위기에서 1970년대 여성 노조 활동가들은 명백한 국가 폭력, 국가기관에 의한 성폭력을 당하고도 오히려 죄인이 되는 이중의 고통을 겪어야만 했다. 여성 노동자들은 자신의 경험과 이야기를 '말할 수 없었다'. 그렇게 공장 밖으로 나와 평화시장 거리를 방황하던 여성 노동운동가들은 점점 더 사라져 갔다. 1970년 당시 동일방직에 있었던 이총각의 말에서도 알 수 있다.

> 무수한 눈총들이 쏘아 대고, 무수한 손가락들이 찌르고, 무수한 입들이 퍼부어 가슴이 시퍼렇게 멍들어 버렸으면 어쩔까, 동일방직에서 민주노조운동한 일을 자랑스럽게 말할 수 없고 오히려 숨겨야 했던 이들, 잠꼬대라도 그때 일을 얘기할까 잠마저 편안하지 못했을 그들(박수정 2004: 57)

나는 1970년대에 활동했던 여성 노조 활동가 중 '살아남은 자'에 속한다. 청계노조에서 함께 투쟁을 해 온 동지와 결혼을 했기에, 나는 최소한 당시의 경험을 말 못 한 채 가슴 조이며 살지 않을 수 있었다.

나는 오랜 세월 친구들의 자취방을 찾아가 그들이 당면했던 문제
들에 대해 밤늦도록 함께 얘기를 나누면서, 방세, 병원비, 입학금
등 가난의 아픔을 나누고, 또 공장장에게 성폭행당한 사례 등에 대
해 얘기를 듣고, 대화를 나누었다(이옥지 2001: 321).

그때마다 성폭력을 둘러싼 이야기는 '여성답지 못한' '내가 문
제였고, 내가 그 자리를 가지 말았어야 했는데' 등과 같이 자기
비하로 끝나곤 했다. 특히 평화시장 공장에서 공장장 혹은 재단
사에 의한 성폭력 문제는 가까운 친구에게조차 말하지 못했던
'금기'에 해당했다. 내게도 내 시다의 성폭력 경험은 무덤까지 가
지고 가야 할 비밀이었다. 내가 이 이야기를 쓸 수 있었던 것은
1997년부터 '탁틴맘'[1]에서 약 10년간 상담을 했던 경험과, 어렵
게 용기를 낸 당사자의 동의가 있었기 때문이다.

　여성 노동자 운동의 성장과 쇠퇴를 온전히 말할 수 있게 된 배
경으로 1970년대 민주노조운동에 가해졌던 행위들이 국가에 의
한 인권 탄압임이 인정되었다는 점이 평가될 필요가 있다. 2010
년 6월 30일, '진실·화해를 위한 과거사 정리위원회'는 1970년
당시 민주노조 11개 사업장에 대한 판결에서 국가 폭력을 행사
했다고 인정하였다.[2]

---

1　구 '내일여성센터' '탁틴내일'

　　　　　　　　　　　　　　열세 살 여공의 삶

11개 사업장에는 청계노조도 포함되어 있었다. 1970년대에 활동했던 청계노조 조합원들 중 14명이 우여곡절 끝에 2007년 '민주화운동 관련자 명회회복 및 보상 심의위원회'에서 '민주화운동 인정자'로 인정받았다. 30~40년 동안 '빨갱이, 블랙리스트'의 굴레에 갇혀 어둠 속에 가려져 있었던 여성 노동자들의 삶이 이 명예회복 조처를 통해 '시민권'을 획득하게 된 것이다. 이 판결 이후, 그동안 각자의 삶을 살고 있던, 잘 보이지 않았던 조합원들이 '청우회' 모임에 눈에 띄게 많이 나오기 시작했다. 이 사

2   30년 세월이 지난 2010년 6월 30일 '진실·화해를 위한 과거사 정리위원회'(이하 진화위)는 다음과 같이 결정하였다.

사건: 청계피복노조 등에 대한 노동기본권 등 인권침해 사건(결정일 : 2010. 6. 30.)
주문: 이 사건에 관하여 다음과 같이 진실이 규명되었으므로 '진실 규명'으로 결정한다.
가) 경찰 등 국가기관이 청계피복 노동조합 활동의 하나인 노동교실을 강제로 폐쇄하고 조합원들의 출입을 통제한 행위는 위법한 공권력에 의해 헌법이 보장한 노동기본권에 대하여 이루어진 중대한 침해에 해당된다.
나) 조사 결과, 1980. 12. 8. 임현재, 민종덕을 비롯하여 이승철, 신순애, 전태삼, 이순자, 박재익 등 청계피복노조 간부들은 합수부 소속 범수단 수사관들에 의해 영장 없이 연행되어 1980. 12. 20.경까지 13일 동안 불법 구금된 사실이 확인되었다.
앞서 원풍모방 사건에서 살펴본 것처럼 합수부 수속의 범수단 수사관들이 청계피복노조 간부들을 영장 없이 연행하여 13일 동안 불법 구금하고 구타 등의 가혹행위를 가한 것은 형법 제124조(불법체포감금죄) 및 제125조(폭행, 가혹행위죄)에 해당하며, 위법한 공권력에 의해 신체의 자유에 대한 중대한 침해가 이루어진 것은 명백하다. 나아가 합수부가 위 노조 간부들을 연행하여 강박 상태에서 노조 탈퇴 등을 강요한 행위는 헌법이 보장하는 노동기본권 등 중대한 인권을 침해한 것이다.

실은 여성 노동자들의 '주체화' 과정이 과거 청산을 비롯한 국가의 민주화 과정, 노동3권을 포함한 인권과 시민권의 확대 과정, 노동운동의 사회화 과정과 분리될 수 없음을 깨닫게 해 준다.

국가권력과 자본가들은 1970년대의 많은 여성 노조 활동가들을 사라지게 했다. 나를 비롯한 몇몇 사람들은 살아남은 자에 속한다. 그들 중 어떤 이는 노동 현장은 떠났지만 청소년 상담소에서 봉사를 하고 있다. 어떤 조합원은 아파트 동 대표를 맡아 회사의 비리를 눈감지 않고 끝까지 싸워서 이겼다. 그는 싸움을 통해 얻은 몇 천만 원을 아파트 공동기금으로 활용하고 있다. 어떤 친구들은 복지사, 자활센터나 인권센터 활동가, 사회적 기업 종사

다) 조사 결과, 청계피복노조에 대한 해산은 형식적으로 노동조합법상 노동조합의 해산명령 권한이 있는 서울특별시장을 통해 법적 절차를 밟아서 이루어졌으나, 관련자 진술을 종합하여 보면, 청계피복노조에 대한 해산은 실질적으로 신군부에 의한 노동조합 정화 조치의 일환으로 국보위 차원에서 추진된 것으로 확인되었다.
그런데 신군부에 의해 설립된 국보위가 노동청을 통해 강압적으로 실시한 노동조합 정화 조치 자체는 위법한 공권력의 행사였고, 위 청계피복노조에 대한 해산이 이루어진 시기는 내란 행위 종료 시(비상계엄 해제 시)인 1981. 1. 24. 이전이었다.
한편, 청계피복노조는 1981. 1. 30. 아프리 사무실에서 서울특별시장의 노조 해산 조치에 항의하면서 농성을 하게 되었고, 다음 날 농성자 25명 전원이 강남경찰서로 연행되어 그중 11명이 구속되었는데, 구속영장이 발부된 1981. 2. 5.까지 영장 없이 불법 구금된 상태에서 조사를 받은 것으로 확인되었다.
이와 같이 신군부에 의한 정화 조치의 일환으로 청계피복노조에 대한 해산이 이루어졌고, 이에 항의하던 농성자들 중 11명에 대하여 구속영장을 발부받기 전까지 약 7일 동안 영장 없이 불법구금을 하였는데, 이는 위법한 공권력에 의한 노동기본권과 신체의 자유에 대한 중대한 인권침해에 해당된다.

 

자, 어린이 놀이방 교사, 상담사 등으로 일하고 있다. 드러나진 않지만 1970년대 여성 노조 활동가들은 이 사회의 곳곳에서 최선을 다하며 당당하게 살아가고 있다.

우리는 길거리의 잡초처럼, 누군가에게 밟혀 상처가 나도 그 아픔을 딛고 오뚝이처럼 다시 일어나 살아가고 있다. 가정에서 존경받는 어머니로, 사회의 어두운 구석을 밝히기 위해 헌신할 줄 아는 중년 여성들로 계속해서 살아가고 있다.

# 나오며

1960년대에 우리나라는 농경사회에서 산업사회로 접어들기 시작했다. 내 가족도 산업화의 물결에 따라 서울로 이사를 하였다. 농촌에서는 마당에 야채를 심어 먹을 수 있는 공간이 있었다. 하지만 서울 판자촌에서는 시골 살 때의 정겨운 생활은 상상할 수 없었다. 먹을 물도 공동수관에서 줄을 서서 기다렸다가 돈을 주고 사먹어야 했다. 그런 서울 생활 하기 위해서는 누군가 수돗물 값이라도 벌어야 했다. 공장 일은 초등학교 졸업장도 없이 시골에서 올라온 꼬맹이가 할 수 있는 거의 유일한 돈벌이였다. 실질적인 가장이나 다름없었던 나는 열세 살 어린 나이에 1966년 평화시장 시다 생활을 시작하였다. 평화시장 시다 생활은 먹을 것, 입을 것, 잠자는 것, 화장실 가는 것 그 어떤 것 하나 마음대로 할 수 있는 것이 없었다. 하지만 콩나물 값이라도 보태야 할 부모님과 가족이 있었기에 나는 힘들지만 참고 견디어 냈다. 나에게 다른 탈출 방법은 그 어떤 것도 없었다. 지옥 같은 노동에서 나를 찾을 수 있었던 것은 노조 활동을 통해서였다. '청계노조'의 활동은 여공이라는 게 창피해서 실밥을 털어내던 내가 당당한 노동자로서 다시 태어나는 과정이었다.

그동안 『전태일 평전』(조영래 1983)부터 청계노조의 통사를 다룬 『청계, 내 청춘』(안재성 2007)에 이르기까지, 평화시장 노동자들의 삶과 투쟁에 관한 기록은 대부분이 '지식인'에 의해 씌었다. 그러나 운동사와 사건사 중심으로 서술된 기존 연구는 1970년대 민주노조운동의 주체였던 여공들이 무엇을 경험했고, 어떻게 살았고, 어떻게 노동자로 성장해 갔는지를 다루지는 않았다. 무엇보다 여공들의 생생한 육성과 경험에 근거한 노동사 연구를 찾기란 쉽지 않았다. 그 결과, 노동자 자신의 경험에 근거하지 않은, 지식인들에 의한 노동사 해석은 '불쌍한 여공'이 어떻게 노동운동의 '주체'가 되었으며 또 '보이지 않게 되었는지', 그 과정을 충분히 설명하지 못한다. 이는 '여공'을 둘러싼 무성한 담론에 하니를 보태는 것에 다름 아니기에 한계를 갖는다. 이 글은 한 개인의 생애사라는 형식을 통해 기존 연구에서 누락되어 있는 여성 노동자 자신의 경험과 해석, 관점을 복원하고자 하였다.

이 글의 일차적 의의는 '여성 노동자 자신의 손으로 쓴 노동사'라는 점에 있다. 1970년 전태일이라는 한 청년 노동자의 죽음과 함께 시작된 '노동교실'은 청계노조운동의 중요한 계기가 되었다. 노동교실을 통해 우리는 한글을 깨쳤고, 자기 이름을 찾았다. 그런 노동자들이 노조를 통해 시작한 '1일 8시간 노동' 쟁취 투쟁은 와이셔츠 업계 전체의 법정 노동시간 현실화라는 커다란 성과를 낳았다. 이 과정은 동시에 '불쌍한 여공'이 연대하는 주체로, 당당한 노동자로 거듭나는 과정이기도 했다. 자신감은 자존을 키웠고, 노동교실과 '아카시아회' 활동을 통해 형성된 동료들과의 끈끈한 관계는 노동자로서의 자부심과 정체성을 형성하는 밑거름이 되었다. 그때의 기억은 개인의 삶으로부터 사회적 의미를 찾는 작업에 매진하도록 현재의 나를 더욱 고무시키기도 했다. '생애사' 속에 드러난 나의 인생 역정은 노동자, 여성, 시민으로서의 주체성 획득 과정이기도 하다.

이 글의 두 번째 의의는, 1970년대 민주노조운동을 통해 성장한 여성 노동운동가들이 '왜 보이지 않게 되었는지'에 대한 하나의 단서를 제공한다는 점에 있다. 1980년 전두환 정권에 의해 여성 노동자들에게 자행된 심각한 인권침해는 기존 노동사 서술에서 충분히 다루어지지 못하거나 관행적으로 처리되었다. 이 글은 노조의 강제 해산 이후 '빨갱이', '블랙리스트', '성고문', '성폭력', '생활고'로 표상되는 국가 폭력의 사회적 과정이 여성 노동자들의 삶에 얼마나 깊은 상흔을 남겼는지를 드러내고자 했다. 의외로 많은 사람들이 육체적·물리적 폭력의 지속적 효과를 잘 알지 못할뿐더러, 권위주의 시대에 여성 노동자들이 감내해야 했던 이중적 제약, '빨갱이'라는 낙인과 '블랙리스트'의 공포를 가볍게 생각하는 경향이 있다. 5장을 쓸 때에는 지난 일들이 파노라마처럼 연상되면서 눈물이 고이기도 했다. 흩어진 기억과 단편적인 자료들을 연결해 내고 서술하는 작업은 내 자신의 아픈 가족사와, 쓰라린 기억과 씨름해야 하는 고통스러운 과정이었다. 이 자체가 국가 폭력에 의해 자행된 강제와 사회적 고립의 효과가 얼마나 강고한지를 예시해 준다.

이 점은 현재 쌍용자동차·한진중공업을 비롯한 노동운동의 현실에 시사하는 바가 크다.[1] 1970년대 여성 노동자들에게 '빨갱이, 성고문, 블랙리스트'와 같이 보이지 않는 무서운 호랑이 발톱

---

[1] 『허수아비춤』(조정래 2010)은 한 기업가를 모델로 서술하고 있다. 주인공은 기업의 특별 관리팀 소속으로, 회장의 특별 지시를 받고 신개발부장의 직책으로 회사를 위해 일한다. 주인공은 노조를 와해시키기 위한 작업을 진행한다. 그가 친 덫에 노조가 걸려드는 데에는 시간이 얼마 걸리지 않는다. 강성 노조 지도자 중 한 명의 아내가 아파서 병원에 입원을 한다. 남편인 그는 병원비 때문에 고심을 하고 있다. 주인공은 '온정주의'로 그에게 다가간다. 노조 지도자는 호랑이 발톱을 숨긴 주인공의 제안을 처음에는 거절하지만, 결국 병원비를 받고 만다.
그는 병원비를 매달 얼마씩 갚겠다고 하지만, 주인공은 걱정 말라며 위로주까지 함께 마신다. 노조 지도자는 온정주의로 다가오는 그를 믿게 되고, 긴장이 풀리면서 술이 뭐라고 믿다. 주인공은 술이 취한 노조 지도자에게 여성과 함께하는 잠자리도 마련해 준다. 아침에 정신을 차렸을 때, 노조 지도자는 그제야 후회를 한다. 그는 자연스럽게 노조 활동에서 물러나게 된다.
또 다른 노조 지도자에 대해서는 노조 조직책 자리에서 반쪽짜리 지도자로 일할 수밖에 없는 상황을 만들어 갔다. 주인공이 하는 일이란 이렇게 온정주의를 무기로 노동자의 약점을 공략해 노조를 흔드는 것이다. 그리고 그 전술이 맞아떨어지면 개발에 성공했다는 명목으로 천문학적인 돈을 회장으로부터 받는다. 그저 소설 내용으로 그쳤으면 좋으련만, 이런 일은 실제로 일어나고 있다.

　　　　　　　　　　　　　　열세 살 여공의 삶

이 있었다면, 1990~2000년대 노동운동에서는 '돈'이 그 역할을 하고 있다. 보편적 복지망이 없는 한국 사회에서 노동력을 잃었다는 것은 죽음을 의미하고, 일자리를 잃었다는 것은 시민권을 잃는 것이다. 파업에 참여한 조합원 및 해고자들에게 가해지는 업무방해죄·손해배상 가압류 등 민형사상 처벌은 해고된 노동자를 두 번 죽이는 행위이다. 40여 년 전의 "근로기준법을 준수하라", "우리는 기계가 아니다"라는 전태일의 '인간 선언'은 여전히 유효하고 생명력을 갖는다.

그러나 이 글은 1970년대 여성 노조 활동가들의 삶과 투쟁을 '대표' 한다고 말하지 않는다. 같은 시기에 여성으로서 노조 활동을 했더라도 사업장마다 조건이 달랐다. 열악할지라도 기숙사가 있던 사업장과, 다락방에서 혼숙하며 불안한 생활을 했던 평화시장의 노동 경험은 다를 수 있다. 또한 평화시장의 청계노조는 전태일에게 부채감을 지닌 '삼동회'와 이소선 어머니를 비롯한 조합원들의 헌신성이 바탕을 이루고 있었다는 점이 강조될 필요가 있다. 이 글은 나의 삶과 투쟁을 중심으로 쓰였지만, 앞으로 더 많은 여성 노동자들의 이야기를 통해 서로 다른 차이와 공통점을 발견할 수 있게 되기를 바란다.

마지막으로, 글쓰기의 문제를 말하고 싶다. 초중고 과정을 모두 검정고시로 마친 나에게 학문적 글쓰기 작업은 마치 맞지 않는 남의 옷을 입은 것처럼 거북하고 힘든 작업이었다. 성공회대 교수님들의 가르침과 많은 선후배·동료들의 도움으로 이 글을 쓸 수 있었다. 어쩌면 노동자로서 나의 삶을 내 손으로 직접 서술해 가는 이 과정이 진정한 주체화의 과정일 수 있을 것이다. 하지만 좀 더 많은 노동자들이 자신의 삶을 기록할 수 있도록 다양한 글쓰기의 형식이 지원되고 보장될 필요가 있다. 부족하나마 이 책이 노동자 자신의 역사 쓰기에 작은 밑거름이 되기를 바란다.

참고
문헌


강명순, 1993, 『빈민 여성 빈민 아동』, 아침

강인순, 2006, 〈1970년 여성노동자들의 민주노조운동: 재평가와 의미〉, 《인
　　　문논총》제 24권

강준만, 2010, 『영혼이라도 팔아 취직하고 싶다』, 개마고원

구해근, 신광영 옮김, 2002, 『한국 노동계급의 형성』, 창비

국가정보원, 2007, 《과거와대화미래의성찰: 언론 · 노동편》

김남일, 2010, 『원풍모방 노동운동사』, 삶이보이는창

김삼웅, 1994, 『친일정치 100년사』, 동풍

김수행, 2006, 『자본주의 경제의 위기와 공황』, 서울대학교출판부

＿＿＿, 2008, 『새로운 사회를 위한 경제 이야기』, 한울

김수행 · 박승호, 『박정희 체제의 성립과 전개 및 몰락』, 서울대학교출판부

김원, 2006, 『여공 1970, 그녀들의 反역사』, 이매진

＿＿＿, 2011, 『박정희 시대의 유령들』, 현실문화연구

김진숙, 2007, 『소금꽃나무』, 후마니타스

김진업, 1999, 〈생산의 정치: 역사유물론의 재구성인가 해체인가〉, 《진보평론》

김진업 외, 2001, 『한국 자본주의 발전모델의 형성과 해체』, 나눔의 집

레프 톨스토이, 조윤정 옮김, 2008, 『국가는 폭력이다』, 달팽이

박수정, 2003, 『숨겨진 한국 여성의 역사』, 아름다운 사람들

박순희 외, 2007, 『선한 싸움꾼 박순희 아녜스』, 삶이보이는창

박승현, 2005, 『1960~70년대 평화시장 봉제공장의 작업장 문화: 객공을 중심
　　　으로』, 서울대학교 석사학위 논문

브루스 커밍스, 김동노 옮김, 2001, 『브루스 커밍스의 한국 현대사』, 창비

송효순, 1982,『서울로 가는 길』, 형성사

안재성, 2007,『청계, 내 청춘』, 돌베개

역사문제연구소 엮음, 1998,『1950년대 남북한의 선택과 굴절 』, 역사비평사

역사학연구소 엮음, 2005,『노동자, 자기 역사를 말하다』, 서해문집

오도엽, 2008,『지겹도록 고마운 사람들아』, 후마니타스

유경순 엮음, 2011,『나, 여성 노동자 1』, 그린비

유동우, 1984,『어느 돌멩이의 외침』, 청년사

윤욱현, 2003,『새 노동법 해설』, 한국경제신문

이갑용, 2009,『길은 복잡하지 않다』, 철수와영희

이병천 엮음, 2003,『개발독재와 박정희 시대』, 창비

이소선, 1990,『어머니의 길』, 돌베개

이옥지 외, 2001,『한국 여성노동자 운동사』, 한울

이원보, 2004,『한국 노동운동사』, 지식마당

______ , 2005,『한국노동운동사 100년의 기록』, 한국노동사회연구소

이정우, 2010,『독재의 경제적 귀결: 박정희와 地價, 物價』, 서울사회경제연구원

이종구, 2006,『1960~70년대 노동자의 작업장 문화와 정체성』, 한울아카데미

______ , 2010,〈서평 : 원풍 노동자의 생애사와 민주노조운동〉,《기억과 전망》
        23호

이태호, 1984,『불꽃이여 이 어둠을 밝혀라』, 돌베개

이헌창, 1999,『韓國經濟通史』, 법문사

임종률, 2011,『노동법』, 박영사

장남수, 1984,『빼앗긴 일터』, 창작과비평사

장명국, 1995,『노동법 해설』, 석탑

장미경, 2002,〈근대화와 1960~70년대 여성 노동자〉,《경제와 사회》제8권 2호

전순옥, 2004,『끝나지 않은 시다의 노래』, 한겨레출판

정재원, 2010,『숨겨진 빈곤』, 푸른사상

정진성 외, 2004,『한국현대여성사』, 한울아카데미

정태헌, 2000,〈일제가 '조선토지조사사업'을 시행한 이유〉,《내일을 여는 역

          열세 살 여공의 삶

　　　사》 제4호

정현주, 2006, 〈청계천변 피복공장 여성노동자의 삶〉, 《여성과 역사》 제8권 2호

조순경, 2003, 『한국의 근대성과 가부장제의 변형』, 이화여자대학교출판부

조영래, 1999, 『전태일 평전』, 돌베개

조정래, 2010, 『허수아비춤』, 문학의문학

조희연, 2007, 『박정희와 개발독재시대』, 역사비평사

최원규, 2003, 〈일제 토지조사사업에서의 소유권 査定 과정과 議決〉, 《한국
　　　근현대사연구》 여름호(제25집)

카를 마르크스, 김수행 옮김, 2009, 『자본론』, 비봉출판사

프레시안 엮음, 2010, 『한국의 워킹푸어』, 책보세

하종강, 2007, 『길에서 만난 사람들』, 후마니타스

한국민주노동자연합, 1994, 『1970년대 이후 한국노동운동사』, 동녘

한국사사전편찬회 엮음, 1990, 『한국 근현대사사전』, 가람기획

한국여성의전화연합 엮음, 1999, 『한국 여성인권운동사』, 한울

한국정신문화연구원 엮음, 1999, 『1960년대 한국의 공업화와 경제구조』, 백
　　　산서당

한홍구, 2003, 『대한민국史』, 한겨레출판

해리 브레이버맨, 이한주 · 강남훈 옮김, 1987, 『노동과 독점자본』, 까치글방


**[ 미출간 자료 ]**

김선수, 「전태일 40주기에 살펴보는 노동법」, 전태일 열사 40주기 대토론회

주민등록표 발급 확인 번호: 1441~3084~0025~0740

전국연합노동조합 청계피복지부, 1972, 「제2년차 정기 대의원대회 회의 자료」

＿＿＿＿＿＿＿＿＿＿, 1973, 「제3년차 정기 대의원대회 회의 자료」

＿＿＿＿＿＿＿＿＿＿, 1974, 「제4년차 정기 대의원대회 회의 자료」

＿＿＿＿＿＿＿＿＿＿, 1975, 「제5년차 정기 대의원대회 회의 자료」

＿＿＿＿＿＿＿＿＿＿, 1976, 「제6년차 정기 대의원대회 회의 자료」

＿＿＿＿＿＿＿＿＿＿, 1977, 「제7년차 정기 대의원대회 회의 자료」

______________ , 1978, 「제8년차 정기 대의원대회 회의 자료」

______________ , 1979, 「제9년차 정기 대의원대회 회의 자료」

______________ , 1980, 「제10년차 정기 대의원대회 회의 자료」

진실 · 화해를 위한 과거사 정리위원회, 2010, 〈청계피복노조 등에 대한 노동 기본권 등 인권침해 사건 결정문〉

청계피복노동조합, 1990, 『청계노조 20년 투쟁사』


[ 기사 간행물 ]

1990년 11월호《말》별책부록, 『보안사 디스켓 전모』

《경향신문》1963. 3. 4., 1967. 10. 12., 1967. 12. 7., 1969. 6. 21.

《동아일보》1975. 4. 23.


[ 인터넷 자료 ]

김성희, 2011, 한국 사회경제의 변화와 비정규직,
　　　blog.daum.net/btmup/16324043

* **가다**: 요크(yoke). 옷 견본 종이, 패턴을 일컫는 말이다.

* **객공**: 도급제, 즉 옷 하나 만드는 공임을 기준으로 월급을 계산함

* **고참**: 그 공장에서 가장 오래된 미싱사

* **기레빠시**: 일본어로 자투리, 조각, 토막을 뜻한다.

* **나라시**: 옷을 한 번에 수백 벌씩 자르기 위해서 재단사와 재단 보조는 협동하여 재단판 위에 원단을 여러 겹 겹쳐 평평하게 만든다. 이때 재단판 오른쪽에 재단사가, 왼쪽에는 재단 보조가 자리 잡고서 원단을 서로 주고받으며 차곡차곡 겹치게 하는 일을 나라시라고 한다.

* **모찌다시**: 견보루 혹은 소매의 트임 플라켓(placket)

* **미끼야시**: 앞 단추 달 곳과 단추 구멍 할 곳은 두 겹으로 안감을 대야 하는데, 이때 안에 대는 천을 미끼야시라고 한다. 일본어로는 みかえし(미카에시)인데, 보통 미끼야시, 미까시라고 부른다.

* **미스마끼**: 일본어로 三つ卷(미쓰마키). '끝 말아 박기'를 말한다.

* **미싱 기사**: 미싱이 고장 나면 미싱 기술자에게 연락해서 미싱을 수리하였다.

* **미싱사**: 재봉을 하는 사람. 가장 잘하는 사람을 오야라고 불렀다.

* **바이어스**: 가로 세로의 원단을 대각선으로 자르면 쭉쭉 늘어나는 원단이 된다. 이것을 공장에서는 바이어스라고 불렀다.

* **스티치**: 칼라 위에 모양을 내기 위해 한 번 더 박음질을 하는 것

* **시다**: 초보자, 하지만 평화시장에서 미싱사에게는 없어서는 안 되는 사람

* **시로도**: 일본어로 しろうと, 경험이 없는 미숙한 사람을 말한다.

* **시루시**: 일본어로 しるし. '화살표, 혹은 무엇을 표시하다'라는 말인데, 원단과 원단을 박을 때 만나야 할 부분을 미리 자고(초크)로 표시해 두는 작

업이다.

* **시접**: 한 번 박을 것인데 모양을 내기 위해 또 한 번 접어서 박은 것을 말함

* **싱**: 원단을 약간 풀을 먹인 듯 빳빳하게 만들어서 힘 있게 해 주고, 형태를 보
존할 수 있게 하는 역할을 한다. 심지라고도 한다.

* **에리**: 목에 다는 칼라(collar)를 에리라고도 한다.

* **오바로크**: Overlock Sewing Machines의 오버록을 일본식으로 발음한 것
이다. 지그재그로 올이 풀리지 않게 하는 특수 기계이다.

* **와끼**: 옆선(side seam)

* **인타로크**: '오바로크'가 올이 풀리지 않게 하는 기계라면, 인타로크는 오바로
크와 미싱을 함께 쓰는 효과를 낸다. 그전에는 미싱을 박아서 오바로크
로 마무리를 했는데, 이제는 인타로크 한 번이면 완성이 된다.

* **자고**: 초크를 가리킨다.

* **재단 보조**: 재단사 밑에서 잔심부름 등 재단사가 요구하는 일을 모두 하는 사람

* **재단사**: 패턴을 그리는 사람

* **쪽가위**: 큰 가위가 아니고 10cm정도 되는 것으로, 손아귀에 딱 맞는 가위다.

* **카오스**: 커프스(cuffs). 당시에는 카오스라고 불렀다.

* **큐큐**: 옷에 단추 구멍을 내는 사람이다.

* **한 다찌**: 일감 한 묶음. 한 묶음은 6, 9, 10, ……, 15장 등으로 구성된다. 이 말
은 오늘도 현장에서 사용되고 있다.

 

열세 살 여공의 삶

2026년 3월 20일 개정2판 1쇄 발행

지은이     신순애
펴낸이     박승흡

펴낸곳     재단법인 전태일재단
등록        2010년 1월 14일 2010-000003
전화        02-3672-4138
팩스        02-3672-4139
주소        03101 서울시 종로구 창신길 39-10
이메일     chuntaeil@chuntaeil.org
홈페이지 https://chuntaeil.org

인쇄        아람P&B

도서·주문·영업대행 : 책의미래
주소        04018 서울시 마포구 월드컵로 65, 302호
전화        02-332-0815
팩스        02-6003-1958